Theory and Practice of Early Childhood Movement Education

개정판

영유아 동작교육의 이론과 실제

송주승·김민은 공저

동문사

머리말

우리는 말하지 않아도 하나의 몸짓으로 자신이 전달하고자 하는 바를 설명하거나 표현할 수 있다. 유아 역시 자신의 감정, 상황, 상태 등을 전달하고자 할 때 다양한 동작을 통해 의사소통을 한다. 엄마 뱃속에 있는 태아도 자신의 기분에 따라 다양한 몸짓으로 표현을 하며 출생 후 자신을 부르는 소리에 고개를 돌리며 편안해 하기도 한다.

이렇듯 영유아에게 동작은 영유아 생활 자체이기에 자신의 내적인 욕구를 충족시키기 위해 상황에 맞춰 걷고, 달리고, 뛰고, 구르면서 끊임없이 움직임을 만들어 낸다. 모든 영유아는 동작 능력을 선천적으로 가지고 태어났으며, 동작을 통해 세상과 소통하기도 한다. 몸의 움직임은 언어 능력이 제한된 영유아에게 언어적 상징을 통한 의사표현의 한 형태이기도 하며, 이러한 이유로 영유아기의 동작교육은 중요한 의미를 가진다.

영유아를 위한 동작교육에서는 영유아의 움직이고자 하는 본성을 최대한 이끌어 내어 자발적이고 창의적인 동작이 되도록 이끌어야 한다. 따라서 단순히 운동 기술의 습득이나 교사를 따라 하는 흉내 내기에만 그칠 것이 아니라 신체에 대한 인식과 함께 기초적인 동작을 습득하고, 자신의 생각과 느낌을 창의적으로 표현해 볼 수 있는 활동이 고루 포함되어야 할 것이다. 또한 영유아의 발달에 적합한 동작교육이 이루어져야 하는데, 이를 위해서는 균형 잡힌 동작교육 프로그램과 함께 유능한 교사의 지도가 바탕이 되어야 할 것이다.

영유아에게 동작은 무엇보다도 즐거운 경험이 되어야 한다. 영유아를 지도하는 교사에게도 동작교육은 즐거운 활동이 되어야 한다. 그러나 현장에서는 동작교육이 가지고 있는 즐거움과 달리 창의적인 활동과는 거리가 먼 보여 주기 위한 교사주도적인 활동으로 또는 균형 잡힌 영유아교육 프로그램의 하나로 제시되어야

할 동작교육이 교사의 전문성과 환경의 어려움으로 동작교육활동 자체가 도외시되기 쉽다.

이러한 이유로 영유아 동작교육의 이론과 실제는 대학에서부터 바람직한 동작교육을 위해 다양한 방법을 연구하고 실험하며, 모의수업을 바탕으로 현장에 접근하기 쉽고 동작교육을 지도하기에 적합한 활동과 동작교육의 즐거운 접근을 위한 다양한 자료들을 통해 영유아교사로서 동작교육을 이해하기 쉽고, 즐거운 경험이 될 수 있는 기본을 만들어 주는 자료가 되기를 바라는 마음으로 이 책을 출간하게 되었다.

제1부 이론편에서는 예비 영유아교사를 위한 동작의 기본적인 지식을 다양한 예를 통해 접근하고자 하였으며, 현장에서 접근하기 쉬운 활동들로 일반화되기를 바라는 마음으로 다양한 동작활동을 소개하였다.

제2부 실제편에서는 학생 또는 영유아교사가 쉽게 이해하고 접근하기 편리한 활동을 담았으며, 다양하고 총체적이며 심화된 동작활동으로의 전개를 위한 실제 동작교육활동과 영유아를 위한 음악극 행사 작품들을 포함하였다.

이 책의 집필을 위해 애써주신 동문사 관계자 여러분들과 영유아에게 보다 적합한 동작활동을 위해 수정에 수정을 거듭하며 즐거운 동작활동으로 모의수업을 진행했던 김포대학 유아교육과 학생들에게 진심으로 감사의 마음을 전한다.

2019년 2월

저자 일동

차 례

머리말 3

PART I
영유아 동작교육의 이론

CHAPTER 01 영유아 동작교육의 이해 11

1. 영유아 동작교육의 중요성과 개념 11
2. 영유아 동작교육의 역사적 배경 25

CHAPTER 02 영유아 동작발달과 동작교육 35

1. 영유아발달과 동작능력 35
2. 영유아 동작능력발달과 관련 요인 40

CHAPTER 03 영유아 동작교육 내용 71

1. 표준보육과정에서의 동작교육 72
2. 누리과정에서의 동작교육 77
3. 움직임의 요소 및 기본동작 85
4. 영유아 동작교육의 내용조직 127

CHAPTER 04 영유아 동작 교수-학습방법 및 평가 135

1. 동작교육의 교사 역할 및 환경구성 135
2. 영유아 동작활동 지도 154
3. 동작활동의 계획 및 평가 178

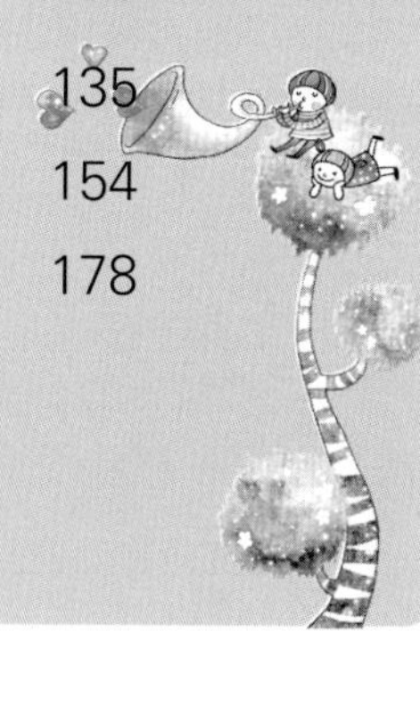

CHAPTER 05 영유아 동작활동의 실제 201

1. 기본동작 201
2. 기구와 동작 203
3. 음악과 동작 205
4. 창의적 동작활동 207

PART II
영유아 동작교육의 실제

CHAPTER 06 동작교육의 실제 213

1. 즐거운 원생활 213
2. 나와 가족 (1) 215
3. 나와 가족 (2) 216
4. 나와 가족 (3) 218
5. 나와 가족 (4) 220
6. 나와 가족 (5) 221
7. 우리 동네 222
8. 동물 224
9. 봄 여름 가을 겨울 (1) 226
10. 봄 여름 가을 겨울 (2) 228
11. 봄 여름 가을 겨울 (3) 230
12. 봄 여름 가을 겨울 (4) 232
13. 봄 여름 가을 겨울 (5) 235
14. 교통기관 (1) 237
15. 교통기관 (2) 239
16. 교통기관 (3) 241

17. 도구와 기계 (1) 243
18. 도구와 기계 (2) 245
19. 도구와 기계 (3) 247
20. 우리나라 (1) 249
21. 우리나라 (2) 250
22. 세계 여러 나라 252

CHAPTER 07 음악극의 실제 255
1. 나는 군것질이 좋아요 255
2. 피노키오 270
3. 현아의 입 속 탐험기 282
4. 흥부와 놀부 297

APPENDIX 3~5세 연령별 누리과정 영역 내용 313
1. 신체운동 · 건강 315
2. 의사소통 318
3. 사회관계 320
4. 예술경험 322
5. 자연탐구 324

참고문헌 327
찾아보기 333

PART

I

영유아 동작교육의 이론

CHAPTER 01 영유아 동작교육의 이해

CHAPTER 02 영유아 동작발달과 동작교육

CHAPTER 03 영유아 동작교육 내용

CHAPTER 04 영유아 동작 교수-학습방법 및 평가

CHAPTER 05 영유아 동작활동의 실제

01 CHAPTER 영유아 동작교육의 이해

1 영유아 동작교육의 중요성과 개념

1) 영유아 동작교육의 개념

영유아기는 상상력이 풍부하고 호기심이 많은 시기이다. 건강한 영유아는 주변의 현상에 흥미와 호기심을 가지고 온몸의 감각을 이용해 직접적이고 능동적인 움직임을 시도하여 다양한 경험을 한다. 이러한 움직임은 태내의 태동에서부터 시작되며 출생 후에는 걷고, 달리고, 뛰고, 흔들고, 구르는 등 다양한 형태의 움직임을 통해 신체를 조절하게 된다. 이러한 경험들을 통해 환경에 적응하고 나아가서는 자신의 생각과 느낌, 감정 등을 여러 가지 형태로 표현하게 된다. 예를 들어, 자기 욕구가 만족되지 않거나 싫은 일이 있으면 전신을 흥분시켜서 울고, 특별히 흥미나 관심이 있는 일이 있으면 마음의 흥분이 그대로 동작으로 반영되어 웃거나 펄쩍 뛰기도 한다. 이처럼 동작은 심리적인 상태를 반영한 행동으로 영유아가 환경에 적응하고 동작을 통하여 자신의 느낌·경험·생각 등을 표현하는 의사소통의 수단이 된다.

영유아가 움직이며 자기 자신의 생각과 감정을 표현하고 싶어 하는 욕구는 영유아기의 두드러진 발달적 특성 중의 하나이다. 몸의 움직임은 언어 능력이 제한된 영유아에게 비언어적 상징을 통한 의사 표현의 한 방법이기도 하며 동작은 영유아의 생활에 있어 가장 기본적인 신체적 경험이며 생활의 일부로서, 초기 학습 경험의 중요한 수단과 목적이 되기도 한다. 이러한 이유로 영유아기의 동작교육은 중요한 의미를 가지며, 영유아를 위한 동작교육에서는 영유아의 움직이고자 하는 본성을 최대한으로 끌어내어 자발적이고 창의적인 동작이 되도록 이끌어야 한다.

동작교육에 대한 관심은 1930년대 독일의 라반(Laban)으로부터 시작되었으며 라반은 동작이란 신체라는 도구를 통해 움직이는 것이며, 자기 나름대로의 유연하고 자연스러운 움직임을 통해 동작에 관련된 지식을 발견하는 것이고, 이러한 의미를 포함하고 있는 동작 개념을 중심으로 교육하는 것이 동작교육이라고 보았다(김은심, 1994). 또한 라반은 영유아에게 획일적인 동작을 요구하는 고전발레 등과 같은 신체 활동에 반대하며 스스로 움직임을 이해하고 발견하는 '움직임 교육(movement education)'을 강조하였다.

라반은 영유아에게 집단으로 똑같은 동작을 요구하는 전통적인 방법에 반대하며 영유아의 신체적·정서적 발달을, 경쟁보다는 창조적인 방법으로 게임, 체조, 댄스를 사용하는(이기숙, 2000) 접근법을 강조하여 새로운 체육 교육의 개념을 발전시켰다. 1970년대 우리나라에 소개된 이 접근 방법은 신체 활동에서 창의력과 표현력을 강조하기 때문에 교사 중심적인 율동 교육의 대안으로 주목받았다.

라반(Laban, 1948)은 인간은 효율적 이면서도 창의적으로 움직일 수 있을 뿐만 아니라 동작(움직임)을 통해서 운동 지각 능력을 강하게 발달시킬 수 있다고 주장하면서(육완순·이희선, 1992), 동작교육을 인간이 신체라는 도구로 자기 나름의 유연하고 자연스러운 움직임을 통해 동작(움직임)에 관련된 지식을 발견하고, 의미를 포함하고 있는 동작 개념을 중심으로 다양한 동작활동을 이용하여 영유아의 전인적인 발달을 도모하는 것이라고 정의하였다. 라반의 움직임 교육과 유사한 접근 방법으로서 피카(Pica, 1995)는 움직임 교육을 기본 운동능력과 이를 활용한 게임, 스포츠, 기구운동, 일상생활, 움직임 등을 영유아가 능동적으로 탐구하는 아동 중심 체육교육 접근 방법이라고 하였다.

라반의 연구에 이어서 여러 학자가 동작교육에 대한 정의를 내렸다. 학자마다의 강조점과 몇 가지 공통된 특징을 살펴보면 다음과 같다.

(1) 신체적 능력의 인식(North, Bentley의 정의)

동작교육은 영유아가 일상생활(놀이, 작업 및 창의적 표현 활동을 포함)에서 자신의 신체적 능력을 인식하고 그 신체를 효율적으로 사용하도록 가르치는 교수방법이다(North, 1973). 또한 '영유아 자신의 신체를 어떻게(how), 어디로(where) 움직일 수 있는가' 하는 기본 움직임과 자신의 신체 능력이 어느 정도인가를 탐색하는 것이다(Bentley, 1970). 따라서 동작교육은 영유아 자신의 신체적 능력에 대한 인식을 우선시 하고 이를 기초로 효율적인 신체 움직임을 모색해야 한다.

(2) 움직임의 기본 원리(DeMaria의 정의)

동작교육은 신체의 움직임에 대한 기본 원리를 이해하여 운동발달과 능력을 효율적으로 발달시킬 수 있는 문제해결의 한 방법이다(DeMaria, 1974). 그러므로 동작교육에서 필요한 운동능력을 발달시키기 위해서는 무엇보다도 영유아가 신체 움직임의 기본 원리를 이해하는 것이 우선시 되어야 한다.

(3) 인간 발달과의 관련성(Gallahue의 정의)

동작교육은 '동작을 위한 교육(learning to move)'과 '동작을 통한 교육(learning through movement)'으로 나뉘며 각각은 인간의 발달영역에 영향을 미친다(Gallahue, 1996).

동작을 위한 교육이란 동작을 가르치는 교육으로서 자신의 신체 움직임에 대한 발견을 강조하는 체육교육의 일부이고, 기능적인 움직임(functional movement)을 강조한다. 즉, 영유아는 동작 경험을 통해 숙달감, 자신감 등을 갖게 되고, 이러한 능력은 보다 예술적인 무용이나 고난이도의 체육 활동 등을 할 수 있는 기초를 형성하도록 돕는다.

동작을 통한 교육이란 신체를 움직임으로써 영유아의 전인적인 발달을 추구하고자 하는 목적을 가지고 여러 가지 다양한 동작을 시도하고, 경험하게 하는 교육으로 표현적인 움직임(expressive movement)을 강조한다. 즉, 영유아는 동작 경험을 통해 내적으로 자연스럽게 자신의 감정을 표현하고 외적으로 신체적 운동 기능을 발달시키도록 돕는다.

(4) 전인적 발달(Gerhardt, Seefeldt의 정의)

동작교육은 자아 개념, 협동심, 창의력, 심미감 등을 발달시킬 뿐만 아니라, 영유아 자신의 신체를 보다 다양하고 복합적인 방법으로 활용하는 능력과 상징적으로 표상화할 수 있는 능력을 기르는 것이다(Gerhardt, 1973; Seefeldt, 1987). 그러므로 동작교육은 무엇보다도 영유아에게 신체발달, 사회성 발달, 정서발달, 인지발달 등을 강조하여 전인적 교육이 이루어지도록 해야 한다.

여러 학자의 정의를 종합하여 동작교육의 개념을 정리해 보면, 크게 두 가지 방향으로 설명할 수 있다.

첫째, 동작교육은 기능적 동작에 중점을 둔 것으로, 작업을 하거나 운동을 할 때 효율적으로 사용되는 동작이다. 즉, 다양한 운동기술을 터득함과 동시에 신체를 보다 효율적으로 사용하는 가운데 자신의 잠재된 운동능력과 가능성을 발견하는 것이다.

둘째, 동작교육은 표현적 동작에 중점을 둔 것으로, 표현(expression)이란 자신의 내면적인 느낌이나 생각을 밖으로 드러내어 다른 이에게 의사를 전달하는 것을 말한다. 슬픈 감정을 표현할 때는 전신의 근육이 이완되어 고개를 숙인 채 두 팔을 내리고, 기쁜 감정을 표현할 때는 전신의 근육을 수축시켜 고개를 들고 두 팔을 힘차게 위로 뻗을 것이다. 영유아는 아직 자기표현과 상대방의 의사를 충분히 표현할 수 있을 만큼 언어능력이 발달되지 못했기 때문에 몸짓 언어로서의 표현적 동작을 많이 사용하게 된다. 이러한 신체표현적 동작을 통하여 자신의 감정을 표현하고 전달하는 동시에 창의적인 사고와 상징적 표현 능력을 발달시키는 것이다.

무엇보다 중요한 것은 영유아에게 표현적・기능적 동작 모두를 사용하고 다양한 동작을 만들어 낼 수 있는 가능성을 인식하고, 동작능력을 발달시킬 수 있는 충분한 기회를 제공할 필요가 있다(Purcell, 1994). 결국 이 두 방향의 동작교육은 아름다움을 지향하는 예술적 발달을 추구하고 신체, 사회, 정서, 인지, 언어를 통합하여 전인발달을 도모하는 통합교육 영역이라고 할 수 있다.

최근에는 인간의 신체 역할에 대한 연구와 체육학의 발달로 영유아의 동작활동을 새로운 관점에서 보게 되었다. 즉, 역사적인 경향(신체와 정신의 조화, 미적 감각, 전인 아동, 개인차 등)뿐만 아니라 인간의 신체 기관이 그의 환경 속에서 상호작용하는 복합성(신체, 정신, 감정)을 인식한다. 따라서 움직임의 요소에 좀 더 주의를 기울이면서 창작적인 움직임과 탐색을 강조한다(이기숙, 2000). 이러한 경향은 영유아에게 강조되어야 하는 움직임의 기본 원리에 대한 인식을 도우며 이와 더불어 기본적인 움직임과 창의적인 움직임을 통해 다양한 신체 활동이 가능함을 알게 한다.

따라서 동작교육은 영유아가 기본 움직임과 신체를 인식하고 효율적으로 움직이는 데 영향을 미치며 동작의 기본 원리와 요소(신체 인식, 공간, 힘, 시간, 흐름, 관계 등)를 이해하고 자신의 신체 기술 능력을 증진시키도록 도우며 신체를 사용하여 운동능력, 창의적인 사고, 상징적 표현 능력, 전인적 발달 등을 증진시킴으로써 영유아가 보다 의미 있는 생활을 할 수 있도록 도와주는 것이라고 볼 수 있다.

여기에서는 영유아 동작교육이란 무엇이며, 어떠한 중요성을 갖고, 동작교육을 통하여 어떠한 목적을 이루고자 하는지에 대해 알아보고자 한다.

2) 영유아 동작교육의 중요성

영유아는 자신의 느낌, 경험, 생각 등의 내적인 욕구를 충족시켜 나가기 위해 걷고, 달리고, 뛰고, 흔들고, 구르면서 끊임없이 자신의 움직임을 반복해 보고 새로운 움직임을 만들어 표현해 본다. 이처럼 신체를 가지고 다양하게 움직여 보는 경험들은, 이후 자기 나름대로의 유연하고 자연스러운 움직임을 만들어 낼 수 있는 효과적인 방법에 대한 지식을 발전시키도록 돕는다(Laban, 1975).

그리고 영유아기의 풍부한 신체 활동 경험은 일생 동안의 신체 활동이나 운동능력을 좌우한다. 영유아기에는 가능한 한 많은 신체 활동을 경험하는 것이 필요하다.

갈라휴(Gallahue, 1996)는 어린 시절의 활발한 신체 활동이 성인기의 신체 활동이나 건강과 직접적으로 관련된다고 하였다.

영유아기에는 신체발달뿐만 아니라 인지적 · 정서적 · 사회적 · 언어적 측면의 발달이 급속하게 이루어지며, 특히 영유아기는 대 · 소근육 발달이 활발하게 진행되는 시기로 기초 운동 기능을 습득하는 데 이상적인 시기이다. 영유아기와 아동기, 청소년기에 형성된 신체 활동 습관은 성인기의 신체 활동에 영향을 미치는 주요 요인이 된다. 초기 유아기에 익힌 기본 운동능력은 후기 유아기에 이르러 복잡한 운동 기능 학습을 용이하게 하며(George, 1992), 유아기에 익힌 기본 운동능력(걷기, 달리기, 던지기, 잡기 등의 발달)은 이후의 복잡한 운동 기능 학습에 많은 영향을 미친다(김재은, 2000).

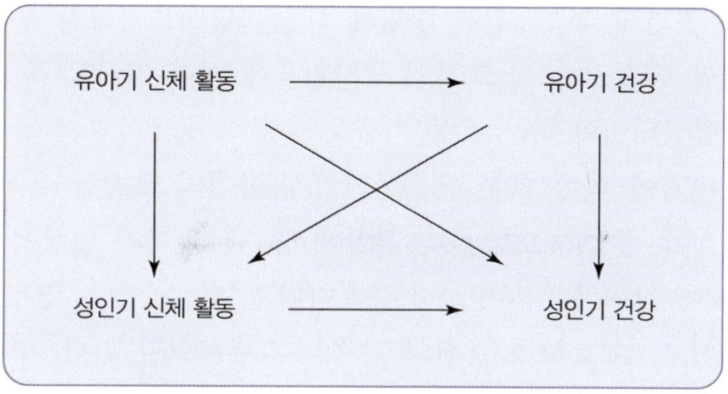

그림 1-1 유아기 신체 활동의 영향

출처: Gallahue(1996).

또래들과 함께 놀이할 때 탐색적 움직임과 의사소통을 하기 위한 영유아의 움직임은 극도로 상승한다. 영유아는 서로의 움직임을 끊임없이 관찰하고 모방하고, 때로는 이에 도전한다. 한 유아가 "야! 나 좀 봐!"라고 외치며 뛰어내리면 보고 있던 유아는 곧바로 또래의 동작을 흉내 낸다. 반응 동작의 수준이나 변화에 따라, 이는 "나도 할 수 있어", "내가 더 멋있게 잘하지", 혹은 "이렇게 하면 더 재미있어", "너도 나처럼 이렇게 할 수 있니?" 등의 의사표현이 된다. 때로는 시범을 보인 유아가 겁을 내거나 잘 따라하지 못하는 또래에게 즉각적으로 교사가 되어 어떻게 하는지 방법을 가르쳐 주기도 한다. 때로는 유사한 동작을 실험할 수 있는 적절한 곳을 함께 찾아보기도 한다. 이러한 과정을 통해 영유아는 서로 간에 생각과 느낌을 전달하게 되고 자신의 신체 조절력을 발달시킴으로써 자신감과 성취감을 얻게 된다. 따라서 영유아기에 다양한 놀이와 동작활동을 통하여 협응성, 평형성, 리듬감, 민첩성, 유연성, 근력, 지구력, 순발력 등의 기초 운동 수행 능력을 기르는 것이 중요시된다.

최근에 영유아는 가정과 유치원과 어린이집에서 읽기, 쓰기, 셈하기 등의 학문적 기술과 능력발달을 중시하고 컴퓨터나 매스미디어의 증가로 앉아서 하는 활동이 증가하고 있다. 따라서 오늘날의 영유아는 운동 기술이나 동작 기술을 충분히 경험하지 못하고 있는 실정이다. 도시화로 인한 놀이 공간의 부족, 위험 상황에 대한 부모의 지나친 우려로 인한 놀이 기회의 부족, 부모나 교사의 동작활동에 대한 지식 부족 등으로 영유아기에 발달되어야 하는 운동 기술을 충분히 발달시키지 못하고 있다. 그러나 영아기에 익힌 기본 운동능력이 유아기의 복잡한 운동 기능 학습을 용이하게 함을(Graham, 1992) 감안해 볼 때 놀이와 일상생활을 통한 영유아기의 동작교육은 무엇보다 중요하다고 볼 수 있다. 영유아는 끊임없이 움직이고 싶어 하며 자신의 감정을 표현하고자 한다. 영유아의 기본적인 욕구를 채워 주며, 자연스럽게 움직임을 유도하여 만족과 기쁨을 느끼도록 하는 것이 동작교육이 갖는 중요성이라고 할 수 있다.

퍼셀(Purcell, 1994)은 동작교육이 영유아로 하여금 아이디어를 표현하고 의사소통을 하게 하며, 자신과 주변 세계를 이해하게 하고, 자신들의 동작능력을 발달시키도록 도와준다면서 동작교육의 중요성을 크게 세 가지로 분류하였다.

첫째, 동작교육은 영유아의 의사소통 및 표현방법을 발달시킨다. 동작교육을 통해 영유아의 정형화된 동작으로부터 벗어나 환경 속에서 움직이고 느끼고 지각하는 새로운 방법을 발견하여 쓰기, 말하기, 그리기, 노래하기, 동극하기 등의 방법 외의 자기표현과 의사소통 방법을 통해 자신과 다른 사람을 이해하도록 도와준다. 새로운 동작의 창작은 의사결정 능력에 기초가 되는 상상력과 창의성을 발달시키며, 또래들과 함께 여러 가지 동작을 창작·공연·관찰·토의하고 나눌 수 있는 기회와 경험을 제공하기 때문에 영유아의 아이디어를 표현하고 전달하는 다양한 방법들을 발달시킨다.

둘째, 동작교육은 영유아로 하여금 자신과 주변의 세계에 대해 이해하도록 돕는다. 여러 나라의 독특한 문화를 보여주는 전통적인 포크 댄스를 학습함으로써 다양한 사회와 문화를 경험하여 한 문화의 전통, 신념, 가치들이 어떻게 동작으로 표상되어 있는가를 이해하고, 세계를 지각하는 방법을 안다. 또한 동작을 통해 관찰, 주의집중, 지각의 기술을 발달시키고, 자신의 아이디어, 생각, 느낌을 명료화시켜 자신과 세계를 이해하도록 돕는다.

셋째, 동작교육은 영유아의 동작 및 조절능력발달을 돕는다. 동작교육을 통해 운동기술에 대한 기본적 용어들을 확장시키고, 다양한 동작과 동작방법에 대한 지식을 향상시키며 신체를 사용하여 움직일 수 있는 무한한 방법들을 탐색하는 학습 경험을 증가시켜, 반복 연습함으로써 신체를 마음대로 조절할 수 있는 조절능력이 향상된다.

이처럼 영유아기의 동작교육은 질적으로 우수한 포괄적 신체 교육 프로그램의 근본적인 요소이다. 따라서 가정과 유치원이나 어린이집에서는 영유아에게 움직이고자 하는 본성을 최대한 이끌어 내어 놀이와 일상생활을 통해 동작 기술이 습득되도록 해야 한다. 이와 더불어 부모나 교사는 영유아에게 자신의 신체가 할 수 있는 것에 대해 긍정적인 느낌을 가질 수 있도록 격려함으로써, 신체 조절 능력을 습득하게 할 뿐만 아니라 자발적이고 창의적인 동작 표현이 되도록 지도해야 한다.

3) 영유아 동작교육의 목적

동작교육의 목적은 영유아가 자기 신체에 대한 지식을 터득하고 신체의 잠재된 운동능력을 발휘하는 것이며(Gallahue, 1976), 문제해결을 통해 많은 참여와 성공감을 고취하고 탐색을 통해 인간의 동작을 이해하며 잠재력, 창의력, 긍정적인 자아 개념을 발달시키는 것이다(Dougherty & Bonanno, 1979).

또한 동작교육을 표현의 도구로 인식하기도 한다. 즉 자신과 타인의 느낌과 태도를 표현하기 위해 자신의 신체 사용 능력과 자기 만족감을 증진시키며, 움직임에 대한 즐거움을 이해하고 감상하며 다양한 리듬을 이해하고 반응하는 능력을 발달시킨다(Barrett, 1977; Graham, Holt-Hale & Parker, 1993).

그러나 무엇보다도 동작교육의 목적은 신체적 · 지적 · 사회적 · 정서적 성장과 발달을 촉진하는 전인적 교육에 있으므로(Mayesky, 1995) 영유아에게 무용가나 운동 전문가로 키우는 기능과 기술의 연습이 되지 않도록 해야 한다.

이렇게 볼 때 학자에 따라 차이가 있으나 영유아 동작교육의 목적은 그 필요성에 비추어 영유아 발달의 전체적인 맥락에서 논의되어야 한다. 즉, 영유아가 신체 활동을 통하여 신체를 효율적으로 사용할 수 있고, 활동에 즐겁게 참여하며 즐길 수 있는 흥미와 능력의 발달뿐 아니라 신체, 사회, 언어, 인지, 정서, 창의성, 상상력, 심미감 등 영유아의 전인적 발달의 추구라고 할 수 있다.

(1) 신체적 발달

동작교육은 영유아의 신체적 발달을 돕는다. 특히 영유아기는 운동 기능이 급속하게 발달하는 시기로 동작활동을 통해 자신의 신체를 다양하게 움직여 보고 점차 자신의 신체를 복합적인 방법으로 활용하게 되어 대 · 소근육이 발달하고 신체의 균형유지, 신체 부분 간의 협응력, 움직임 가능성, 공간 인식, 유연성, 순발력, 지구력 등 기초적인 신체 조절 능력을 기르게 한다. 예를 들어, 다양한 음악(행진곡, 재즈, 왈츠, 록 음악, 전통 민속 음악 등)에 맞춰 손뼉 치기, 동작으로 표현하기, 북이나 탬버린 사용하기 등의 활동은 영유아의 신체적 발달을 위한 좋은 기회를 제공한다.

(2) 언어적 발달

동작교육은 영유아의 언어적 발달을 돕는다. 영유아는 자신의 생각이나 감정을 충분히 표현할 수 있는 언어 능력이 제한되므로 몸짓으로 의사를 전달하게 된다. 그리고 자신이 표현했던 동작을 다시 언어로 표현함으로써 어휘력을 증진시킬 뿐만 아니라 단어와 소리의 형태, 문장 구성 등을 학습하게 되는 언어 발달을 돕는 경험을 갖기도 한다. 또한 동작활동을 통한 교사의 지시나 설명, 움직임 활동 시의 대화 등을 통해 다양한 어휘를 획득할 수 있다. 눈과 손의 협응력, 손의 파악 능력이 향상되어 쓰기를 위한 준비 교육이 될 수 있으며, 손과 손가락의 리듬 있는 동작 등을 통해 유아가 쓰기에 필요한 근육을 조절할 수 있고 협응능력을 기를 수 있다. 손과 눈의 협응은 유아의 읽기 능력을 돕는다. 심리학적으로 몸짓 언어를 표현한 동작과 음성적 억양은 사회적 의사소통에 있어서 실제 말이나 단어 자체보다도 더 중요한 의미를 지닌다(Sapir, 1967). 결국 동작활동은 영유아에게 의사소통의 역할을 하며 동작에 관련된 어휘를 경험하고 배우게 한다.

예를 들어, 음악 감상 후 그 작품의 특징이나 그에 대한 느낌을 언어로 표현해 보고 다양한 어휘가 포함된 동작 표현을 하게 되면 영유아는 신체 부분의 명칭을 알게 되고 신체를 이용하여 글자나 모양을 만들어 봄으로써 동작에 관련된 어휘를 경험하고 배울 수 있게 된다.

(3) 사회적 발달

동작교육은 영유아의 사회적 발달을 돕는다. 친구와 함께 신체를 다양하게 움직여 보거나, 활동을 위해 차례를 기다리고, 나누고 협동하면서 사회적 의식을 발달시킨다. 또한 동작활동으로 자신을 적절하게 표현하는 방법을 터득함으로써 또래 간의 긍정적인 상호작용과 협동심, 경기: 공동체 의식과 같은 사회적 행동을 경험할 수 있을 뿐만 아니라 서로의 관점을 이해해 보는 기회를 갖게 된다. 예를 들어, 개인 동작활동의 경우 영유아는 자기만의 세계를 구축하면서 안정감을 찾을 수 있고, 영유아 자신이 무엇을 할 수 있으며 어떻게 조정해 나가야 하는지 스스로 체득해 나갈 수 있다는 장점이 있다. 반면, 두 사람이 짝지어 하는 활동이나 대·소집단으로 구성되어 친구와 함께 동작으로 표현해 보는 활동은 친구에 대해 효과적으로 반응하고 행동할 수 있는 능력을 가지는 등 영유아의 사회성 발달에 효과적이며, 영유아 자신이 창의적으로 시도하는 동작활동에서 얻게 되는 자신감과 성공감은 자아개념의 성장을 돕는다.

(4) 정서적 발달

동작활동은 영유아의 정서적 발달을 돕는다. 동작활동은 좌절, 분노, 욕구불만과 같은 억압된 감정을 자연스럽게 표출함으로써 긴장을 완화시켜 주어 정서를 순화시켜 주는 배출구가 될 수 있다(Flinchum, 1988). 불안이나 긴장은 고등한 수준의 사고에 부정적 영향을 주기 때문에 불쾌한 감정은 억눌러서는 안 되며 사회적으로 인정할 수 있는 방법으로 해소해 나가는 방법을 터득해야 한다(Mathew & Burnett, 1989). 신체 활동이 정신건강을 유지하고 정서장애를 관리하는 데 있어서 중요한 수단이 되며, 운동이 정신 기능에 긍정적 영향을 준다는 사실에는 의문의 여지가 없다(Taylor, Sallis & Needle, 1985).

영유아는 자신들이 추구하고 성취한 것에 대해 자신감과 성공감을 느끼는 것이 필요하다. 영유아는 움직임을 계속 행함으로써 자신의 능력을 발견하고 신체를 조절하여 움직일 수 있다는 자신감을 얻게 되면, 어떤 동작활동에 참여하더라도 스스로 만족감과 기쁨을 얻게 되며(Margolin, 1976) 또한 "유능한 나"(교육부, 1996, p.15)를 느껴보게 된다. 따라서 동작활동을 통해서도 영유아는 주체성과 정체성을 확립하게 된다. 매순간 영유아는 그들이 어떻게 움직이는지, 그들이 어디로 움직일 수 있는지, 다른 방법으로 움직이면 어떤 느낌이 드는지, 그들이 어떤 움직임을 원하는지, 이런 움직임은 다른 것들과 어떻게 다르고 또한 비슷한지를 인식하고 재발견한다. 매순간 영유아는 의사를 결정해야 하고, 상상을 해야 하고, 아이디어와 느낌을 표현해야 하고, 다른 사람들과 이를 나누어야 한다. 이러한 모든 과정에서 일어나는 발견과 학습은 영유아의 자아개념의 일부분이 되고 자기 존중감을 양산한다. 요약하면, 영유아의 동작활동은 움직임의 수많은 가능성 중에서 자기발견을 증진시킬 수 있을 뿐만 아니라 긍정적 자아개념과 자기 존중감을 갖도록 도와준다.

예를 들어, 영유아 발달 수준에 적합한 동작 과제를 제시해 주어 성공감, 자신감, 만족감을 느끼도록 해 주며, 동작활동을 하고 난 후 성공과 실패했을 때의 감정을 말로 표현해 보도록 평가의 시간을 갖는다.

(5) 인지적 발달

영유아의 동작활동은 인지발달을 촉진한다. 우리 대부분은 행함(doing)을 통해 학습한다. 다시 말해서 신체적으로 경험할 때 추상적인 것이 구체적인 것이 될 수 있다. “나는 들은 것은 잊어버린다. 본 것은 기억한다. 한 것은 안다.”는 공자의 말처럼 결론적으로 영유아는 자신이 해본 것은 앞으로도 계속 알게 될 것이라는 것을 의미한다. 피아제(Piaget, 1952)는 학습의 모든 상위 형태는 초기의 신체적 경험에 기초하며, 신체적 경험은 정신적 능력 향상으로 전이된다고 믿었다. 즉, 영유아는 물리적 환경을 대상으로 활동하고, 그 활동의 결과로서 무엇이 발생하는가를 관찰함으로써 학습한다. 영유아는 수학, 과학, 언어, 독서와 철자법과 같은 인지 활동에 필요한 공간 관계, 동작 효율성, 연속 기술, 크기, 모양 및 시간 개념을 신체적 경험을 통해 발달시킨다고 할 수 있다(김현지 · 오연주, 1997). 그러므로 영유아는 기본적인 동작활동을 통해 자연 현상, 사회 현상에 대한 개념이나 수세기, 형태, 분류, 비교 등의 기본적인 인지 개념을 학습하게 되며 규칙과 질서에 대해서도 체험할 수 있다.

(6) 창의적 발달

동작교육은 영유아의 창의성 발달을 돕는다. 신체 활동이 창의성 발달에 미치는 영향에 관한 연구들은 유아 중심의 동작교육과 통합적 동작 활동 프로그램이 표현 능력과 창의성 발달에 효과가 있으며, 기본 운동 능력이 발달한 아이일수록 표현 능력이 우수하다는 결과를 보고하고 있다(공갑례, 1997; 청금자 · 석은조, 2000; 장세호 · 엄정애, 2002; 이순례, 2003). 동작활동은 영유아의 생각, 감정, 지적인 인상을 표현함으로써 동작활동을 통해 자신이 알고 있는 지식을 자기 나름대로 즐겁게 표현하면서 창조적인 기쁨을 느낀다. 이러한 창의성은 마음에서만 일어나는 것이 아니다. 무엇보다 사고와 감정, 정신과 신체 간의 관계가 창의성을 표현하는 데 중요한 요소가 된다(Goleman, Kaufman & Ray, 1992). 창의적 표현력 발달을 위해서는 수동적인 방법보다는 실제로 참여해 보는 능동적인 학습이 되어야 한다. 자유로운 분위기 속에서 영유아가 탐색과정과 즉흥과정을 통해 생각하고 느끼는 것을 몸 움직임으로 나타내도록 하는 신체표현 활동들이 경험되어져야 한다.

예를 들어, 느낌을 동작으로 표현하기, 동작 만들기 등 다양하고 자유로운 표현 활동은 영유아의 창의성 증진을 돕는다.

(7) 심미적 발달

동작교육은 영유아의 심미적 발달을 돕는다. 동작은 손유희나 걷기, 달리기와 같은 모든 움직임에의 리듬을 통해서 생각과 느낌을 전달할 수 있다. 이러한 리듬에 맞추어 다양하게 자신의 감정을 표현해 보면서 영유아는 풍부한 감정, 충만감, 아름다움을 계발시킨다. 즉, 동작활동 속에서 감정, 인식, 영상의 감수성이 전달될 때 영유아의 심미감은 형성된다(McDonald & Simons, 1989). 따라서 교사는 영유아가 느낀 것을 다양한 활동을 통하여 독특하게 표현할 수 있도록 기회를 줄 뿐만 아니라 다른 친구의 작품이나 좋은 음악, 신체표현 등을 감상할 수 있는 기회를 주면서 심미적인 면을 키워 나가야 한다. 그리고 영유아에게 동작 경험이 좋은 것이고 아름답다는 것을 느끼게 해 주면 영유아는 즐겁고 행복한 마음으로 활동을 즐기게 되면서 심미적 감각이 저절로 증진된다.

결국 영유아 동작교육의 목적은 무용가나 운동 전문가로 키우기 위한 기능과 기술의 연습이라기보다는 생활 속에서 동작에의 친숙함을 가지게 하고, 느끼는 바를 기초로 정서적 안정감과 심미감을 신장시켜 감성을 풍부하게 하며, 더 나아가 제 영역의 조화로운 발달을 돕는 것이라고 하겠다. 무엇보다도 동작으로 표현해 보고자 하는 영유아의 본성을 최대한 이끌어 내어 놀이와 일상생활을 통해 동작을 즐길 수 있도록 해야 한다. 특히 자발적이고 창의적인 동작 표현을 통해 영유아가 동작활동에 대해 성공감과 긍정적인 느낌을 가질 수 있도록 격려함으로써, 동작에 대한 흥미를 발달시켜가도록 돕는 것이 중요한 목적이 되어야 할 것이다.

2 영유아 동작교육의 역사적 배경

역사적으로 볼 때 동작교육의 개념 및 방법은 아동을 어떻게 보느냐, 교육을 어떻게 보느냐 또는 아동기의 신체운동발달의 중요성을 어떻게 보느냐와 밀접한 관계를 맺으면서 많은 변천을 해왔다(Seefeldt, 1976).

1) 세계 여러 나라의 동작교육

(1) 고대에서 20세기 이전

일찍이 고대 희랍에서는 인간 발달에 있어서 정신과 신체 그리고 영적인 요인의 균형을 추구하면서 신체와 정신의 조화를 강조했다. 소크라테스(Socrates)는 건강을 위하고 신체의 완전하고 조화 있는 발달을 위해, 적절한 체중을 유지하고 왕성한 식욕을 얻기 위해 그리고 숙면을 즐기기 위해서 많은 사람에게 춤을 가르쳐야 한다고 하였다. 또한 아리스토텔레스(Aristoteles)는 무용은 가장 고상한 지적 · 풍류적 만족감을 주며, 인간의 영혼으로부터 보기 흉한 감정을 씻어내는데 도움을 된다고 하며(배인자 · 한규령, 1996), 신체동작의 중요성이 강조되었다.

중세에는 신체와 정신의 조화가 균형을 잃고 심미적 인식(aesthetic awareness)을 통한 영적 발달 측면이 더 강조되었다(전인옥 · 이영, 2002).

그 후 문예부흥기(르네상스)에는 다시 전통에 대한 관심이 되살아나면서 정신과 신체의 조화를 추구하게 되었고, 조화를 추구하기 위하여 아동과 아동의 욕구에 대한 관심이 증가됨으로써 아동기가 교육의 출발점이 되었으며, 아동을 연구하는 일이 실현되었다. 이 시기 로크(Locke)는 어린이의 지능연마를 위해서 뿐만 아니라 신체 조직과 건강의 단련 등에 관해 광범위하게 다루면서 건전한 신체와 건전한 정신을 가져야 한다고 주장하였으며(배인자 · 한규령, 1996), 루소(Rousseau)는 자연에 의한 신체 훈련과 신체적 훈련을 통한 정신개발을 주장하였다. 특히 획일적인 움직임만으로 교육하는 것을 반대하였다(배인자 · 한규령, 1996).

그러나 개화기부터 20세기에 이르는 동안 체육은 신체만을 강조하여 체육교육을 최적의 신체 발달을 증진시키기 위한 훈련으로 여겨졌으며, 또 다시 신체와 정신을 분리시키는 신체－정신의 부조화 시기에 이르렀다.

(2) 20세기 이후

20세기에 들어와서는 아동기의 신체운동발달의 중요성에 대한 과거의 경향을 반복하고 수정하였다. 심리학적 연구들은 신체적·심리적 발달의 계열과 원리를 밝히고자 하였고, 인간의 성장과 발달의 기저가 되는 과정에 초점을 두게 되었다. 따라서 인생 초기의 발달과정을 관심 있게 연구하게 되었으며, 신체 발달, 인지 발달, 성격 발달, 사회성 발달 등 발달의 제영역에 관한 이론이 형성되었다.

20세기 초에는 인간의 자연스러운 표현의 자유를 주창하는 움직임이 무용계에서 시작되었다. 그리고 델사르트(Frangois Delsarte), 덩컨(Isadora Duncan), 라반(Rudolf Laban)이 'Human Movement'의 개념을 정립하였다. 'Human Movement'는 움직이는 사람의 사고와 감정을 자연스럽게 표현해야 한다는 움직임의 개념을 확립하고, "움직임 속에 곧 정신이 들어있다"는 무용과 체조의 연구에 새로운 접근을 하도록 큰 공헌을 하였다.

1900년대부터 1930년대에는 과학적인 아동연구 운동과 아동 발달의 원리를 밝히고자 하는 심리학적 이론이 형성되었다.

1930년대에는 발달의 영역을 각각 분리시켜 분석하는 것이 타당하지 않다고 인식되면서, 1940년대에 이르러 소위 '전인적 아동(the whole child)'의 개념이 형성되었다. 그러나 이러한 이론적 형성 또한 특정의 발달적 문제를 충분히 설명하지 못함이 증명되었고, 결국 개인차의 개념이 크게 강조되면서 아동의 사회 및 정서 발달이 특히 강조되었다.

그러다가 1960년대에 이르러 소련의 인공위성 스푸트니크 발사를 계기로 미국을 비롯한 세계 각국에서 지적 발달에 대한 갑작스런 관심이 증가되었다. 1960년대 말부터 70년대에 이르는 동안에 유아교육과 체육교육 문헌을 보면 새로운 이론 정립을 위해 다학문적 접근이 시도되었음을 알 수 있다(Seefeldt, 1976). 이때 체육교육자나 심리학자, 유아교육자들은 인간 발달에 있어서의 동작의 역할에 대한 새로운 통찰을 얻기 위하여 서로 다른 학문 분야에 관심을 돌리게 되었다. 즉, 인간의 행동에 대한 연구와 관련된 제학문영역[예: 생화학(biochemistry), 근육운동학(kinesiology), 신경학(neurology), 사회학(sociology), 인류학(anthropology) 등]에서 체육교육에 공헌할 수 있는 최신 지식들을 종합하고 분석하기에 이르렀다.

이러한 학문의 다원화 과정에서 체육교육자들은 인간동작의 기본 요소들에도 주의를 돌렸다.

다학문적 접근과정에서 유아동작교육은 라반(Laban)의 'Human Movement' 이론에 관심을 두기 시작했다. 라반은 인간 동작의 기본 원리를 4가지 주제, 즉 신체(The body: What the body can do), 노력(Effort: How the body moves), 공간(Space: Where the body moves), 관계(Relationships: Relationships of body parts to each other)를 중심으로 분석하고자 하였다. 영국에서 동작교육에 관한 모든 문헌은 이 라반의 분석모형에 따라서 조직되었으며, 미국의 체육교육 문헌도 이와 유사하다. 그러나 미국 문헌의 경우 원리에 있어서는 라반의 동작원리와 유사하지만, 그 원리들의 조직도 다르고 원리를 보는 관점도 다소 차이가 있다. 학자마다 약간의 차이가 있을지라도 라반의 원리는 동작 행동을 관찰하고 기능적, 표현적 동작 경험을 계획하고 조직할 때 매우 유용한 구조를 제공해 주기 때문에 현대 동작교육의 기초가 되었다. 특히 유아교육에서는 유아의 동작을 관찰할 수 있는 기준으로서 그리고 다양한 동작적 경험을 계획하고 조직하기 위하여 라반의 원리는 매우 유용하며, 동작 교육방법을 연구하는데 있어서는 라반의 영향이 매우 크다고 하겠다.

이상에서 살펴본 바와 같이 동작교육의 개념과 방법은 고대로부터 현대에 이르는 동안에 역사적 맥락 속에서 인간과 인간의 교육에 관한 철학적 사고나 학문적 발전 경향과 함께 변천해 왔음을 알 수 있다. 동작교육의 역사적 변천은 인류의 교육사와도 불가분의 관계를 맺으며, 인간의 궁극적 목표에 대한 견해에 따라서 정신과 신체, 이 두 요인의 인간 발달에 대한 상대적 중요성이 서로 다른 비중으로 강조되어 왔다. 그러나 현대에는 인간이 하나의 유기체로서 신체와 정신 그리고 감정이 상호작용하고 있고, 이들의 상호작용이 개인의 독특한 환경 속에서 복합적으로 작용하고 있음이 널리 인정되고 있다. 더욱이 각 학문 분야에서 체육교육학자, 심리학자, 유아교육자들이 인간 발달에 있어서 신체 활동의 역할에 대하여 다각도로 연구하기 시작한 이래로 동작교육의 개념이나 방법은 급격히 확장되고 체계화되고 있다.

2) 우리나라 동작교육의 역사

우리나라의 동작교육의 역사적 배경을 보면, 유아교육 수준에서의 자료는 매우 제한되어 있으므로 유치원 교육과정과 초등학교 교육과정을 분석한 연구자료를 함께 참고하여 우리나라에서의 유아를 위한 동작교육의 역사적 흐름을 추론해 볼 수 있으리라고 본다(이영, 1996).

(1) 유치원 교육과정 제정 이전의 동작교육

먼저 유아교육 수준에서의 동작교육 내용은 1897년 우리나라에 소개된 유치원의 역사와 더불어 검토될 수 있다. 유아동작교육은 처음에는 일본인과 미국 선교사의 영향을 받았다. 이들 일본인들과 미국인들은 독일의 프뢰벨(Fröbel)의 이론을 수용했는데, 이때의 교육은 원리보다는 노래와 춤에 치중했다고 할 수 있다.

(2) 유치원 교육과정 제정 이후의 동작교육

유치원 교육을 정상화시키기 위해 1969년 문교부가 제정·공포한 '유치원 교육과정령'이 우리나라 최초의 유치원 교육과정령이었다. 1969년의 문교부 교육과정령에는 건강한 신체와 건전한 정신으로 행복하게 생활할 수 있는 유능한 한국 국민의 기초를 닦는 것이 목적으로 되어 있으며, 건강·사회·자연·언어·예능의 영역으로 나누어 구체적인 목표와 지도 내용이 규정되어 있다. 교육목표 중 건강 영역과 예능 영역에서 동작교육에 관련된 내용을 참고할 수 있다.

예능 영역에서는 춤놀이가 동작교육의 관련 영역이라고 볼 수 있으며, 이는 곧 느끼고 생각한 것을 표현하게 하는 표현 위주의 춤 활동이 강조된 것이라고 하겠다.

건강 영역에서는 자기 몸에 대하여 관심을 가지게 하며 튼튼하게 생활할 수 있는 습관과 태도를 기르고, 각종 놀이를 통하여 기초적인 운동능력을 기르며 안전한 생활에 필요한 습관과 태도를 기르고 생명의 존엄성을 알게 하는 데 목적을 두었다.

이 교육과정은 1979년도에 '2차 유치원 교육과정'으로 개정되었는데, 이때 교육내용을 1969년도의 생활 영역 중심에서 발달 영역 중심으로 구분하면서, 신체 발달 및 건강 영역에서 '지각운동 기능', '초보적 운동능력', '건강', '안전'을 교육내용으로 선정하였으며, 사회·정서 발달 영역에서 사회·정서, 심미 및 창의를 교육내용으로 선정함으로써, 이 두 영역의 교육목표와 내용이 곧 1979년도 유치원교육에서의 동작교육이라고 볼 수 있다. 전반적인 유치원 교육과정의 성격상 1979년도 유치원 교육과정은 학문 중심 교육과정의 성격을 가진 것으로서, 동작교육의 내용에서도 건강한 생활 태도나 습관, 막연한 춤놀이 혹은 표현놀이에서 벗어나 보다 각 영역에서의 기초적 개념 이해 위주로 구성되어 있어, 동작교육에서도 지각운동 기능, 초보적 운동능력 등 운동의 기본기능 및 기초 개념이 강조되었으며, 창의적 능력도 함께 강조되었다고 하겠다.

1981년도 '3차 유치원 교육과정'의 개정은 1979년도 교육과정을 개정한다기보다는 수정·보완한다는 입장이다. 1979년도와 마찬가지로 발달 영역별로 구성하였으며, 유치원교육의 목적을 유치원 아동에게 알맞은 교육환경을 마련해주어 전인적 성장을 도모하는 것으로 삼고, 이를 위해 구체적인 목표를 설정하였다. 그중에서 신체 발달 영역과 사회·정서 발달 영역을 보면 지각·운동기능과 초보적 운동 능력이 통합되어 재조직되었으며, 건강과 안전이 통합되고, 사회·정서 발달 영역은 사회성 발달과 정서 발달로 각각 분리시키고 긍정적 자아개념을 보다 강조하였다.

이 교육과정도 1987년도에 다시 개정되어 고시되었다. 즉, 1987년 '4차 유치원 교육과정'은 신체, 언어, 인지, 정서, 사회성 발달 영역을 기초로 일부 수정하고 보완하여 재편성하였다. 이는 방침이나 구성에 큰 변화를 주지 않았으나, 상상력과 창의력을 정서 발달에 국한시키지 않고 각 발달 영역에 걸쳐서 강조함으로써 창의적인 표현력은 물론 독창적인 사고력, 창의적 태도 및 능력에 대하여 보다 구체적으로 언급하고 있다.

1992년 '5차 유치원 교육과정'에서 동작교육은 '표현'의 가치를 강조하고 있으며, 특히 창의적 표현을 강조하고 있다. 유아동작교육은 5개 생활 영역 중 표현생활 영역에 속하며 여기에서 명시한 동작교육의 내용을 보면 '신체를 사용하여 다양한 모양을 동작으로 표현하기', '다양한 소재를 활용하여 신체로 표현하기', '몸의 움직임을 보고 즐기기', '다양한 종류의 춤 감상하기'가 있다.

1998년 '6차 유치원 교육과정'은 5차 유치원 교육과정과 달리 동작교육과 관련된 내용 체계에 탐색이 신설되었다. 건강생활 영역에서 동작교육의 내용구성을 살펴보면 '건강'의 하위 내용에서 '감각 및 신체인식 ', '감각기관 활용하기', '신체를 인식하고 움직이기', '기본 운동능력', '이동운동하기', '비이동 운동하기', '조작운동하기', '신체 활동에 참여하기'이다. 표현생활 영역에서 동작교육의 내용구성을 살펴보면 '탐색'의 하위 내용에서 '움직임 탐색하기'가 있으며, '표현'의 하위 내용에서 '동작으로 표현하기', '통합적으로 표현하기'가있다. 그리고 '감상'의 하위 내용에서 '춤 감상하기', '예술적 표현 존중하기', '전통예술에 친숙해지기'가 있다.

2007년 '2007 개정 유치원 교육과정'은 다양한 감각적 경험과 몸의 움직임 기회를 제공하여 건강하고 안전한 생활태도와 습관형성에 중점을 두고 신체운동과 건강교육과 관련한 4개 내용으로 '나의 몸 인식하기', '나의 몸 움직이기', '건강하게 생활하기', '안전하게 생활하기'를 제시하고, 16개 하위내용 중에서 동작교육과 관련된 부분은 '감각기관 활용하기', '나의 몸 인식하고 움직이기', '이동하며 움직이기', '제자리에서 움직이기', '도구 및 놀이시설을 활용하기', '바깥에서 신체 활동하기'이다.

표현생활 영역에서는 동작교육과 관련하여 생각하고 느낀 것을 예술적으로 표현하고 감상하며 창의적 표현력을 기르기 위하여 자연과 생활 속에서 예술적 요소를 찾아보고, 다양한 움직임과 춤, 극놀이를 통한 통합적 동작활동을 통하여 풍부한 감성과 심미적 감상태도를 기르게 하였다.

구체적인 표현생활의 내용체계는 '자연과 생활에서 아름다움 찾아보기', '예술적 표현 즐기기', '감상하기'의 3개 내용으로 나누어진다. 동작교육과 관련된 구체적인 교육내용은 '자연과 생활에서 아름다움 찾아보기'에 '소리, 움직임, 조형물에 관심 가지기', '예술적 요소 찾아보기' 2개 하위내용이 포함된다. '예술적 표현 즐기기'의 하위내용으로는 '움직임과 춤으로 표현하기', '극놀이로 표현하기', '통합적으로 표현하기', '창의적 표현과정으로 즐기기'의 4개 내용이 포함되며, '감상하기'의 동작교육과 관련된 구체적인 하위내용은 '아름다움 느끼기', '예술적 표현 존중하기', '우리 전통예술 감상하기'로 구성된다.

2012년 '만5세 누리과정'은 2007년 개정 유치원 교육과정 중에서 만5세를 위한 공통 유아교육과정으로 이원화되어 있던 유치원과 보육시설인 어린이집에 동시에 시행됨에 따라 만5세 유아의 의무교육과 공교육화가 동시에 이루어지고 있다. 유아동작교육과 관련된 내용체계는 2007 개정 유치원 교육과정과 2006년 표준보육과정을 적절히 통합하여 만5세 누리과정에 반영되었으며, 이어서 만4세와 만3세도 역시 통합교육과정이 적용되었다.

이상에서 살펴본 바와 같이 우리나라 유치원 동작교육의 내용은 유치원 교육의 성격상 독립된 교과목이나 교육 영역으로 취급되어 발전될 수 없기 때문에, 전체 교육과정을 통해서 분석하고 검토해야 한다. 유치원 교육과정에 포함된 관련 영역의 변천 과정을 참고로 해 볼 때, 우리

나라에서도 체육이나 무용, 율동, 춤놀이, 운동경기 등으로 불리고 교육되어오던 교육의 개념과 내용이 외국에서의 경향과 유사하게 변화되어 왔고, 또 최근에 이르러 동작을 위한 교육과 동작을 통한 교육과 같이 동작교육의 확장된 개념으로 변화하고 있음을 알 수 있다(이영, 1996).

02 C·H·A·P·T·E·R

영유아 동작발달과 동작교육

1 영유아발달과 동작능력

영유아는 깨어 있는 대부분의 시간은 놀이를 하며 보내고, 이러한 놀이를 통하여 신체발달을 이룬다. 영유아가 신체적으로 건강하지 못하면 활발한 놀이가 이루어지지 못한다. 몸이 허약하거나 신체적 운동 기능이 발달되지 못하고 장애가 있을 때는 여러 가지 놀이와 활동을 원활히 할 수 없는 것이다. 따라서 신체적 운동 기능의 발달은 인지, 정서, 사회, 언어 발달을 촉진시키는 아주 중요한 기초가 된다.

동작교육을 실시하는 데 있어서 가장 중요한 것은 교육하고자 하는 대상에 대한 이해이다. 따라서 유아의 성장(growth)과 발달(development)에 대한 개념과 유아의 욕구, 흥미 및 발달 특성의 이해가 선행되어야 한다. 이 장에서는 영유아에게 발달에 적합한 동작 프로그램을 계획하고 실행하기 위한 기초로서, 영유아의 동작과 관련된 신체·운동발달의 특징과 동작을 습득해 가는 과정에 대해서 알아보고자 한다.

1) 발달의 개념

인간은 출생 이후 외부의 환경과 접촉하는 과정에서 개인이 가지고 있는 잠재적인 능력을 개발하고 신체적·정신적으로 성장·발달해 간다. 발달(development)이란 이러한 신체적·정신적으로 끊임없이 진행되는 변화를 의미하는 것으로서 성숙(maturation)과 성장(growth)의 개념을 포함한다. 성장이란 신체 크기의 증대로 인한 양적 변화로 몸무게가 증가하고 키가 커지는 것 등이 여기에 속한다. 성숙은 낮은 수준에서 보다 높은 수준으로 기능할 수 있도록 하는 질적인 변화를 의미하며, 유전적으로 결정되고 일정한 순서로 나타난다. 태아의 발달, 뼈의 성장, 치아의 돌출, 사춘기, 호르몬의 변화에 따른 변성, 발모, 초경 등은 신체적 성숙의 전형적인 예이다.

인간의 발달은 성장하고 성숙할 때 일어나는 복합적인 변화로서 신체적 측면에서의 양적 변화뿐만 아니라 심리학적 측면에서의 질적인 변화까지를 포함한다. 이러한 의미에서 볼 때 영유아의 발달은 난자와 정자가 수정되는 순간부터 계속되는 양적·질적 변화라고 할 수 있다. 즉, 신체적 측면에서 작은 것에서 큰 것으로 진행하는 양적 변화 과정과 기능적 측면에서 미숙하고 낮은 수준에서 보다 높은 수준으로 이행하는 질적 변화 과정을 의미한다(김경희, 1986).

성장 또는 성숙의 개념에 더하여 발달을 이야기할 때 빼놓을 수 없는 것이 바로 '경험(experience)'이다. 경험은 학습의 과정을 통하여 발달적 특성을 다양하게 변화시키는 환경 내의 요인들을 의미한다. 영유아에게 제공된 경험은 특정한 행동 유형의 출현 속도 등에 영향을 준다. 그러나 대부분의 발달에 있어서는 성숙과 경험의 측면이 복합적으로 상호작용하게 된다. 적응(adaptation)은 개인과 환경과의 복합적인 상호작용을 의미하는 것으로 발달이 성숙이나 경험 혹은 유전이나 환경 중 어느 한쪽에 의해 이루어지는 것이 아니라 모두 중요하며 상호 의존적임을 강조하는 용어라고 할 수 있다.

결과적으로 발달이란 경험, 적응과 학습 및 훈련과 같은 외적 작용에 의한 연령적 변화와 함께 유전 인자에 의한 내적 작용에 의한 생리적 변화를 모두 포괄하는 개념이라고 할 수 있다.

2) 발달의 기본 원리

일반적으로 인간의 발달에 적용될 수 있는 다음과 같은 몇 가지 기본 원리가 있다(서봉연, 2007).

(1) "발달은 대부분 일련의 순서에 따라 진행된다."

모든 영유아는 앉은 다음에 설 수 있다. 타인에게 의존한 후에 스스로 독립할 수 있으며, 간단한 사물을 비교·분류한 후에 좀 더 추상적이고 복합적인 사고를 할 수 있게 된다. 즉, 영유아의 신체, 언어, 인지, 정서의 발달은 간단한 것에서 복합적인 것으로, 구체적인 것에서 추상적인 것으로 일련의 순서에 따라 진행된다.

(2) "발달은 연속적이지만 항상 고르고 점차적으로 이루어지는 것은 아니다."

발달 과정은 연속적으로 이루어지지만 발달의 속도는 개인의 정신적·신체적 기능에 따라 각기 다르다. 발달 과정 중 급격한 발달이 이루어지는 시기가 있고 그렇지 않은 시기가 있다. 예를 들어, 키와 몸무게의 증가는 출생 후 처음 1년간에 일생 중 가장 큰 증가를 보이며, 그 후 사춘기 때 급속히 성장한다. 어휘와 운동의 발달은 영유아기에 다른 때보다 가장 크게 발달하며, 논리적인 문제해결 능력은 사춘기를 중심으로 한 시기에 현저하게 발달한다.

(3) "모든 개개인의 발달 특성 및 능력은 성숙과 경험(학습)의 상호 작용에 의해서 이루어진다."

심리적 발달에 미치는 성숙과 경험이 주는 영향은 분리하기가 매우 어려운 일이다. 균형 잡힌 성장과 발달은 주로 성숙에 의해 이루어지며, 운동능력의 발달은 성숙과 경험의 상호작용에 의해서 이루어진다. 성숙 요인은 발달의 시기를 결정해 준다. 영유아가 걷게 되는 시기에 실제 경험을 제한하였다고 하여(최악의 제한이 아닌 한도 내에서) 걷는 시기가 지연되지는 않는다.

(4) "발달에는 개인차가 있어서 발달 단계를 거치는 속도나 양상에는 많은 차이가 있다."

모든 인간은 보편적인 순서에 따라 발달한다. 지구상의 모든 영아가 앉고, 서고, 걷는 보편적인 순서를 따르지만, 발달의 속도나 유형은 개인에 따라 다양하고 성장이 끝나는 시기도 다르다. 이러한 개인차는 각 개인의 유전적인 특성과 환경에 따라 다르게 나타난다(조미환, 2017).

(5) "발달의 각 영역은 서로 상호작용한다."

영유아의 신체능력이 향상됨에 따라 지적능력이 증가되며 사회적 행동에도 영향을 미치게 된다. 즉, 한 영역의 발달이 다른 영역의 발달에 직간접적으로 영향을 미치게 되는 것이다.

3) 영유아기 운동능력발달의 특성

영유아기에 있어서 가장 중요하고 가장 급속히 이루어지는 발달 형태 중의 하나가 신체 근육을 조절할 수 있는 운동 기능의 발달이다. 이러한 운동능력발달에는 발달이 진행되는 일정한 경향이 있다(조복희, 2010).

① 운동능력은 뇌에서 가장 가까운 부분부터 발달한다.

눈 운동, 머리 운동과 손의 협응 동작이 먼저 이루어지고, 이후에 서고, 걷고 하는 다리 운동이 이루어진다.

② 운동능력은 중심 부분에서 말초 부분으로 발달한다.

몸의 중심 부분의 운동능력이 먼저 발달하고 말초 부분은 뒤에 발달한다. 아기가 물체를 손으로 잡을 때 어깨와 팔꿈치가 먼저 움직이고 다음에 주먹이나 손가락을 움직이는 세밀한 동작이 발달한다.

③ 운동능력은 대근육이 먼저 발달하고 소근육이 나중에 발달한다.

영유아가 장난감을 다루는 동작을 하기 위해서는 먼저 몸 전체 근육을 움직인 다음 팔 근육을 그리고 손목과 손가락 근육을 움직여 장난감을 조작하는 동작이 이루어진다.

④ 운동능력은 양방에서 일방으로 발달한다.

영유아의 신체 구조는 생리적으로 상하 양방 관계로 균형을 이루고 있으나 점차 어느 한쪽을 선택하여 발달하게 된다. 영유아는 처음에는 양쪽 손을 모두 사용하게 되지만 초등학교 입학 시기쯤에는 어느 한쪽 손을 주로 사용하게 된다는 것이다.

⑤ 운동능력은 수평적인 동작에서 수직적인 동작으로 발달한다.

영유아는 걷거나 달리는 수평적인 동작을 학습한 후에 두 발 모아 뛰기나 앙감질과 같은 수직적인 동작을 학습하게 된다.

위와 같이 영유아의 운동 기능의 발달은 다섯 가지의 원리에 의해서 이루어진다.

영유아기의 동작능력발달은 신경 조직의 성숙과 병행해서 유전적 성숙 계획에 따라 이루어진다. 또한 동작능력의 발달은 대부분 그 순서가 비슷하지만 발달의 시기에는 개인차가 있을 수 있다.

2 영유아 동작능력발달과 관련 요인

1) 영유아 동작능력발달

영유아의 성장 발달 시기를 연령에 따라 발달 특징을 살펴보고, 이 발달 특징에 비추어 각 시기에 적합한 동작 경험은 어떻게 이루어져야 하며, 가능한 동작활동에는 어떠한 것이 있는지를 살펴보도록 한다(김은심, 2004).

(1) 영아기(Infant, 출생~18개월)

영아기에 유아는 무력하고 반사적인 특성을 가지고 있는 생명체에서 걷고 말하고, 생각하는 능력이 발달하면서, 매우 뚜렷한 주관을 가진 인간으로 성장한다.

영아의 동작능력은 다른 연령대의 유아와 비교해 보았을 때 매우 제한되어 있으나, 기본적인 운동 기술발달(basic motor skill development)은 태아기에서 약 5세까지가 '최적기'인 것으로 보인다. 또한 최근의 뇌 연구는 "초기의 동작 경험이 최적의 뇌 발달에 유익하다."는 결과를 제시함으로써(Gabbard, 1998), 동작교육이 영아기의 유아에게도 대단히 중요하다는 사실을 밝히고 있다.

이 시기 유아가 유형화된 동작(patterned actions)을 따라 움직이거나, 성인들에 의해 팔과 다리가 조작되는 구조적 동작 프로그램에 참여하는 것은 불필요한 일이다. 오히려 영아는 한 번에 한 가지 동작에 언어적·시각적 격려를 제공하고, 자신의 능력을 시험할 수 있도록 안전하게 움직일 수 있는 시간과 공간 등을 제공할 때 '기초적인 동작'을 더 잘 해낼 수 있다. 그리고 다양한 감각적 경험을 제공해야 하며 이를 위해 주변 환경은 보고 느낄 수 있는 다양한 색, 크기, 모양의 물체로 구성되어야 한다.

(가) 인지발달

출생 후 1개월에서 4개월 사이에 영아는 물건, 부모의 얼굴, 자신의 손 등의 사물을 주의 깊게 본다. 이 시기에 영아는 소리가 나는 방향을 보고, 손뼉 치기, 손 흔들며 인사하기와 같은 동작을 흉내 낸다. 영아기에는 숨긴 물체가 여전히 존재하고 있다는 사실을 알아차리는 대상 영속성(object permanence)이 발달한다. 또한 4개월에서 8개월 사이에 영아는 깊이 지각을 보여, 높은 장소에서 떨어지는 것을 두려워한다.

한편 이 시기에 영아는 '안녕' 하면서 손 흔들기 같은 간단한 동작을 해 보도록 하는 격려에 반응할 뿐만 아니라 자신의 이름을 부르는 소리에 반응한다. 8개월에서 12개월까지 영아는 간단한 지시에 따를 수 있으며, 마마마(ma-ma-ma) 같은 단음절의 옹알이를 시작한다.

1개월에서 4개월 사이에 영아는 자신의 젖병을 알아차릴 수 있으며, 2세경에는 몇 개의 큰 조각들로 나누어져 있는 퍼즐을 맞출 수 있는 크기와 모양 변별 능력을 보인다.

또한 2세경에는 생활용품의 이름을 말하고, 요청에 따라 신체 부위를 알아맞히고(예: "코가 어디에 있을까?"), 두 번째 물체를 건네주면 팔을 한 손에서 다른 손으로 물체를 옮길 수 있다.

❶ 인지발달과 동작활동

최근 뇌 연구를 통해 동작이 영아의 인지발달에 매우 중요한 역할을 한다는 것이 입증되고 있으나 영아들의 초기의 학습 경험이 운동발달과 운동 학습에 기초한다는 사실은 이미 오래 전부터 알려져 왔다. 따라서 영아들에게는 탐구와 발견, 보고 모방하고, 움직이고 학습할 수 있는 기회가 필요하다.

영아는 주변의 성인으로부터 격려를 받을 필요가 있다. 영아는 주변 환경과 상호작용을 하면서 성인으로부터 특정한 반응을 유도해낸다. 이런 반응들이 긍정적일 때 영아는 행동을 반복하기 쉽고, 이를 통해 중요한 지식을 얻게 된다. "고개를 끄덕이고 있구나!"와 같은 언어적인 격려를 통해 언어 발달 또한 촉진된다.

❷ 활동의 예

- 시각 추적(visual tracking): 영아에게 밝고 다양한 색깔의 물체를 제공해 줌으로써 시각 추적을 촉진시킬 수 있다. 손인형 혹은 밝은 색의 양말을 손에 끼고 영아의 주의를 집중시킨 후 손을 천천히 위, 아래, 원으로, 오른쪽으로, 왼쪽으로 움직인다. 또는 영아들이 볼 수 있도록 풍선을 불어 활동할 수 있다. 그리고 항상 영아들에게 자신이 무엇을 하는지, 영아들이 보거나 하고 있는 것이 무엇인지 말로 설명해 준다.
- 소리 게임: 영아의 머리 위나 옆에서 딸랑이 혹은 다른 소리를 내는 물체를 흔들어서 소리 나는 방향을 알아내도록 한다.
- 개념 게임: 예를 들어, "코끼리는 얼마나 클까?"와 같이 물어본 후 자신의 손에 영아의 손을 잡고 팔을 옆으로 벌린 후 "이만큼 크지!"라고 외친다. "하늘은 얼마나 높을까?"라고 물어본 후 머리 위로 한 손이나 두 손을 들어올리고 "이만큼 높지!"하고 소리친다.
- 대상 연속성 발달 활동: 대상 영속성을 발달시킬 수 있도록 담요 밑에 영아가 좋아하는 장난감이나 물건을 부분적으로 숨긴다. 영아는 장난감의 보이는 부분을 잡아당기는 것을 배우게 되고 마침내 장난감을 찾기 위해 담요를 완전히 치워버리게 될 것이다.

(나) 정서 발달

신생아는 안기, 간지럽히기, 흔들기, 잡기 등의 신체 접촉과 손가락, 발가락 등의 신체 부위 발견하기를 할 수 있다. 신생아는 6주쯤이면 웃기 시작한다.

대략 4개월에서 8개월이 되면 자신을 독립적인 개인으로 인식하게 된다. 이 기간 동안 소리·행동·표정을 모방하고, 행동·표정에 적절하게 반응한다. 또한 자신의 이름을 부르는 소리에 긍정적인 반응을 보인다.

8개월에서 1세까지 '낯가리기'와 '격리 불안'을 보이다가, 2세경이 되면 다시 타인을 덜 두려워하게 되고 어른으로부터 주목받는 것을 즐기게 된다. 이 시기에는 독립심을 보이며 아직 다른 유아와 협동적으로 놀 수는 없지만 함께 있는 것을 좋아하며, 짧은 시간 동안 혼자 놀 수 있다.

❶ 정서발달과 동작활동

경험과 반복은 영아들의 자아 개념 발달과 다른 사람들과의 관계 형성하기에 대단히 중요하다. 신생아는 안기고, 간지럽혀지고, 흔들리는 등의 신체적 접촉을 통해 안전감(a sense of security)을 갖는다. 성장하면서 자신의 환경에 영향력을 가질 수 있다는 것을 깨닫기 시작하면(예: 자신의 웃음으로 상대방의 웃음을 유도해 냈을 때) 자신감을 갖게 된다.

놀이 또한 자신감의 발달을 돕는다. 작은 물체를 더 큰 물체에 끼워 넣으면서 원인과 결과를 발견하기 시작하며, 장난감을 밀면서 걸음으로써 숙달감(a sense of mastery)을 느낀다. 이 모든 것은 정서발달에 영향을 미친다.

다른 사람 주변에서 놀기 혹은 다른 사람들과 함께 놀기는 사회성 발달을 촉진시킨다. 아직 함께 놀지는 못하지만 다른 유아와 함께 있는 것을 즐긴다. 그러나 양육자는 이 시기의 유아에게 공유하기(share)를 기대해서는 안 된다. 알브레히트와 밀러(Albrecht & Miller, 2001: 129)는 아주 어린 유아도 "충동 조절, 만족감 지연, 표현적인 언어 사용, 놀이 참여, 사회적 단서 읽기, 감정 조절에 제한적인 기술"을 가지고 있음을 인식하여야 한다고 했다. 따라서 성인들은 유아 간의 사회적 상호작용을 많이 격려해 줄 필요가 있다.

❷ 활동의 예

- 까꿍놀이: 까꿍놀이는 영아들을 즐겁게 웃게 만드는 활동이면서 동시에 스스로를 독립적인 개인으로 지각할 수 있도록 하는 게임이다. 이 게임에 익숙해지면 "(선생님이) 어디 있지?"하고 묻고-찾기 게임으로 변형하여 해 볼 수 있다. 까꿍놀이를 할 때처럼 얼굴 위에 손을 올려놓고 시작한다. 나중에는 가구 뒤에 숨어서 "(선생님이) 어디 있지?"라고 물을 수 있다. 그러고 나서 "(선생님) 여기 있지!"라고 말하면서 숨어 있던 곳에서 튀어 나온다.
- 영아를 품에 안고 춤추기: 이 활동은 영아를 달래고 즐겁게 해 줄 뿐 아니라 리듬감과 안전감을 부여해 줄 수 있다.

(다) 운동발달

생애 최초의 한 달 동안 이루어지는 운동 활동은 빨기, 삼키기, 하품하기, 눈 깜빡이기, 배설하기 등 선천적으로 가지고 있는 반사 행동으로 나타난다. 주된 신경 시스템이 성숙함에 따라 의도적·목적적인 행동이 시작되며, 엎드려서 팔로 버틴 채 머리와 상체를 들 수 있다.

생후 4개월경에, 영아는 누워서 머리를 들 수 있다. 4개월에서 8개월 사이에 양팔을 물체를 향해 뻗을 수 있으며 8개월에서 12개월 사이에 한 손을 물체를 향해 뻗을 수 있다.

4~8개월 사이에는 팔을 앞으로 해서 몸을 지탱해서 앉고, 팔을 들어 올리고, 무릎을 끌어당겨서 기는 자세를 취하며, 뒤집는 능력 등이 나타난다.

6~12개월 사이에 영아는 배로 기기 시작하며, 이어서 두 손과 두 다리를 이용해서 기기 시작한다. 이 기간 동안 영아는 가구를 잡고 혼자 서기 시작한다. 또한 성인의 도움을 받아 걸을 수 있다.

12~18개월 사이에 혼자 힘으로 걸을 수 있게 되며, 걸으면서 물체를 밀기, 당기기, 운반하기를 즐기게 된다.

❶ 운동발달과 동작활동

영아기는 '전 이동기(pre-mobile)'에 해당되지만, 이 시기에도 차기, 뻗기, 구르기와 같은 다양한 방법으로 움직일 수 있다. 따라서 이 기간 동안 다양한 감각적 경험이 제공되어야 한다. 환경은 보고 느낄 수 있는 다양한 색, 크기, 모양의 물체로 구성되어야 한다. 또한 말하고, 속삭이고, 노래하는 목소리, 자신이나 다른 사람들이 만들어 내는 소음(예: 덜컥덜컥 소리를 내는 열쇠, 나무 숟가락으로 주전자와 프라이팬을 치는 소리 등), 다양한 멜로디와 리듬의 음악 등 다양한 소리를 들을 수 있는 기회가 필요하다.

계속 성장해 나가는 영아에게 가장 중요한 것은 바닥에 배를 대고 보내는 시간일 것이다. 이 기간 동안 영아는 처음에는 머리를 들어 올리고 배에서 등으로 뒤집거나 반대로 뒤집는 시도를 하게 되며, 나중에는 몸의 중심선을 가로지르는 능력과 뇌의 좌반구와 우반구 사이의 소통을 증진시키는 능력에 필수적인 배밀이(배로 기기)와 두 손과 두 발로 기기 같은 시도를 하게 될 것이다.

물론, 기든 걷든 일단 움직이기 시작하면 안전을 가장 먼저 고려해야 한다. 양육자는 구르거나 떨어지는 것, 세탁기기, 풍선, 삼킬 수 있을 만한 크기의 물건들 등 안전하지 않은 물건을 만지지 않도록 예방하여야 한다.

❷ 활동의 예

- 코코코 게임: 영아의 눈, 코, 입, 발가락 등과 같은 신체를 성인이 만지면서 게임을 하다가, 영아가 준비가 되면 스스로 자신의 코, 입, 귀 등을 만져보도록 한다.

그림 2-1 영아기 운동 기능의 발달과 순서

출처: 김은심(2012). Muzi, M. J (2000). Child Development. Prentice-Hall 재인용.

- 공 굴리기: 영아가 어른의 도움 없이 앉을 수 있을 때 바닥에 두 다리를 벌리고 편하게 앉게 한 후 맞은편에 같은 자세로 앉아 밝은 색의 큰 공을 영아를 향해서 굴린다. 영아에게 무엇을 하고 있는지 설명해 주고 양육자를 향해 똑같이 공을 굴려보도록 해 본다.
- 천천히 · 빨리 기기: 배밀이와 기기를 격려할 수 있도록 천천히 · 빨리 기기를 한다.
- 리듬에 맞춰 움직이기: 영아가 가구를 잡고 서 있을 때 리듬에 맞춰 몸을 위 · 아래로 움직일 수 있는 음악을 틀어준다. 또는 자장가를 들려주면서 흔들어 준다.
- 바퀴 달린 장난감 밀기: 걸음마를 할 때 걸으면서 밀거나 당길 수 있는 바퀴가 있는 장난감을 준비해 준다. 이를 통해 걷기를 연습할 수 있는 자극을 주며, 인과 관계를 인식하도록 도와준다.

(2) 걸음마기(Toddler, 18~36개월)

이 시기는 영아기 후반이 포함되는 시기로서, 영아가 바로 선 자세로 자신의 신체를 옮길 수 있는 걷기 동작이 보다 능숙하게 발달되는 시기이다(Pica, 1995).

걸음마기 영아는 아직 다양한 동작 행동을 할 만한 대근육 기술을 갖고 있지 않기 때문에 끊임없이 움직이지만, 행동을 조직화된 동작활동으로 전환시키는 것이 어렵다. 하지만 영아 후반기에는 보다 안정적으로 기본동작들을 시도할 수 있다. 계단을 발 바꾸어 오르내리고, 옆구르기, 말뛰기 등의 동작을 흉내 낼 수 있다. 영아들이 한 가지 동작을 할 때 언어적 · 시각적 격려를 제공하고, 자신의 능력을 시험할 수 있도록 안전하게 움직일 수 있는 시간과 공간 등을 제공하면 '기초적인 동작'을 더 잘 해낼 수 있다(Pice, 1995).

(가) 인지발달

18~24개월 사이의 걸음마기 유아는 두세 개의 단어로 된 문장을 말하는데 이 시기에 유아는 보다 긴 문장을 말할 수 있게 되며, 단어와 사물을 연관 지을 수 있다. 능숙한 의사소통은 어렵지만 단어들은 걸음마기 유아에게 매우 중요하다. 걸음마기 유아는 모방을 통해서 많은 것을 배우며, 특히 모방 행동에 언어적인 설명을 수반할 때 그 효과는 더욱 커진다.

걸음마기 유아는 '조금, 많이, 큰'과 같은 양적인 개념과 '위, 아래, 안, 밖, 뒤, 넘어서, 아래'와 같은 공간적인 관계를 발견하게 된다. '위치를 나타내는 단어들'을 이해하는 것은 "한 페이지에 있는 문자와 단어의 체계를 이해"하는 데 필요하다(Miller, 1985, p.76). 크기, 공간, 형태는 걸음마기 유아에게 점차 의미 있는 개념이 되며, 30~36개월 사이에 유아는 사물이 어떻게 움직이고 어떤 것들로 만들어졌는지에 대해 호기심을 갖는다. 아직까지 숫자가 양이나 순서(sequence)를 나타내는 것은 아니며, 기계적으로 숫자를 셀 수 있다 하더라도 수 개념은 걸음마기 유아에게는 대단히 추상적인 개념이다(Miller, 1985).

걸음마기 동안 유아는 상상력을 사용하기 시작한다. 18~24개월 유아는 상징적 표상의 단계로 사건이나 사물을 내적으로 시각화할 수 있다. 인과 관계에 대하여 이해할 수 있을 뿐만 아니라 상상을 할 수 있게 되며, 무엇인가로 가장하거나(예: 전날 견학지에서 보았던 고양이나 강아지), 어떤 사물을 다른 것으로 상상할 수 있게 된다(예: 나무 블록을 자동차로 사용하기).

2세가 되면 짧고 간단한 노래를 배울 수 있고, 짧고 간단한 지시에 따라 활동하는 것을 좋아한다. 이 시기의 유아는 친숙한 것을 좋아하며, 반복을 통해서 성장하며, 호기심이 많고, 정보를 찾는 개별적 존재이다. 걸음마기 유아는 적어도 몸의 여섯 부분을 알 수 있다(Bredekamp & Copple, 1997).

또한 걸음마기 유아가 어떤 것을 보거나 표상하는 방식은 성인과 다르다. 그러므로 교사나 부모들은 유아가 올바른 답을 발견해 나가는 과정이 포함되어 있는 의미 있는 경험을 강조해야지 정답을 강조해서는 안 된다.

❶ 인지발달과 동작활동

동작 탐색은 정답을 강조하지 않기 때문에 유아에게 경험하고, 발견하고, 직접 행함으로써 배울 수 있는 기회를 준다. 특히 동작 탐색은 걸음마기 유아에게 신체의 여러 부분을 알게 해 주고, 양적 개념과 공간적인 관계성을 이해하고 상상력을 이용하도록 도와줄 수 있다.

걸음마기 유아는 주의 집중 시간이 짧기 때문에 활동과 지시들은 간단해야 한다. 이때 교사는 유아가 하나의 활동을 수행하는 데 대단히 많은 시간이 필요하고, 어떤 것을 완성할 만큼 유아의 관심을 오래 지속시킬 수 없다는 사실을 인식하여야 한다.

지시를 할 경우에는 가능하면 제스처와 시범을 함께 하거나 둘 중 한 가지를 같이 한다. 유아의 행동에 이름을 붙여주는 것은 개념 발달과 언어 발달을 도와줄 수 있는 복합적인 교수법이다. 예를 들어, 유아가 터널을 통과하기 위해 기고 있다면 교사는 그 활동을 할 때 '통과하여'라는 단어를 말해 주어야 한다.

걸음마기 유아도 상상 활동을 하지만 나이 든 유아들보다는 제한되어 있다. 그러므로 쉽게 연관시킬 수 있는 이미지를 사용하는 것이 중요하다. 교사가 유아에게 어떤 동물이나 사물처럼 움직여 보라고 하려면, 유아가 개인적으로 경험해온 동물이나 사물이어야만 한다. 마찬가지로 걸음마기 유아에게 둥근 모양을 흉내 내어 보도록 하려면 유아에게 둥근 물체를 보여주어야 한다.

❷ 활동의 예

- 머리, 무릎, 발: 교사가 신체의 세 부분의 이름을 부르면 유아가 지명한

부분을 만지는 활동이다. 속도를 천천히 하고 매번 같은 순서로 세 부분을 이야기한다. 그런 후에 유아가 익숙해지면 속도와 순서를 다양하게 한다. 이러한 형태의 신체 인식 활동은 모든 동작 프로그램의 기초가 되어야 하며, 걸음마기 유아에게는 대단히 중요하다.

- 가라사대 게임: 걸음마기 유아와 함께 이 활동을 할 때는 아주 느린 속도로 해야 하고, 교사도 활동에 '모델'로서 참여하여야만 한다. 교사는 모든 과제에 앞서서 "○○이 가라사대"라고 이야기해야 한다.
- 엄지 어디 있니: 신체 인식, 노래 부르기, 반응하기, 앞·뒤의 위치 개념을 통합하는 손가락 놀이이다.
- 신체 악기 놀이(body percussion): 신체로 소리를 만들어 내는 것이며, 리듬에 대한 기초적인 안내를 제공하는 활동이다. 이 활동에서 교사는 처음에 손바닥을 부딪쳐 보라고 하고 그 후에 손으로 다른 부분을 두드려 보도록 한다. 어떤 부분이 가장 시끄러운 소리를 낼까? 손으로 두드려서 소리를 낼 수 있는 부분은 어디일까? 발을 이용해서 어떻게 소리를 낼까? 아주 많이 시끄러운 소리들을 만들 수 있는가? 아주 조용한 소리를 낼 수 있는가? 우리 몸 중에서 소리를 만들어 낼 수 있는 곳이 또 있을까? 등의 질문을 해서 다양한 탐색이 가능하도록 한다.
- 구부리고 뻗기: 가급적 부드럽게 활동하면서 위와 아래라는 개념을 자연스럽게 소개한다. 높게 낮게와 같은 단어를 사용하여 몸을 계속 아래로 내리거나 위로 올리도록 한다.
- 로켓놀이: 교사가 10부터 거꾸로 숫자를 세고 발사하라는 명령에 따라 유아가 스스로를 '발사(launch)'시키는 놀이이다. '위, 아래, 낮게, 높게'의 개념을 강화시킨다.
- 크게 · 작게: 몸을 작게 혹은 크게 만들어보도록 한다.
- 둥글게 둥글게: 유아의 첫 번째 그룹 참여 활동으로 사용될 수 있다.
- 공간 개념 소개하기: 간단한 장애물 경기나 학습 영역(learning centers)은 공간 개념을 소개하고 강화하는 데 특별한 역할을 할 수 있다. 터널,

평균대, 로프, 굴렁쇠 등이 위치 개념에 대한 이해를 발달시키기 위해 사용될 수 있다.

(나) 정서발달

생후 초기 2년 동안 유아의 성격이 형성되며, 한 개인으로서 자기 자신에 대한 생각을 빠르게 발달시킨다. 이때 개인으로서의 자신에 대한 생각을 자아 개념(self-concept)이라고 한다. 자아 개념은 자신의 능력, 신체적 특징, 자아 존중감 등 자신에 대해 생각하는 모든 것을 포함한다. 유아의 자아 개념은 그가 하는 모든 행동에 영향을 미친다. 자신에 대하여 긍정적인 관점을 가지고 있는 유아는 일상생활과 훗날의 학교생활에서 보다 성공적이며, 부정적인 관점을 가지고 있는 유아는 실패하기 쉽다(Castle, 1991).

자아 개념은 유아의 생활에서 중요한 사람들로부터 받는 피드백에 의해 큰 영향을 받는다. 특히 걸음마기 유아는 성인으로부터 인정받고, 성인을 기쁘게 하려는 행동을 하는 경향이 있으므로, 돌보는 사람들은 걸음마기 유아가 긍정적인 자아 개념을 발달시키는 데 많은 역할을 할 수 있다.

반면 걸음마기 유아가 성인을 기쁘게 하기 위해 행동하지 않을 때에는, 자신의 독립성을 주장하고, 자신의 세계를 스스로 통제하려고 하는 것이다. 유아는 종종 "싫어"라는 말과 함께 도전적이고 반항적인 행동을 보인다. 때로 불끈 화를 내거나 신체적으로 공격적일 수 있는데, 이 시기 유아의 제한된 언어 능력이 자신을 표현하는 것을 어렵게 만들기 때문인 듯하다(Essa, 1999; Miller, 1995). 특히 30~36개월 사이의 유아는 자신의 감정을 표현하고 싶어 한다.

비록 자신이 원하는 것을 적절하게 설명할 수는 없지만, 걸음마기 유아는 차츰 자신이 원하는 것과 원하지 않는 것, 좋아하는 것과 좋아하지 않는 것을 인식하게 된다. 이 시기 유아는 일상적인 일과를 좋아하고, 친밀한 것으로부터 편안함을 느끼며, 하고 싶은 일을 기다리는 것을 좋아하지 않는다.

18~24개월의 걸음마기 유아는 혼자놀이(solitary play)의 단계에 있다. 그러나 2세경에 점차 다른 사람을 인식하게 되며 병행놀이의 단계로 이동하고, 다른 사람이 하는 것을 모방하는 경향을 보이며, 다른 사람의 감정을 이해하기 시작한다.

❶ 정서발달과 동작활동

걸음마기 유아의 자아 개념은 주변의 성인으로부터 받는 피드백에 의하여 큰 영향을 받는다. 따라서 걸음마기 유아가 동작활동을 통해 성공적인 경험을 갖는 것이 필요하며, 성인이 칭찬과 긍정적인 강화를 제공함으로써 건전한 자아 개념 발달을 증진시켜 주어야 한다.

걸음마기 유아는 성인의 인정을 받고자 하는 경향이 있기 때문에, 긍정적인 강화는 동작교육 시간을 운영하기 쉽게 도와준다. 인정해 줌으로써 교사는 유아가 가장 원하는 것들 중 한 가지를 유아에게 줄 수 있으며 이로 인해 유아는 행동하는 데 좀 더 조심할 것이다. 걸음마기 유아는 모방하는 경향이 있으므로 교사가 최근에 칭찬했던 행동을 재현하고자 하는 모습을 보인다.

걸음마기 유아는 긍정적인 제안을 사용하는 성인에게 좀 더 쉽게 순응하는 경향이 있다(Charlesworth, 2000). 그러므로 "~을 할 수 있겠니?"라는 질문 대신에 "네가 할 수 있는 것을 보여 줄래?"라는 과제 제시법이 걸음마기 유아에게 훨씬 유용하다. 교사가 유아가 할 수 있을 것으로 추정되는 과제를 제시하면 유아는 교사를 즐겁게 해 줄 수 있을 것이며, '못해요'라고 이야기하도록 재촉되어져 왔던 과제들을 시도해 보도록 할 것이다.

순서를 기다리는 것은 동작활동에 참여하는 유아에게 바람직하지 않다. 특히 걸음마기 유아는 주의 집중 시간이 짧으며, 만족감을 지연시키는 능력이 없기 때문에 기다리는 시간을 최소화시켜야 한다. 그리고 교사는 모든 유아가 각자 나름대로의 방식으로 동시에 반응할 수 있는 과제를 제시해야 한다.

걸음마기 유아는 정해진 절차를 따라하는 것에 편안함을 느끼는 경향이 있으므로 교사는 매번 같은 방식으로 동작교육 시간을 시작하고 끝냄으로써 유아의 흥미와 참여를 이끌어내야 한다. 그렇게 함으로써 교사는 유아의 반복하고자 하는 욕구를 충족시킴과 동시에 성취감과 특별한 만족감을 제공해 줄 수 있다.

❷ 활동의 예

- 표정놀이: 유아에게 화나고, 놀라고, 슬프고, 행복한 표정을 지어보도록 한다. 이 활동에 익숙해지면 양손과 몸 전체를 사용하여 똑같은 감정을 보여 달라고 할 수 있다. 예를 들어 굉장히 화가 났다면 어떻게 걸을까? 이러한 활동은 걸음마기 유아에게 감정의 배출구를 제공할 뿐만 아니라, 다른 친구들에게서 자신과 같은 반응을 발견하는 기회를 갖게 해 주어 그들이 같은 감정을 공유하고 있다는 것을 깨닫게 한다.
- 동물 흉내 내기: 친숙한 동물처럼 움직여 보라고 하는 것 또한 감정이입의 발달에 도움이 된다. 너무 어려서 정말로 동물처럼 되는 것을 상상할 수 없을지라도 동작활동을 통해 그 동물을 보다 잘 인식할 수 있게 되며, 이것은 동물을 인식하는 데 중요한 첫걸음이 된다.
- 음악 들으며 움직이기: 음악을 틀어 놓고 음악의 느낌에 따라 움직여 본다. 교사도 함께 활동에 참여하여 춤을 추고, 춤추면서 사용할 수 있는 밝고 색깔 있는 천(스카프)을 제공한다. 이러한 집단 활동에 참여하는 것만으로도 유아는 동작의 즐거움뿐만 아니라 함께 움직이는 즐거움도 경험하게 된다.

(다) 운동발달

신체 조절 능력은 위(머리)에서부터 아래(발가락)로, 중심(몸통)에서 바깥(말단)으로 그리고 대근육에서 소근육으로의 발달이 이루어진다(그림 2-2 참조). 유아는 생애 첫 6년 동안 상당히 많이 자랄 뿐 아니라 자신의 몸에 대해 많은 것을 알게 된다. 독립적이려는 욕구와 지치지 않는 에너지로 인해 운동발달은 이 시기의 가장 중요한 발달 중 하나가 된다. 유아의 신체는 점점 협응적(coordinated)이 되고 더 안정적이게 되며, 자신에게 주어진 모든 부분을 탐색하려고 한다.

2세가 되면 넘어지지 않고 안정적으로 걷게 된다. 달리기도 하는데, 아직까지 잘 조절할 수는 없다. 잘 달리려면 균형을 잡고, 출발하고, 빨리 멈추는 능력이 좀 더 향상되어야 한다. 점프는 유아가 새로 발견하게 되는 또 다른 기술이다. 이것은 대개 제일 마지막 계단과 같이 낮은 물체에서 뛰어내리는 것으로부터 시작된다. 걸음마기 유아는 무릎을 뻗은 채 짝발로 착지한다. 나중에 두 발로 점프하기 시작하게 되면, 대부분 발바닥 전체를 바닥에 댄 자세에서(flat-footed stance) 몸무게를 뒤쪽으로 이동시키면서 점프를 한다. 팔을 앞뒤로 위로 흔들면서 마침내 몸무게를 앞으로 이동시켜 발의 앞부분으로 점프할 수 있게 된 후에야 좀 더 능숙하게 점프(flat-footed jump)할 수 있다.

기어오르기는 걸음마기의 유아에게 매우 큰 모험 중의 하나이다. 유아는 어디든지 기어오르려고 한다. 걸음마기 유아는 던지고, 차는 것도 좋아한다.

그러나 이런 기술을 완벽하게 숙달하기 위해서는 오랜 동안의 연습과 성숙이 필요하다. 2세아도 공을 굴릴 수 있는데, 손을 주로 사용하여 공을 굴리는 것은 3세경에 가능하다. 우세한 손(즉, 주로 사용하게 되는 손)의 사용은 일반적으로 3~4세경에 눈에 띄다가 8세경에 확립된다.

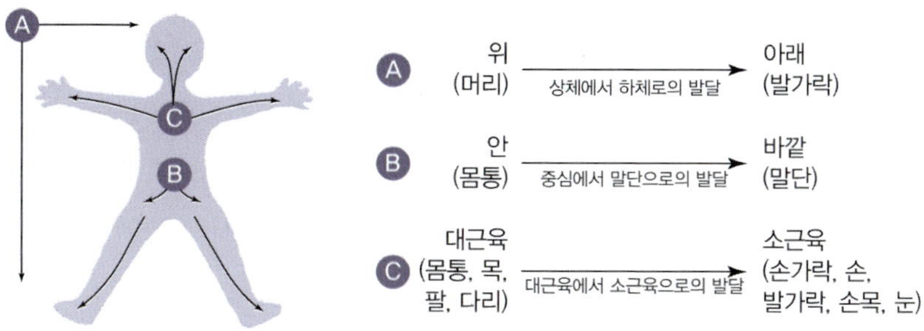

그림 2-2 아동 운동능력발달의 방향

출처: 심성경 외(2012). p.26. Mayesky(1995) 재인용.

❶ 운동발달과 동작활동

걸음마기 유아는 아직 불안정한 상태로 걷고, 달리고, 점프하려 하기 때문에 넘어질 수 있다. 따라서 양육자는 넘어지는 것에 대비해서 모든 것에 예방 조치를 취해야 다치는 것을 막을 수 있다. 걸음마기 유아가 던지기를 연습할 수 있도록 던질 수 있는 부드러운 물건을 준비해 주고, 매트나 패드가 부착되어 있는 유아용 구조물을 제공하여 안전하게 기어오를 수 있도록 해 준다.

성공은 걸음마기 유아에게 특히 중요하다. 만약 유아가 차는 것을 연습하려 한다면, 커다란 공을 제공하여 실제로 발로 무엇인가를 직접 차 볼 수 있도록 한다. 양육자는 이 시기 유아가 할 수 있는 운동 기술이 그렇게 많지 않다는 것을 인식하고, 발달적으로 아직 준비되어 있지 않은 기술을 제시하지 않도록 한다.

❷ 활동의 예

- 거울놀이: 유아가 따라 할 수 있는 간단한 모양 만들기 동작을 시범해 보이고 따라해 보도록 한다. 이 활동을 이용하여 위와 아래, 높고

낮음, 크고 작음의 개념을 탐색해 볼 수 있다. 2세아는 손뼉 치기, 두드리기, 머리 위로 손들기 등과 같은 간단한 동작들을 따라 한다.

- 리더 따라 하기: 이 활동을 통해 유아가 새로 습득한 이동 기술을 연습할 기회를 줄 수 있다. 리더 따라 하기 활동에 걷기, 달리기, 점프하기 등과 같은 단순한 이동 기술을 포함시키고, 여기에 동작 요소를 사용하여 이동 기술을 다양하게 실행해 보도록 한다.
- 던지기: 걸음마기 유아는 물건 던지기를 좋아하므로 속을 채운 양말, 털실로 된 공 등의 부드러운 물체를 준비하여 조작 기술인 던지기 기술을 안전하게 연습할 기회를 제공해 준다.
- 치기: 정지해 있는 물건을 손이나 간단한 라켓으로 쳐보도록 한다.
- 볼링: 큰 스펀지 공이나 비치볼과 크고 가벼운 목표물을 주어 공 굴리기를 연습하도록 한다. 목표물은 음료수 페트병이나 세제병과 같이 쉽게 맞힐 수 있을 만큼 충분히 크고, 넘어질 수 있을 만큼 가벼운 것으로 굴리고 던지는 연습을 하면서 유아는 인과 관계에 대해서도 알게 된다.

(3) 유아기(Preschooler, 3~5세)

3~5세까지의 유아는 이전 시기의 유아보다 훨씬 더 많은 운동 기술을 습득하고 있으며, 인지적·사회적 능력도 급속히 성장한다. 이와 같은 변화로 인해 동작 프로그램은 훨씬 다양화될 수 있지만 여전히 여러 가지 제약은 남아 있다. 따라서 유아의 발달에 맞게 특별히 고안된 동작활동이 필요하다.

3세 이후에는 다양한 동작활동을 경험함으로써 기초적인 운동능력을 향상시켜야 한다. 동작활동을 성공적으로 경험하는 기회를 갖는 것이 중요하기 때문에 동작활동은 단순한 것에서 복잡한 것으로 점진적으로 나아가야 한다. 이 시기에는 더 많은 운동기술이 획득되어 인지능력도 급격한 발달을 이루며, 언어적 능력의 확장은 물론 사회적 능력도 발달한다.

이에 유아는 정형화된 동작(patterned actions)을 따라 하거나, 성인에 의해 팔과 다리가 조작되는 구조적 동작을 하는 것보다 유아의 발달에 맞게 스스로 자신의 신체를 사용하고 다양한 동작을 경험하는 것이 좋다.

유아는 모방을 통해 많은 것을 배운다. 동작 프로그램이 지속되고 개인적인 반응(표현)이 긍정적으로 강화될 때 유아의 자신감은 증가되며, 모든 참여자가 결과적으로 자신만의 독특한 방법으로 반응하게 될 것이다.

깊이 지각(depth perception)은 후천적으로 학습되는 능력이기 때문에 유아는 물건이나 다른 사람들과 종종 부딪힌다. 그러므로 유아가 움직이는 경로가 분명하게 표시되어야 하며, 방향을 바꿀 수 있는 충분한 시간이 주어져야 한다.

앞서 언급한 바와 같이 유아는 자신만의 고유한 발달 이정표에 따라 대근육 운동 기술을 습득한다. 그러나 유아가 이런 기술을 즉시 완벽하게 수행할 수 있는 것은 아니다. 유아는 불완전하고 개별적인 방법으로 새로운 기술을 완수하므로, 교사는 연습을 오래하고도 기술 숙달에 아무런 진전을 보이지 않을 때를 제외하고는 걱정할 필요가 없다.

(가) 인지발달

3~5세의 유아는 운동 기술이 발달됨과 더불어 인지적 발달도 함께 이루어진다. 단어에 흥미를 보이게 되는데, 특히 4세아는 우스운 단어에 매료된다. 주의 집중 시간도 급속도로 증가하며, 6세아는 단순한 이야기를 따라 할 수 있고, 4세아는 이야기, 노래, 손유희를 반복할 수 있게 된다. 5세아는 올바른 순서로 이야기를 다시 말할 수 있게 된다(Feldman, 1991).

호기심 역시 증가한다. 4세아는 왜, 어떻게라는 말로 시작하는 질문을 많이 하며, 어떤 것이 어떻게 움직이고 자라는지에 대해 이야기하는 것을 즐긴다. 그리고 문자나 숫자와 같은 상징이나 학문적인 주제에 관심을 가지기 시작하며, 형태, 크기, 색을 인식하게 된다.

3세아는 걸음마기 영아보다 사이에, 뒤에, 위에와 같은 위치를 나타내는 공간 개념을 더 잘 이해할 수 있게 된다. 4세아는 공간과 시간에 관련된 많은 개념을 이해할 수 있으며, 5세아는 주, 달, 계절과 같은 시간 개념을 이해하게 된다.

❶ 인지발달과 동작활동

주의 집중 시간이 증가하므로 좀 더 오랜 시간 동안의 동작 수업을 계획하여 제공할 수 있다. 5세아에게는 개별 활동을 더 길게 연장할 수 있고, 더 많은 동작기술과 동작 요소를 탐색할 수 있는 기회를 제공하며 동작 요소가 혼합되어 있는 활동도 할 수 있다.

3~5세아는 집중력이 향상되어 자신이 본 것을 신체를 이용하여 따라 하는 능력이 점점 증가된다. 예를 들면, 다른 사람의 동작이나 모습을 정확하게 모방한다든지, 음악의 템포, 음향, 음의 고저와 같은 특정한 한 부분에 집중할 수 있게 되어 각 부분에 따라 신체를 다르게 움직일 수도 있다.

이 시기 유아는 언어의 아름다움을 감상할 수 있는 단어에 매력을 느낀다. 5세아에게는 동요를 이용해서, 4세아에게는 손유희, 이야기, 시, 노래를 이용해서 동작을 이끌어낼 수 있다. 5세가 되면 동작과 자세에 대해 설명함으로써 자신의 행동, 위치, 모습에 대한 묘사를 할 수 있는 능력을 갖게 된다. 어휘력과 표현력이 증진된 4세아는 동작활동에 대한 의견을 제시할 수 있다.

또한 동작활동을 통해 유아의 창의력을 기를 수 있다. 유아는 강한 호기심과 풍부한 상상력을 가지고 있으므로 교사는 동작을 통해 상상하고, 탐색하고, 발견할 수 있는 기회를 제공함으로써 이런 가치 있는 호기심, 상상력들을 격려하고 발전시킬 수 있다.

❷ 활동의 예

- ○○○ 가라사대: 걸음마기 유아에게 했던 것보다 속도를 빨리하거나, 팔꿈치와 같이 유아가 찾기 어려워하는 부분을 추가하여 활동을 복잡하게 만들 수 있다.
- 신체의 반만 움직이기: 몸의 반쪽 부분만 움직이는 측면화(laterality) 개념에 대해 소개한 후, 몸의 양쪽 부분을 다르게 움직여 보도록 한다. 예를 들면, 상반신은 위로 스트레칭하면서 하반신은 낮게 구부리게 하거나, 한 팔은 빠르게 움직이고 다른 팔은 천천히 움직이게 할 수 있다.
- 위 · 아래 탐색하기: 요요처럼, 팝콘이 튀겨질 때처럼, 씨앗이 자라는 것처럼, 얼음이 녹는 것처럼 움직여 보도록 함으로써 심상을 이용하여 위 · 아래를 탐색할 수 있는 기회를 제공해 준다.
- 한계를 가지고 움직여 보기: 유아의 비판적 사고 기술을 향상시킨다. 예를 들면, 유아에게 최대한 작아지게, 커다랗게, 동그랗게, 가늘게 해 보라고 한다. 바닥에 아주 가까이 가도록 몸을 움직일 수 있을까? 또 다른 방법은? 발을 전혀 사용하지 않고 움직일 수 있을까? 라는 한계를 주어 움직여 보도록 한다.
- 동작 요소들의 조합: 느리게 움직이라고 하는 것보다 느리게 뒤쪽으로 움직여 보도록 한다. 앞쪽으로 구부리면서 뒤로 걸어보도록 하거나 힘차게 빨리 뒤로 걸어 보도록 한다.

(나) 정서발달

취학 전 기간 동안 유아는 자아 인식, 자아 존중감, 자기 통제감이 지속적으로 성장하게 된다. 또한 유아는 서로에 대한 관심이 증가하며, 차례를 지키고, 공유하고 협동하는 것을 배우게 된다. 3세아는 4세, 5세아와 함께 종종 협동적으로 놀이하면서 평행놀이에서 협동놀이로 옮겨간다.

이 시기 유아는 성인을 즐겁게 해 주려 하며, 칭찬받는 것에 민감하다. 4세아는 성인의 인정을 받으려고 하며, 5세아는 교사에게 특별한 애정을 보인다.

취학 전 시기 동안 규칙은 더 큰 의미를 가지기 시작한다. 5세아는 간단한 규칙들을 배울 수 있으나, 대부분 자신이 해석한 바에 따른다(Harris, 1996). 4세아는 규칙에 관심이 있으며 규칙에 한계를 세워야 할 필요가 있으나, 만약 그 규칙들이 합리적이고 지속적으로 실시된다면 대개의 경우 별로 문제될 것이 없다(Miller, 1985). 5세경의 유아는 스스로를 충분히 통제하기 때문에 그다지 많은 규칙이 필요하지 않으나, 규칙을 세우고 따르는 것을 즐기는 것처럼 보인다(Mayesky, 2002; Allen & Marotz, 2000).

유아는 가장놀이를 좋아한다. 5세아는 혼자 또는 다른 사람들과 함께 가장놀이를 하며, 4세아는 단순한 것에서부터 보다 발전적인 형태까지 다양한 형태의 가장놀이를 한다. 5세아의 상상놀이는 상당히 정교해진다(Allen & Marotz, 2000; Feldmen, 1991).

3세아는 종종 어두움, 동물, 사람들, 커다란 소리 등에 대한 두려움을 보이며, 4세아는 매순간 예측할 수 없이 변하는 감정적 기복을 보이기도 하며 5세가 되면, 유아는 또래와 함께 협동한다.

❶ 정서발달과 동작활동

규칙은 동작 프로그램에서도 중요한 역할을 한다. 유아가 규칙을 잘 따르도록 하려면 규칙 만들기에 참가시키는 것이 좋다. 칭찬과 긍정적인 강화는 유아에게는 강력한 도구가 되므로 원활한 동작 프로그램을 진행하기 위해 칭찬과 긍정적인 강화를 사용한다.

유아는 무엇인 척 가장하기를 좋아하므로, 동작을 통한 역할놀이를 할 수 있는 충분한 기회를 제공한다. 이러한 기회를 통해 유아의 감정 이입을 향상시키고, 창의적인 잠재력을 키울 수 있도록 도와줄 수 있다. 유아는 성숙함에 따라 보다 폭넓은 감정을 표현할 수 있으며, 보다 복잡한 역할을 수행할 수 있다.

4~5세경에 차례 지키기를 포함하는 활동을 첨가할 수 있다. 유아를 너무 오래 기다리게 하지 않는다면 동작 수업 시간에 짝과 함께 혹은 소그룹으로 할 수 있는 활동도 할 수 있다.

동작활동에 참여하는 과정에서 이러한 경험들이 긍정적이고 성공적일 때 자아존중감이 길러질 수 있다.

❷ 활동의 예

- 감정 표현하기: 걸음마기 유아 시기보다 더욱 다양한 감정을 나타낼 수 있다. 자신의 신체를 이용해서 강하고, 친근하고, 자랑스럽고, 쾌활하고, 우울하고, 게으르고, 걱정 되고, 용감한 감정들을 표현해 보도록 한다.
- 두려움 표현하기: 5세아의 경우에는 모든 감정을 다 표현할 수는 없지만, 자신이 무서워하는 것이 무엇인지 구별할 수 있다. 유아에게 두려움을 표현해 보도록 한다. 만약 천둥을 무서워한다면 천둥이 된 것처럼 행동해 보도록 하고, 어떤 동물을 무서워한다면 그 동물이 된 것처럼 행동해 보도록 한다. 이러한 역할 놀이는 공포를 없애는 데 도움이 된다.
- 재미있는 표현하기: 4세아는 우스운 것을 좋아하기 때문에, 가끔씩 우스꽝스러운 행동이나 우스꽝스런 얼굴 표정을 만들어 볼 수 있는 기회를 제공해 주는 것이 좋다.
- 신체로 소리내기: 4세아는 신체를 이용하여 소리를 만들어 내는 활동을 즐긴다.
- 둘이서 발 붙이고 구르기: 두 명의 유아가 발을 붙이고 누워서, 하나 둘 셋 신호에 맞추어 함께 옆으로 굴러 본다.
- 거울놀이: 한 사람이 거울이 되어 다른 사람의 동작을 따라 하거나, 창의적 모양을 만들고 함께 균형을 잡아 본다.

(다) 운동발달

5세아는 걸음마기 유아보다 좀 더 쉽고 유연하게 움직이기 시작한다. 그리고 5세경에는 대부분의 조작 능력과 체조 기술뿐 아니라 기본적인 이동 기술과 비이동 기술도 수행하게 된다.

3세아는 안정적으로 걷고 달리게 되며, 대부분 말뛰기를 시작한다. 5세경에 유아는 선호하는 발로 간단한 앙감질(hopping)을 시험해 본다. 대부분의 4세아는 우세한 쪽 다리를, 4, 5세에는 우세하지 않은 쪽 다리로도 성공적으로 앙감질할 수 있다. 미끄러지기와 스킵은 가장 어려운 이동 기술이며, 5세 이후에도 이들을 수행하지 못하는 유아도 있다. 많은 4~5세아가 처음에는 한쪽으로만 스킵할 수 있는데 이것은 정상적 발달 단계이다. 좀 더 나이가 든 유아는 몇 가지 동작 기술을 결합시켜 동작할 수 있다.

균형잡기는 유아기 내내 대단히 향상된다. 5세아는 선호하는 다리로 잠깐 균형을 잡을 수 있고, 성인이 도와주면 낮은 평균대 위를 걸을 수 있다. 5세아는 평균대 위를 혼자서 걸을 수 있으며, 4~5m가량 앙감질해 갈 수 있으며, 10초 이상 한 발로 균형을 잡을 수 있다.

조작적 기술 또한 이 기간 동안 의미 있게 발달한다. 유아는 아주 멀리, 정확하게 던지기 시작한다. 그리고 던지기 패턴 역시 정확한 장소를 향해 던질 수 있게 성숙한다. 5세아는 던지는 손의 반대쪽 발을 내딛는다. 몇몇 5세아는 튀는 공을 잡을 수 있으며, 5세아는 중간 크기의 던져진 공을 대부분 잡을 수 있다. 4세아는 공을 튀기기 시작하며, 어느 정도 정확하게 목표를 향해 공을 찰 수 있다.

❶ 운동발달과 동작활동

유아는 성숙함에 따라, 새롭게 획득된 기술과 계속해서 획득하는 다른 기술들을 통제하는 방법을 알게 되며, 점차 동작의 요소로부터 동작 그 자체로 초점이 옮겨간다. 교사는 유아에게 각각의 기술을 연습하여 정교화시킬 수 있는 시간과 경험을 제공하여야 한다. 그리고 유아기 동안 유아가 동작 기술을 얼마나 잘 수행하는지 평가하여야 한다.

영유아교사는 유아의 능력과 한계를 인식하는 것이 특히 중요하다. 교사는 유아의 발달 단계를 알고, 이들의 능력에 맞는 동작 과제를 언어로 표현하게 되며, 이것은 유아 모두가 성공을 경험할 수 있게 하는 방법이기도 하다. 예를 들어, 말뛰기를 할 수 있는 유아와 말뛰기를 하지 못하는 유아가 섞여 있는 그룹을 지도한다면, 유아에게 말처럼 움직여 보자고 제안하는 것이 좋다. 말뛰기를 할 수 있는 유아는 말뛰기를 할 것이며, 다른 유아는 말을 흉내 냄으로써 교사가 제시한 과제를 만족시킬 수 있을 것이다. 또한 유아는 다른 유아를 모방함으로써 말뛰기를 배울 수 있을 것이다.

만일 교사가 던지기를 하고자 하는 경우, 특정한 거리에 목표물을 두고 그 목표물을 맞히도록 한다면 던지기에 실패하는 유아가 발생할 것이다. 그러나 교사가 유아에게 자신이 원하는 거리를 선택하여 그곳에 목표물을 세워 두게 한다면 던지기는 성공할 것이다.

유아 중에 4세아는 가장 많은 에너지를 가지고 있으며, 그것을 가장 많이 쓰고자 한다. 따라서 4세를 위한 동작 프로그램을 계획하는 경우 가장 에너지를 많이 사용할 수 있는 높은 수준의 활동을 제공하도록 한다. 5세아와는 대단히 다양한 활동을 할 수 있으며 동작 기술을 여러 가지 방법으로 조합할 수 있을 뿐만 아니라 간단한 춤까지도 배울 수 있다. 따라서 5세아에게는 자신만의 고유한 동작을 만들 수 있도록 허락하여야 하며, 그렇게 할 수 있도록 용기를 준다.

❷ 활동의 예

- 운동 기술 조합하기: 5세아와는 여러 가지 운동 기술을 조합해 볼 수 있다. 예를 들어, 유아에게 위로 뛰는 동시에 돌기를 해 보도록 할 수 있다. 유아에게 달리기와 뛰어넘기를 해 보도록 한다(예: 몇 발자국 달리다가 위로 뛰어넘기, 달리고 – 달리고 – 뛰어넘기, 걷고 – 뛰어넘기 – 걷고 – 뛰어넘기 등).

- 짝과 함께 움직이기: 간단한 이동 기술도 짝과 함께 수행할 때는 어려운 과제가 된다. 짝과 함께 옆쪽으로 움직이기와 상대방의 움직임 따라 하기를 해 보게 한다. 짝과 신체 한 부분을 대는 것(예: 손잡기, 팔짱 끼기, 상대방의 어깨 위에 손바닥 올려두기)과 동시에 움직이기를 시도해 보도록 한다.
- 호키포키: 이 활동은 취학 전 유아에게 적절한 그룹 댄스이다.

표 2-1은 각 연령 단계에서의 동작의 발달 경향을 살펴본 것이다(유효순, 1992; 이옥형, 1997; Isenberg & Jalongo, 1995; Pica, 1995).

표 2-1 연령에 따른 동작의 발달적 특성

연 령	동작의 발달적 특성
0~1세	• 음악이 들리면 몸 전체 또는 팔을 흔드는 동작을 보인다. • 앉아 있는 상태에서 경쾌한 음악이 들리면 몸을 들썩거린다. 서 있는 자세에서는 무릎을 움직이면서 옆으로, 앞뒤로, 위아래로 몸을 흔든다.
2세	• 유아가 근육과 신경계의 발달로 차츰차츰 선 자세로 자신의 신체를 옮기기 시작한다. 2세 후반기에는 거의 안정된 자세로 걸을 수 있다. • 달리기를 할 수는 있지만 갑자기 멈추어 서거나 멈춰 섰다가 다시 달려갈 수 있는 조절력과 균형감이 부족하다. • 리듬 악기의 템포(빠르게/느리게)에 맞추어 팔과 다리를 사용하여 움직인다(예: 걷기, 뛰기, 멈추기) • 크고 작은 동작과 리듬이 반복되는 아주 단순한 음악 활동(예: 손가락놀이 또는 몸을 움직이면서 부르는 노래)을 잘 따라 한다. • 낮은 곳에서 뛰어내리거나 낮은 장애물을 뛰어넘을 수 있다. 뛰어내릴 때 무릎을 곧게 편 채로 한쪽 발을 먼저 땅에 닿게 한다. • 기어오르기를 좋아하여 어떤 것이든 기어오르려고 한다. • 던지기와 차기도 하지만 동작이나 기술 면에서 매우 미숙함을 보인다. • 더 많이, 밖으로, 뒤로와 같은 공간과 관련된 어휘가 증가함으로써 동작을 위한 표현을 이해할 수 있다.
3세	• 음악을 들으면서 보다 균형감 있게 움직일 수 있으며, 걷기나 발끝으로 걷기와 같은 다른 유형의 동작을 실험하기도 한다. • 움직임이 예전보다 조화롭고 자연스럽다. • 때로 노래를 부를 때 창의적으로 극을 연출하거나 몸짓을 더하기도 한다. • 걸음마 시기보다 쉽게 세련된 동작들을 하기 시작한다. 걷기, 달리기가 이루어지고, 3세 반 정도에는 자신이 늘 사용하는 발로 짧은 앙감질을 할 수 있다. • 이 시기는 호기심, 질문과 발견으로 가득 차 있기 때문에 끊임없이 움직이며 주변을 탐색한다. 자신의 신체 움직임에 대해서도 끊임없이 탐색하고 새로운 움직임을 찾기 위한 시도를 한다. • 모방 능력을 발휘하며 상징적 표상을 하기 시작하므로 동작에서도 상상적 움직임을 연출할 수 있다.

(계 속)

연 령	동작의 발달적 특성
4세	• 계단에서 자연스럽게 양발을 교대하여 오르내릴 수 있다. • 원 모양을 따라 걸을 수 있다. • 4세 반 정도가 되어야 잘 사용하지 않는 발도 함께 앙감질을 하게 된다. • 한 발로 또는 한쪽 옆으로만 스킵한다. • 새로운 움직임을 파악하여 시도하고 습득할 수 있다. • 정확하게 지시를 해 주면 한 동작으로부터 다른 동작으로 전환할 수 있다. • 자신의 정서를 동작을 포함한 다양한 방법으로 강하게 표출함으로써 정서적 안정감을 얻을 수 있다.
5세	• 언어적 능력의 확장과 함께 더 많은 동작 기술을 익힌다. • 신체 부위 중 팔과 다리가 급격한 성장을 보이며, 동작을 확장시키는 데 필요한 근육의 힘도 강해져 성인의 65% 정도의 근육 강도를 이루게 된다. • 대부분의 유아는 스킵이나 미끄러지기 동작을 할 수 있다 • 균형을 유지할 수 있는 능력도 이 시기에 급속히 증진되어 한 발로 균형 잡기를 할 수 있다 또한 평균대 위에서 균형을 잡을 수 있게 된다. • 움직임에 대한 가속이나 감속이 자연스럽게 이루어진다. • 서로 발을 엇갈리며 스킵을 할 수는 있으나 정확하고 세련된 동작을 기대하기는 어렵다. • 동작들이 예전보다 더욱 리듬감 있고 해석적 운치를 가진다. 리듬 밴드에서 연주하면서 원의 주위를 행진할 수 있다. • 간단한 무용이 곁들인 다양한 종류의 집단 노래 게임에 참여할 수 있다. • 3세 이후에는 '사이에', '등 뒤로', '~의 맨 위에'와 같은 위치를 나타내는 단어를 사용하며 공간 개념에 대한 이해가 증진된다. • 상징적 기능을 사용하며 상상놀이나 가장된(pretend) 행동을 즐거워한다.

또한 갈라휴(Gallahue, 1993)는 운동능력의 발달적 단계를 연령에 따라 반사적 동작(reflexive movement), 초보적 동작(rudimentary movement), 기본적 동작(fundamental movement), 전문화된 동작(specialized movement) 단계로 구분하였다(그림 2-3 참조).

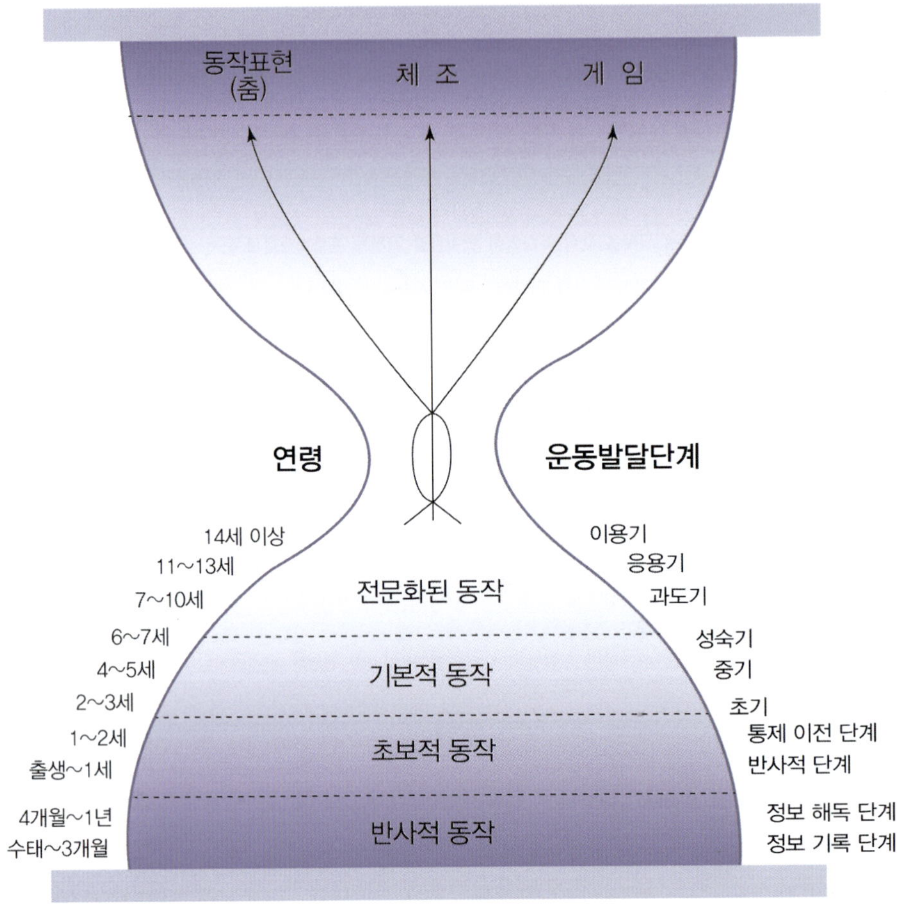

그림 2-3 운동발달단계

출처: Gallahue(1993).

영유아의 발달적 단계에 해단되는 반사적 동작, 초보적 동작, 기본적 동작을 살펴보면 다음과 같다.

■ 제1단계: 반사적 동작(Reflexive movement, 0~1세)

태아기와 신생아기에 많이 보여주는 행동으로서 외부적인 자극에 대하여 무의식적·즉각적으로 반응하는 행동을 말한다. 신생아기에 보여주는 반사행동의 대부분이 여기에 해당한다.

즉, 빨기 반사, 잡기 반사, 바빈스키 반사, 모로 반사, 삼키기 반사, 걷기 반사 등이 모두 여기에 속한다. 이러한 반사적 행동은 신생아가 자신의 생명을 유지시키는 것과 직결되어 있는 것으로 매우 중요한 행동이다.

- 생존반사
  - 빨기 반사(Sucking reflex): 입술에 무언가가 닿으면 빠는 반사작용
  - 입내밀기 반사(Direction reflex): 뺨에 손가락을 대면 그것을 찾아 머리를 돌리는 반사

- 원시반사
  - 바빈스키 반사(Babinsky reflex): 발바닥에 자극을 주면 발가락을 부채 모양으로 쫙 폈다가 오므리는 반사작용으로 생후 8개월에서 1년 사이에 사라짐
  - 모로 반사(Moro reflex): 자극적인 소리에 깜짝 놀라 팔·다리를 벌렸다가 손을 오므리는 반사작용으로 생후 6~7개월에 사라짐
  - 잡기 반사(Grasping reflex): 손바닥에 자극이 느껴지면 손을 오므려 잡으려는 반사작용. 생후 3~4개월이 지나면 의도적 잡기로 대치되면서 사라짐

■ 제2단계: 초보적 동작(Rudimetary movement, 출생~2세)

이 시기는 인간의 특징인 직접적인 신체표현능력이 이루어지는 시기이며, 시간이 흐르면서 점차 소멸된다. 하지만 반사적인 행동에 기초를 둔 새로운 행동이 출현하게 된다. 그렇게 되면 반사적 동작의 단계에서 초보적 동작의 단계로 넘어서는 것이다. 다른 한편 초보적 동작은 앞의 반사적 동작과는 다르게 의식적인 측면에서 의식의 통제를 받는 행동이다. 따라서 초보적인 행동은 모두가 자발적인 학습능력과 학습의욕과 밀접하게 관련을 맺고 있다.

단순한 무의식에 의한 반사적 신체표현능력에서 이제는 이동성을 이루게 하는 기술적인 신체표현능력이 습득되는 단계이다. 따라서 여기서 보여주는 행동, 의식적인 신체 각 부분의 움직임, 업기, 기기, 서기, 걷기 활동과 조작 신체표현능력으로서 물건 잡기, 물건을 잡아서 움직이는 행동들이 여기에 속한다.

- 가능한 동작
  - 이동 동작: 기어가기(crawling · creeping), 걷기(walking)
  - 비이동 동작: 목, 머리, 몸을 조절하면서 앉기(sit), 서기(stand)
  - 조작적 동작: 손을 뻗어 사물 잡기, 물건 잡았다 놓기

■ 제3단계: 기본적 동작(Fundamental movement, 2~7세)

이전 단계에서 획득한 행동에 기초하여 유아는 이동적 측면, 조작적 측면, 안전성 욕구 면에서 새로운 많은 행동을 갖게 된다. 보다 안전하고 정확하며, 그리고 더 다양한 방법으로 이동하여 사물들을 더욱 안정된 상태에서 여러 가지 다른 행동을 구사하게 된다. 하지만 보다 세밀하고 정밀한 행동발달은 미비하다.

- 가능한 동작
  - 이동 동작: 달리기, 높이뛰기, 기어오르기
  - 비이동 동작: 신체를 안정된 자세에서 굽히기, 뻗기, 흔들기
  - 조작적 동작: 사물을 던지고 잡기

2) 성장 · 발달의 영향 요인

인간발달에 영향을 미치는 요소는 크게 생물학적 요소, 심리학적 요소, 환경적 요소와 사회문화적 요소의 세 가지로 나눌 수 있다. 인간의 발달은 태아기의 성장과 같이 주로 생물학적 요인에 의해서 이끌어지는 과정도 있으나 대부분 생물학적 요소와 심리학적 요소, 환경적 요소의 지속적인 상호작용을 포함하며, 전적으로 한 요소에 의하여 일어나는 발달은 없다.

첫째, 생물학적 요소로 주로 인간이 지배할 수 없는 것인 기질이나 유전자가 있는데, 주로 육체적 발달을 주도하는 요인으로서 성장률이나 태아기의 성장과 같은 성숙에 영향을 미친다.

둘째, 심리학적 요소로 심리적 기능은 일반인들에게 적용되는 내적 혹은 상호작용의 과정으로서 인생의 발달단계를 통해 변화가 가능하다. 심리적 요소들은 인간발달의 상호작용, 1 · 2차적 생활경험, 문화적 혹은 사회적 요소들의 영향을 받는다. 심리학적 관점으로 인간을 바라보는 것은 서비스를 전달함에 있어 매우 유용하고 적절하다.

셋째, 환경적 요소와 사회문화적 요소로 학습과 사회화와 관련된 가족, 학교, 직장과 같은 사회문화적 요소들을 말한다. 이러한 환경적 요소들이 인간의 발달을 이끄는 기본적인 과정은 학습(learning)과 사회화(socialization)라고 할 수 있다. 학습은 경험과 훈련에 의해 가치관, 태도 등을 형성하면서 기술을 습득하고 지식을 얻는 과정을 말한다. 사회화는 개인이 자기가 속한 사회적 집단 즉 가족, 지역사회, 국가와 민족에 그 구성원으로서 자연스럽게 동화되어 가는 과정으로 그 안에서 통용되는 사회적 기대, 관습, 가치, 신념, 역할, 태도 등을 배우는 것을 말한다.

03

C·H·A·P·T·E·R

영유아 동작교육 내용

영유아교육의 목표 설정, 학습 내용 및 활동의 선정과 내용의 조직 및 교수방법을 살펴보았을 때 일반적으로 영유아 교육과정의 기본적인 구성과 운영은 통합적으로 이루어지는 것을 알 수 있다. 즉 영유아의 발달 영역도 전인적 발달로 통합되어야 하며 교과 영역도 영유아교육에서는 분리되어 가르쳐질 수 없으며, 환경 구성으로서의 여러 흥미 영역도 통합적으로 이루어져야 하는 것이다. 특히 영유아는 신체 · 인지 · 정서 및 사회성 발달이 미분화 상태에 있으며, 발달과 행동적 측면이 전체적이고 복합적으로 나타나는 특성을 보인다. 따라서 동작교육은 한 영역에서만 이루어질 것이 아니라 모든 영역을 통합하여 교육하는 것이 보다 효과적일 것이다. 더욱이 영유아교육기관에서 실행되는 동작교육 활동은 이들 영역을 엄격하게 구분하기 어렵다.

다음은 현행 제3차 표준보육과정과 누리과정 중 동작교육과 관련된 부분을 살펴봄으로써 동작교육의 기본 방향을 이해하고자 한다.

1 표준보육과정에서의 동작교육

표준보육과정은 어린이집의 만 0~5세 영유아에게 국가 수준에서 제공하는 보편적이고 공통적인 보육의 목표와 내용을 제시한 것으로 영유아의 전인적 발달과 우리 문화에 적합한 내용을 일관성 있고 연계적으로 실천하며, 궁극적으로 사회에서 추구하는 인간상을 구현하는 데 있다. 또한 표준보육과정은 영유아의 심신의 건강과 전인적 발달을 도와 행복을 도모하며 민주시민의 기초를 형성하는 것을 목적으로 심신이 건강하고 행복한 사람, 자율적이고 창의적인 사람, 자신과 타인을 존중하고 배려하는 사람, 자연과 우리문화를 사랑하는 사람, 다양성을 인정하는 민주적인 사람으로 육성시키는 인간상을 추구하고 있다. 보육과정의 목표는 건강하고 안전하며 바르게 생활하는 태도와 습관을 가지고, 자신의 신체에 대해 긍정적으로 인식하고 기본 운동능력을 기르며, 자신을 존중하고 다른 사람들과 더불어 생활하는 태도를 가지게 하는 것이다. 또한 기초적인 언어능력을 기르고 바른 언어생활 태도와 습관을 가지고, 주변 환경에 호기심을 가지고 탐구하는 능력과 태도를 기르며, 자연과 예술작품의 아름다움에 관심을 가지고 창의적으로 표현하는 것이다. 이를 위해 0~2세의 보육과정으로는 기본생활, 신체운동, 사회관계, 의사소통, 자연탐구, 예술경험의 6개 영역으로 구성하였으며, 만 3~5세를 위한 개정된 누리과정은 신체운동・건강, 사회관계, 의사소통, 자연탐구, 예술경험의 5개 영역으로 개정하여 각 영역은 영유아가 건강하고 안전하며 바르게 생활하는 데 필요한 내용과 신체, 사회, 언어, 인지, 정서 등의 전인 발달을 위해서 영유아가 갖춰야 할 지식, 기술, 태도를 포함한다. 보건복지부는 2013년 영유아의 보육과정을 담은 제3차 어린이집 표준보육과정을 개정 고시하였고, 이번 개정 고시는 2013년 확대・도입되는 만 3~5세 누리과정에 맞춰 기존 2차 표준보육과정을 개편한 것으로 고시 명칭을 “제2차 표준보육과정”에서 “제3차 표준보육과정”으로 변경

하였다.

이러한 제3차 표준보육과정에서 동작교육에 직접적으로 관련된 영역은 신체운동영역과 예술경험영역이며 이에 따른 목표와 내용을 살펴보면 다음과 같다.

1) 신체운동 영역

0~1세 보육과정의 신체운동 영역 목표	2세 보육과정의 신체운동 영역 목표
감각 및 기본 신체운동능력을 기른다.	감각, 신체조절 및 기본 운동능력을 기른다.
1. 감각기능을 발달시키고 자신의 신체를 탐색한다. 2. 대소근육을 조절하고 걷기 등의 능력을 기른다. 3. 규칙적으로 신체 활동에 참여한다.	1. 감각능력을 기르고, 자신의 신체 움직임을 탐색한다. 2. 안정된 자세로 대소근육을 조절하고 기본 운동능력을 기른다. 3. 규칙적으로 신체 활동에 참여한다.

(1) 내용체계

내용범주	내용	
	0~1세 표준보육과정	2세 표준보육과정
감각과 신체 인식하기	감각적 자극에 반응하기	감각능력 기르기
	감각기관으로 탐색하기	감각기관 활용하기
	신체 탐색하기	신체를 인식하고 움직이기
신체조절과 기본운동하기	신체 균형잡기	신체 균형잡기
	대근육 조절하기	대근육 조절하기
	소근육 조절하기	소근육 조절하기
	기본운동하기	기본운동하기
신체 활동에 참여하기	몸 움직임 즐기기	신체 활동에 참여하기
	바깥에서 신체 움직이기	바깥에서 신체 활동하기
	기구를 이용하여 신체 활동 시도하기	기구를 이용하여 신체 활동 하기

(2) 세부내용

내용범주	0~1세 표준보육과정 내용	1수준	2수준	3수준	4수준	2세 표준보육과정 내용	1수준	2수준
감각과 신체 인식하기	감각적 자극에 반응하기	시각, 청각, 촉각, 후각, 미각으로 자극을 느낀다.				감각능력 기르기	다양한 감각적 차이에 반응한다.	
		시각, 청각, 촉각, 후각, 미각으로 자극에 반응한다.						
	감각기관으로 탐색하기	감각기관으로 주변 환경을 탐색한다.				감각기관 활용하기	감각기관으로 주변 환경을 탐색한다.	
	신체 탐색하기	손과 발 등을 바라보며 탐색한다.	주요 신체 부분의 움직임을 탐색한다.			신체를 인식하고 움직이기	신체 각 부분의 명칭을 안다.	
							신체 각 부분의 움직임을 탐색한다.	
신체 조절과 기본 운동하기	신체 균형잡기	몸의 균형을 잡기 위한 자세를 시도한다.	붙잡고 서 있기 등의 자세를 취한다.	안정되게 서 있기 등의 자세를 시도한다.		신체 균형잡기	안정된 자세를 취하려고 시도한다.	
	대근육 조절하기	뒤집기 등 몸을 조절하여 위치를 바꾼다.	누웠다 앉기 등 몸의 움직임을 조절한다.			대근육 조절하기	팔, 다리, 목, 허리 등 움직임을 조절한다.	
	소근육 조절하기	보이는 물체에 손을 뻗는다.	눈과 손을 협응하여 소근육을 활용해 본다.			소근육 조절하기	눈과 손을 협응하여 소근육을 조절해 본다.	
	기본운동하기	배밀이 등 이동운동을 시도한다.	기기, 걷기 등 이동운동을 시도한다.	걷기 등 이동운동을 시도한다.		기본운동하기	걷기, 계단 오르기 등 이동운동을 한다.	
		팔 다리 뻗기, 흔들기 등 제자리 운동을 시도한다.		서 있기, 앉기 등 제자리 운동을 시도한다.			제자리에서 몸을 움직여본다.	
신체 활동에 참여하기	몸 움직임 즐기기	몸을 활발히 움직인다.		몸의 움직임을 다양하게 시도한다.		신체 활동에 참여하기	신체 활동에 자발적으로 참여해 본다.	
	바깥에서 신체 움직이기	규칙적으로 바깥환경을 경험한다.		규칙적으로 바깥에서 신체 활동을 한다.		바깥에서 신체 활동하기	규칙적으로 바깥에서 신체 활동을 한다.	
	기구를 이용하여 신체 활동 시도하기		간단한 기구를 이용하여 신체 활동을 시도한다.			기구를 이용하여 신체 활동하기	간단한 기구를 이용하여 신체 활동을 한다.	

2) 예술경험 영역

0~1세 보육과정의 예술경험 영역 목표	2세 보육과정의 예술경험 영역 목표
아름다움에 관심을 가진다. 1. 자신의 신체와 주변의 감각 자극에 호기심을 가지고 반응한다. 2. 소리와 움직임으로 반응하고, 단순한 미술을 경험하며, 모방 행동을 즐긴다. 3. 친근한 소리나 노래를 즐겨 듣고, 자연물, 사물, 주변 환경에 관심을 가진다.	아름다움에 관심을 가지고 예술경험을 즐긴다. 1. 주변 생활에서 예술적 요소를 발견하고 흥미롭게 탐색한다. 2. 간단한 리듬이나 노래, 움직임, 자발적인 미술 활동을 자유롭게 시도하고 모방이나 상상놀이로 표현한다. 3. 주변의 환경과 자연 및 다양한 표현에서 예술적 요소를 관심 있게 보고 즐긴다.

(1) 내용체계

내용범주	내용	
	0~1세 표준보육과정	2세 표준보육과정
아름다움 찾아보기	예술적 요소에 호기심 가지기	예술적 요소 탐색하기
예술적 표현하기	리듬 있는 소리로 반응하기	리듬 있는 소리와 노래로 표현하기
	움직임으로 반응하기	움직임으로 표현하기
	단순한 미술 경험하기	자발적으로 미술 활동하기
	모방행동 즐기기	모방과 상상놀이하기
예술 감상하기	아름다움 경험하기	아름다움 즐기기

(2) 세부내용

<table>
<tr><th rowspan="2">내용 범주</th><th colspan="5">0~1세 표준보육과정</th><th colspan="3">2세 표준보육과정</th></tr>
<tr><th>내용</th><th>1수준</th><th>2수준</th><th>3수준</th><th>4수준</th><th>내용</th><th>1수준</th><th>2수준</th></tr>
<tr><td rowspan="2">아름다움 찾아보기</td><td rowspan="2">예술적 요소에 호기심 가지기</td><td colspan="4">주변의 소리와 움직임에 호기심을 가진다.</td><td rowspan="2">예술적 요소 탐색하기</td><td colspan="2">주변 환경에서 나는 다양한 소리와 움직임을 탐색한다.</td></tr>
<tr><td colspan="4">주변 환경에서 색, 모양에 호기심을 가진다.</td><td colspan="2">주변 환경에서 색, 모양을 탐색한다.</td></tr>
<tr><td rowspan="7">예술적 표현하기</td><td rowspan="2">리듬 있는 소리로 반응하기</td><td colspan="2">리듬 있는 소리에 관심을 가진다.</td><td colspan="2">노래를 부분적으로 따라 부른다.</td><td rowspan="2">리듬있는 소리와 노래로 표현하기</td><td colspan="2">친근한 노래를 따라 부른다.</td></tr>
<tr><td colspan="2">리듬과 노래에 소리로 반응한다.</td><td colspan="2">리듬과 음높이에 맞추어 소리를 낸다.</td><td colspan="2">신체, 사물, 리듬악기 등을 이용하여 간단한 리듬과 소리를 만든다.</td></tr>
<tr><td rowspan="2">움직임으로 반응하기</td><td colspan="4">손발 흔들기와 몸 움직임으로 반응한다.</td><td rowspan="2">움직임으로 표현하기</td><td colspan="2">노래나 리듬에 맞춰 몸으로 표현한다.</td></tr>
<tr><td colspan="2"></td><td colspan="2">간단한 도구를 활용하여 움직인다.</td><td colspan="2">간단한 도구를 활용하여 몸으로 표현한다.</td></tr>
<tr><td rowspan="2">단순한 미술 경험하기</td><td colspan="2" rowspan="2"></td><td colspan="2" rowspan="2">감각적으로 단순한 미술경험을 한다.</td><td rowspan="2">자발적으로 미술 활동 하기</td><td colspan="2">자발적으로 그리기, 만들기를 한다.</td></tr>
<tr><td colspan="2">간단한 도구와 미술재료를 다룬다.</td></tr>
<tr><td>모방행동 즐기기</td><td colspan="2">소리나 얼굴 표정, 몸 움직임 등을 모방한다.</td><td colspan="2">단순한 모방행동을 놀이처럼 즐긴다.</td><td>모방과 상상놀이 하기</td><td>모방행동을 놀이처럼 즐긴다.</td><td>일상생활 경험을 상상놀이로 즐긴다.</td></tr>
<tr><td rowspan="3">예술 감상하기</td><td rowspan="3">아름다움 경험하기</td><td colspan="2" rowspan="2">일상생활에서 반복되는 소리와 노래에 관심을 가진다.</td><td colspan="2" rowspan="2">일상생활에서 리듬 있는 소리와 노래를 즐겨 듣는다.</td><td rowspan="3">아름다움 즐기기</td><td colspan="2">자연이나 생활의 소리나 움직임, 친근한 음악과 춤을 관심 있게 듣거나 본다.</td></tr>
<tr><td colspan="2">일상생활에서 자연과 사물의 아름다움에 관심을 가지고 즐긴다.</td></tr>
<tr><td colspan="4">일상생활에서 자연이나 사물의 아름다움을 경험한다.</td><td colspan="2">자신과 또래가 표현한 노래, 춤, 미술품 등에 관심을 가지고 즐긴다.</td></tr>
</table>

2 누리과정에서의 동작교육

2013년부터 시행된 누리과정은 만 3~5세아의 발달 특성을 고려하여 연령별로 질서, 배려, 협력 등 기본생활습관과 바른 인성을 기르는 데 중점을 두고, 자율성과 창의성을 길러 전인발달을 이루며, 사람과 자연을 존중하고, 우리 문화를 이해하는 데 중점을 두어 구성하도록 하였다. 신체운동 · 건강, 의사소통, 사회관계, 예술경험, 자연탐구의 5개 영역을 중심으로 초등학교 교육과정과 0~2세 표준보육과정과의 연계성을 고려하여 구성하였다(보건복지부고시, 2012. 07. 04). 누리과정은 만 3~5세 유아의 심신의 건강과 조화로운 발달을 도와 민주시민의 기초를 형성하는 것을 목적으로 다음과 같은 목표를 두고 있다.

- 기본 운동능력과 건강하고 안전한 생활 습관을 기른다.
- 일상생활에 필요한 의사소통 능력과 바른 언어 사용 습관을 기른다.
- 자신을 존중하고 다른 사람과 더불어 생활하는 능력과 태도를 기른다.
- 아름다움에 관심을 가지고 예술 경험을 즐기며, 창의적으로 표현하는 능력을 기른다.
- 호기심을 가지고 주변세계를 탐구하며, 일상생활에서 수학적 · 과학적으로 생각하는 능력과 태도를 기른다.

이러한 누리과정에서 동작교육에 직접적으로 관련된 영역은 신체운동 · 건강 영역과 예술경험 영역이며, 이에 따른 목표와 내용을 살펴보면 다음과 같다.

1) 신체운동 · 건강 영역

"기본 운동능력과 건강하고 안전한 생활 습관을 기른다."

- 감각 능력을 기르고, 자신의 신체를 긍정적으로 인식한다.
- 신체를 조절하고 기본 운동능력을 기른다.
- 신체 활동에 즐겁게 참여한다.
- 건강한 생활 습관을 기른다.
- 안전한 생활 습관을 기른다.

(1) 내용체계

내용 범주	내용
신체 인식하기	감각능력 기르고 활용하기
	신체를 인식하고 움직이기
신체 조절과 기본 운동하기	신체 조절하기
	기본 운동하기
신체 활동에 참여하기	자발적으로 신체 활동에 참여하기
	바깥에서 신체 활동하기
	기구를 이용하여 신체 활동하기
건강하게 생활하기	몸과 주변을 깨끗이 하기
	바른 식생활하기
	건강한 일상생활하기
	질병 예방하기
안전하게 생활하기	안전하게 놀이하기
	교통안전 규칙 지키기
	비상 시 적절히 대처하기

(2) 세부내용

내용 범주	내용	세부 내용		
		3세	4세	5세
신체 인식하기	감각능력 기르고 활용하기	감각적 차이를 경험한다.	감각적 차이를 구분한다.	감각으로 대상이나 사물의 특성과 차이를 구분한다.
		감각기관을 인식하고, 활용해 본다.	여러 감각기관을 협응하여 활용한다.	
	신체를 인식하고 움직이기	신체 각 부분의 명칭을 알고, 움직임에 관심을 갖는다.	신체 각 부분의 특성을 이해하고 활용하여 움직인다.	
		자신의 신체를 긍정적으로 인식하고 움직인다.		
신체 조절과 기본 운동하기	신체 조절하기	신체균형을 유지해 본다.	다양한 자세와 움직임에서 신체균형을 유지한다.	
		공간, 힘, 시간 등의 움직임 요소를 경험한다.	공간, 힘, 시간 등의 움직임 요소를 활용하여 움직인다.	
		신체 각 부분의 움직임을 조절해 본다.	신체 각 부분을 협응하여 움직임을 조절한다.	
		눈과 손을 협응하여 소근육을 조절해 본다.		
				도구를 활용하여 여러 가지 조작운동을 한다.
	기본 운동하기	걷기, 달리기 등 이동운동을 한다.	걷기, 달리기, 뛰기 등 다양한 이동운동을 한다.	
		제자리에서 몸을 움직여 본다.	제자리에서 몸을 다양하게 움직인다.	
신체 활동에 참여하기	자발적으로 신체 활동에 참여하기	신체 활동에 자발적으로 참여한다.	신체 활동에 자발적이고 지속적으로 참여한다.	
		다른 사람과 함께 하는 신체 활동에 참여한다.		
			자신과 다른 사람의 운동능력의 차이에 관심을 갖는다.	자신과 다른 사람의 운동능력의 차이를 이해한다.
	바깥에서 신체 활동하기	규칙적으로 바깥에서 신체 활동을 한다.		
	기구를 이용하여 신체 활동하기	여러 가지 기구를 이용하여 신체 활동을 한다.		
건강하게 생활하기	몸과 주변을 깨끗이하기	손과 이를 깨끗이 하는 방법을 알고 실천한다.		스스로 몸을 깨끗이 하는 습관을 기른다.
		주변을 깨끗이 한다.	주변을 깨끗이 하는 습관을 기른다.	

<table>
<tr><th rowspan="2">내용 범주</th><th rowspan="2">내용</th><th colspan="3">세부 내용</th></tr>
<tr><th>3세</th><th>4세</th><th>5세</th></tr>
<tr><td rowspan="8">건강하게 생활하기</td><td rowspan="3">바른 식생활하기</td><td colspan="2">음식을 골고루 먹는다.</td><td>적당량의 음식을 골고루 먹는다.</td></tr>
<tr><td>몸에 좋은 음식에 관심을 갖는다.</td><td>몸에 좋은 음식을 알아본다.</td><td>몸에 좋은 음식을 선택할 수 있다.</td></tr>
<tr><td>바른 태도로 식사한다.</td><td colspan="2">음식을 소중히 여기고 식사예절을 지킨다.</td></tr>
<tr><td rowspan="3">건강한 일상생활하기</td><td colspan="3">규칙적으로 잠을 자고, 적당한 휴식을 취한다.</td></tr>
<tr><td colspan="3">하루 일과에 즐겁게 참여한다.</td></tr>
<tr><td>스스로 화장실에서 배변한다.</td><td>바른 배변습관을 가진다.</td><td>규칙적인 배변습관을 가진다.</td></tr>
<tr><td rowspan="2">질병 예방하기</td><td>질병의 위험을 알고 주의한다.</td><td colspan="2">질병을 예방하는 방법을 알고 실천한다.</td></tr>
<tr><td>날씨에 맞게 옷을 입는다.</td><td colspan="2">날씨와 상황에 알맞게 옷을 입는다.</td></tr>
<tr><td rowspan="7">안전하게 생활하기</td><td rowspan="3">안전하게 놀이하기</td><td colspan="2">놀이기구나 놀잇감, 도구를 안전하게 사용한다.</td><td>놀이기구나 놀잇감, 도구의 바른 사용법을 알고 안전하게 사용한다.</td></tr>
<tr><td>안전한 놀이장소를 안다.</td><td colspan="2">안전한 장소를 알고 안전하게 놀이한다.</td></tr>
<tr><td>TV, 인터넷, 통신기기 등을 바르게 사용한다.</td><td colspan="2">TV, 인터넷, 통신기기 등의 위해성을 알고, 바르게 사용한다.</td></tr>
<tr><td rowspan="2">교통안전 규칙 지키기</td><td>교통안전 규칙을 안다.</td><td colspan="2">교통안전 규칙을 알고 지킨다.</td></tr>
<tr><td colspan="3">교통수단을 안전하게 이용한다.</td></tr>
<tr><td rowspan="2">비상 시 적절히 대처하기</td><td>학대, 성폭력, 실종, 유괴상황을 알고 도움을 요청한다.</td><td colspan="2">학대, 성폭력, 실종, 유괴상황 시 도움을 요청하는 방법을 알고 행동한다.</td></tr>
<tr><td>재난 및 사고 등 비상 시 적절하게 대처하는 방법을 안다.</td><td colspan="2">재난 및 사고 등 비상 시 적절하게 대처하는 방법을 알고 행동한다.</td></tr>
</table>

신체운동·건강 영역은 다양한 신체 활동을 통하여 자신의 신체에 대해 긍정적으로 인식하고, 즐겁게 신체 활동에 참여함으로써 영유아기의 일상생활에 필요한 기본 운동능력을 기르며 신체 활동에 즐겁게 참여하고, 건강하고 안전한 생활을 실천하는 바른 태도를 기르기 위한 내용으로 '신체 인식하기', '신체조절과 기본 운동하기', '신체 활동에 참여하기', '건강하게 생활하기', '안전하게 생활하기'의 다섯 가지 내용범주로 구성되어 있다.

'신체 인식하기'에서는 신체의 여러 감각기관을 인식할 수 있도록 시각, 촉각, 청각, 미각, 후각 등 오감각을 모두 활용할 수 있게 하는 데 초점을 두고, 다양한 움직임과 활동을 통해 자신의 신체 능력에 대해 자부심을 느끼게 하는 데 주안점을 둔다.

'신체 조절과 기본 운동하기'는 다양한 움직임을 통해 신체를 조절하고 균형을 유지하며 신체 각 부분의 움직임과 협응력을 증진하는 데 초점을 두고, 제자리에서의 몸 움직임과 다양한 이동운동을 하여 표현력과 창의적인 동작들을 만들기 위한 기초능력을 배양하는 데 주안점을 둔다.

'신체 활동에 참여하기'는 즐거운 신체 활동을 제공함으로써 영유아가 자발적이고 지속적으로 신체 활동에 참여할 수 있도록 하는 데 초점을 두고, 다양한 능력을 가진 친구와 함께 신체 활동을 하면서 운동능력에 차이가 있음을 알고 다양한 방법으로 활동할 수 있다는 것을 이해하도록 한다. 그리고 바깥에서 자유롭게 움직임으로써 심신을 건강하게 하고 대근육 발달을 돕는 데 주안점을 두며, 기구를 이용한 신체 활동을 하면서, 기구를 탐색하고 활용하여 신체 협응력을 발달시키는 데 중점을 둔다.

'건강하게 생활하기'는 일과 중 영유아의 건강 상태와 신체 리듬을 고려하여 규칙적인 생활을 하게 하는 데 주안점을 두며, 스스로 이 닦기, 손 씻기, 주변을 깨끗이 하기, 바른 식생활과 옷 입기 등의 기본생활습관을 실천하는 데 초점을 둔다.

마지막으로 '안전하게 생활하기'는 사전에 안전사고를 예방할 수 있도록 하는 것에 중점을 두고, 영유아가 스스로 위험 상황을 정확히 인식하고 대처할 수 있도록 지속적인 교육과 훈련하는 것에 주안점을 둔다.

2) 예술경험 영역

"아름다움에 관심을 가지고 예술 경험을 즐기며, 창의적으로 표현하는 능력을 기른다."

- 자연과 주변 환경에서 발견한 아름다움과 예술적 요소에 관심을 갖고 탐색한다.
- 자신의 생각과 느낌을 음악, 움직임과 춤, 미술, 극놀이를 통해 창의적으로 표현하는 것을 즐긴다.
- 자연과 다양한 예술 작품을 감상하며, 풍부한 감성과 심미적 태도를 기른다.

(1) 내용체계

내용 범주	내용
아름다움 찾아보기	음악적 요소 탐색하기
	움직임과 춤 요소 탐색하기
	미술적 요소 탐색하기
예술적 표현하기	음악으로 표현하기
	움직임과 춤으로 표현하기
	미술 활동으로 표현하기
	극놀이로 표현하기
	통합적으로 표현하기
예술 감상하기	다양한 예술 감상하기
	전통예술 감상하기

(2) 세부내용

내용 범주	내용	세부 내용		
		3세	4세	5세
아름다움 찾아보기	음악적 요소 탐색하기	다양한 소리, 음악의 셈여림, 빠르기, 리듬 등에 관심을 갖는다.		다양한 소리, 악기 등으로 음악의 셈여림, 빠르기, 리듬 등을 탐색한다.
	움직임과 춤 요소 탐색하기	움직임과 춤의 모양, 힘, 빠르기 등에 관심을 갖는다.		움직임과 춤의 모양, 힘, 빠르기, 흐름 등을 탐색한다.
	미술적 요소 탐색하기	자연과 사물의 색, 모양, 질감 등에 관심을 갖는다.		자연과 사물에서 색, 모양, 질감, 공간 등을 탐색한다.
예술적 표현하기	음악으로 표현하기	간단한 노래를 듣고 따라 부른다.	노래로 자신의 생각과 느낌을 표현한다.	
		전래동요를 즐겨 부른다.		
		리듬악기로 간단한 리듬을 표현해 본다.	리듬악기를 연주해 본다.	
		간단한 리듬과 노래를 즉흥적으로 만들어 본다.		리듬과 노래 등을 즉흥적으로 만들어 본다.
	움직임과 춤으로 표현하기	신체를 이용하여 주변의 움직임을 자유롭게 표현한다.		신체를 이용하여 주변의 움직임을 다양하게 표현하며 즐긴다.
		움직임과 춤으로 자신의 생각과 느낌을 표현한다.		
		도구를 활용하여 다양한 움직임으로 표현한다.		다양한 도구를 활용하여 창의적으로 움직인다.
	미술 활동으로 표현하기	다양한 미술 활동을 경험해 본다.	다양한 미술 활동으로 자신의 생각과 느낌을 표현한다.	
			협동적인 미술 활동에 참여한다.	협동적인 미술 활동에 참여하여 즐긴다.
		미술 활동에 필요한 재료와 도구에 관심을 가지고 사용한다.	미술 활동에 필요한 재료와 도구를 다양하게 사용한다.	
	극놀이로 표현하기	일상생활의 경험을 극놀이로 표현한다.	일상생활의 경험이나 간단한 이야기를 극놀이로 표현한다.	경험이나 이야기를 극놀이로 표현한다.
			소품, 배경, 의상 등을 사용하여 협동적으로 극놀이를 한다.	

<table>
<tr><th rowspan="2">내용 범주</th><th rowspan="2">내용</th><th colspan="3">세부 내용</th></tr>
<tr><th>3세</th><th>4세</th><th>5세</th></tr>
<tr><td rowspan="2">예술적 표현하기</td><td rowspan="2">통합적으로 표현하기</td><td></td><td colspan="2">음악, 움직임과 춤, 미술, 극놀이 등을 통합하여 표현한다.</td></tr>
<tr><td colspan="2">예술 활동에 참여하여 표현과정을 즐긴다.</td><td>예술 활동에 참여하여 창의적으로 표현하는 과정을 즐긴다.</td></tr>
<tr><td rowspan="3">예술 감상하기</td><td rowspan="2">다양한 예술 감상하기</td><td>다양한 음악, 춤, 미술작품, 극놀이 등을 듣거나 본다.</td><td colspan="2">다양한 음악, 춤, 미술작품, 극놀이 등을 듣거나 보고 즐긴다.</td></tr>
<tr><td colspan="3">나와 다른 사람의 예술 표현을 소중히 여긴다.</td></tr>
<tr><td>전통예술 감상하기</td><td colspan="2">우리나라의 전통예술에 관심을 갖는다.</td><td>우리나라의 전통예술에 관심을 갖고 친숙해진다.</td></tr>
</table>

예술경험 영역은 영유아가 자신의 친근한 주변 환경에서 발생하는 소리, 음악, 움직임과 춤, 모양과 색 등에서 아름다움을 느끼고, 또래와 교사, 부모, 지역사회의 주민이나 작가가 표현한 예술작품을 가까이 접하면서 탐색하고 창의적인 표현을 즐기며 감상하도록 하기 위한 영역으로 '아름다움 찾아보기', '예술적 표현하기', '예술 감상하기'의 세 가지 내용을 범주로 구성되어 있다.

'아름다움 찾아보기'에서는 다양한 소리와 음악, 움직임과 춤, 자연과 사물의 아름다움을 느끼고 그 아름다움의 요소에 관심을 가지고 이를 탐색하는 것에 중점을 두고, 아름다움을 찾아보고 탐색함으로써 예술표현 및 감상 능력을 함양하는 기초능력을 발달시키는 데 주안점을 둔다.

'예술적 표현하기'에서는 음악, 움직임과 춤, 미술, 극놀이 등의 예술 활동을 통해 자신의 생각, 느낌, 경험, 상상한 것을 적극적으로 표현하는 것에 중점을 두고, 다양한 예술 활동을 통해 영유아가 생각하고 알고 있는 것, 느낀 것, 본 것 등을 자유롭게 표현하도록 하여 창의적 표현능력을 기르고 정서적 안정감, 성취감, 즐거움을 갖도록 하는 데 주안점을 둔다.

'예술 감상하기'는 다양한 자연환경, 주위 사물의 특성이나 예술작품이 가지고 있는 아름다움의 요소를 자주 접하고 이를 소재로 생각과 느낌을 나누는 경험을 하는 것에 중점을 두고, 예술 감상을 통해 예술적 요소에 대한 감각을 발달시키고 이를 적극적으로 표현하는 과정에서 자신과 또래, 다른 성인의 예술작품에 대해 흥미를 갖게 하는 것에 주안점을 둔다.

3 움직임의 요소 및 기본동작

동작교육의 내용을 선정하기 위해서는 동작의 영역을 분류하는 것이 필요하고 이를 위해 동작을 구성하고 있는 기본적인 요소와 영역인 기초개념을 이해하여야 한다.

1) 동작의 기본 요소

일반적으로 동작의 기본 요소는 라반(Laban, 1948)이 인간의 움직임을 분석하였던 네 가지 기준으로 설명된다.

라반(1948)은 인간이 움직이려면 동작을 하는 데 반드시 필요한 '신체'가 있어야 하며, 신체를 움직이려는 '노력'과 '공간'이 있어야 하며, 신체를 움직이면서 '관계'가 형성되므로 이것을 중심으로 움직임을 분석하고 이해해야 한다고 하였다.

동작의 기본 요소는 연구자에 따라 동작의 틀(Movement Framework; Logsdon et al., 1984), 동작의 개념(Movement Concepts; Graham et a1., 1987), 동작 인식(Movement Awareness; Gabbard, 1988) 등으로 불리기도 하고, 다른 요소를 포함시키기도 하지만 대체로 신체(body), 노력(effort), 공간(space), 관계(relationship)를 인간 동작의 기본적인 구성 요소로 보고 있다.

이 외에도 노스(North, 1973)는 동작을 언어와 비교하여 글, 시, 혹은 노래와 마찬가지로 동작에도 구(phrase)나 문장(sentence)이 있으며, 어휘와 악구가 연합하여 동작활동이 일어난다고 설명하였고, 피카(Pica, 1995) 역시 동작활동을 문장 구조와 비유하면서 동작 기술은 동사(verbs)에, 동작 요소는 부사(adverbs)에 해당되며, 동작 요소는 공간(space), 형태(shape), 시간(time), 힘(force), 흐름(flow), 리듬(rhythm)으로 구성된다고 하였다. 이러한 여러 학자의 견해(김화숙, 2006; 이영, 1987; Barrett, 1977; Day, 1975; Pica, 1995; 2004; Purcell, 1994)를 종합하여 동작의 기본 요소와 탐색해야 할 개념을 정리해 보면 표 3-1과 같다.

표 3-1 동작의 기본 요소

요소	주제	탐색해야 할 개념
신체 (body)	신체부분	신체 안(근육, 뼈, 심장 등), 신체 밖(머리, 얼굴, 목, 어깨, 가슴, 허리, 배, 엉덩이, 다리, 무릎, 손목, 손가락, 발, 발가락 등)
	신체모양	신체형태(길게, 짧게, 넓게, 좁게, 똑바로, 꼬이게, 둥글게)
	신체동작	비이동 동작, 이동 동작, 조작적 동작
공간 (space)	장소	자기 공간, 일반 공간
	높낮이	높게, 낮게, 중간으로
	방향	앞(으로), 뒤(로), 옆(으로), 위(로), 아래(로), 안과 밖, 비스듬히
	범위	크고 작은 영역
	진로	바닥 모양(곡선, 직선, 지그재그)
시간 (time)	속도	빠르게, 느리게, 점점 빠르게, 점점 느리게
	강세	강하게, 약하게
	지속	길게, 짧게
노력 (effort)	무게	무거운, 가벼운
	흐름	날카로운, 부드러운, 자유로운, 제한된
관계 (relationship)	사람과 사람과의 관계	가까이, 멀리, 만나기, 헤어지기, 거울되기, 따라하기
	신체와 물체와의 관계	위, 아래, 너머, 가까이, 멀리
	신체와 신체와의 관계	가까이, 멀리, 꼬이게

교사는 영유아의 다양한 동작 표현을 위하여 동작의 기본 요소를 이해하고 있어야 한다. 즉, 무엇이 움직이는가?(what - 신체), 어디에서 어디로

움직이는가?(where – 공간), 언제 움직일 것인가?(time – 시간), 어떻게 움직이는가?(how – 노력: 움직임의 질), 누구 그리고 무엇과 함께 움직이는가?(relationship – 관계)와 같은 질문을 염두에 두고 활동을 계획하고 진행하여야 한다. 또한 덧붙여서 왜 움직이는가?(why – 주제; 움직여야 하는 이유)에 대해서도 고려해야 한다.

특히 영유아의 동작은 처음에는 단순하고 자연스러우며 비형식적인 것이 특징이나, 동작의 기초가 되는 기본 요소가 무엇인지를 경험하게 될수록 적절히 공간을 이용하는 법을 배우게 되고 보다 구조적인 동작도 발달하게 된다. 이러한 개념을 기초로 하여 각각의 요소들을 구체적으로 살펴보면 다음과 같다.

(1) 신체 인식

동작활동에서 신체는 의사소통과 표현의 도구이다. 신체 인식(body awareness)이란 '무엇이 움직이는가?'를 이해하는 것이다. 영유아는 신체를 자유자재로 움직이기 위해서 기본적으로 신체에 대한 지식과 몸 움직임에 대한 기술을 터득해야 한다. 신체 인식을 위해서는 신체 각 부분의 이름과 신체 각 부분의 위치를 알고, 신체를 움직이는 방법(각 부분을 분리하여 다르게 움직이는 방법 또는 한 번에 몸 전체를 움직이는 방법)을 아는 데 도움이 되는 다양한 경험을 해야 한다. 또한 다른 사람들과의 의사소통과 자신의 감정 표현을 위해 신체를 어떻게 사용하는가에 대한 것도 이해하게 된다(원영신 · 윤용진, 1998).

(가) 신체 부분

신체 부분의 동작은 부분들을 분리하여 움직이기, 어떤 한 부분의 움직임을 이끌어 내면서 움직이기, 몸무게를 지탱하면서 움직이기 등의 세 가지 유형으로 나뉜다.

우선 신체 부분들이 분리된 동작은 신체의 어떤 한 부분은 움직이고 나머지 부분은 가만히 있는 것을 말한다. 이러한 유형의 동작은 매우 단순해 보이지만 실제로 어린 영유아에게는 어려운 동작 형태이다. 신체를 움직이지 않고 가만히 있으면서 단지 한 가지 부분만을 움직이기 위해 신체의 균형, 체력 및 집중력이 요구되기 때문이다.

두 번째로, 신체의 어느 한 부분이 한 가지 동작을 먼저 이끌어내고 나머지 신체 부분은 같은 동작을 하며 뒤를 따르게 된다(예: 오른팔을 먼저 위로 들어올리고, 뒤이어 왼팔을 위로 들어 올리는 동작). 이처럼 신체의 한 부분이 공간 속에서 다른 나머지 신체의 부분보다 앞서서 움직이면서 동작을 만들어 낼 수 있다.

세 번째 유형은 몸무게를 지탱하는 것이다. 전통적으로 대부분의 정형화된 춤에서는 두 발이 몸무게를 지탱하곤 하였다. 그러나 브레이크 댄스처럼 양손, 머리, 등, 무릎, 어깨 등과 같은 신체의 부분이 몸무게를 지탱하기 위해 사용되기도 한다.

활동의 예

- 우리 몸 중에서 팔만 흔들어 보기
- 인형의 동작(파트너의 동작)을 보고 따라해 보기
- 팔꿈치를 무릎에 닿게 하여 보기
- 왼쪽 팔을 오른쪽 허리 뒷부분에 닿게 해 보기
- 친구랑 두 손을 잡고 밀고 당기면서 우리 몸이 어떻게 이끌리는지 살펴보기
- 노래는 부르지 않고 손가락 유희만 하면서 손이나 팔의 움직임을 살펴보기
- 파트너와 두 손을 잡고 밀고 당기면서 신체의 이끌림을 살펴보기
- 음악 또는 악기 소리에 맞추어 다양한 동작을 하다가 멈춤 신호가 울리면 그대로 멈추고 신체 각 부분을 살펴보기

(나) 신체 모양

신체는 무한하게 많은 다른 모양(body shapes)을 만들어 낼 수 있다. 사람은 의식적·무의식적으로 항상 어떤 모양을 취하고 있으며 그 모양은

자주 변한다. 신체의 모양은 직선 모양, 곡선 모양, 꼬인 모양, 대칭적 · 비대칭적 모양으로 분류된다.

첫째, 직선 모양은 전신 혹은 신체의 부분으로 만들 수 있다. 팔꿈치(무릎, 손목, 손가락, 등뼈 등) 구부리기와 같이 신체를 활용하여 여러 가지 좀 더 작은 직선 모양을 만들 수 있다.

둘째, 곡선 모양은 척추를 구부려서 앞(뒤, 옆)쪽으로 신체를 둥글게 만드는 것이다. 팔(다리)도 전신의 모양에 덧붙여서 둥글게 만들 수 있으며, 척추를 구부리지 않고도 둥근 모양을 만들 수 있다.

셋째, 꼬인 모양은 신체가 동시에 반대되는 방향으로 회전하는 형태를 말한다(예: 허리를 중심으로 하체가 한쪽 방향으로 향하고, 상체는 그 반대 방향을 향하게 하는 것). 신체 부분을 꼬인 모양으로 만들 때는 신체의 나머지 부분과 반대 방향으로 신체를 회전시킬 수 있다(예: 상체로부터 팔을 멀리 떨어뜨려서 꼬거나, 다리를 함께 꼬아서 형태를 만드는 것). 그 밖에 신체의 대칭 모양과 비대칭 모양을 들 수 있다. 대칭 모양은 신체의 오른쪽과 왼쪽이 정확하게 같은 모양을 취하는 것을 말하며, 비대칭 모양은 신체의 양 측면이 서로 다른 모양을 취하는 것을 말한다. 이러한 신체의 모양은 정적인 상태에서나 이동하면서도 만들어질 수 있다(예: 직선의 대칭 모양과 두 발 모아 뛰기가 결합되게 하는 것, 곡선 모양이 두 발 번갈아 뛰기와 결합되게 하는 것).

활동의 예

- 우리 몸을 이용하여 모양(세모, 네모, 원)을 만들어 보기
- 친구와 함께 짝이 되어 몸으로 숫자를 만들어 보기
- 친구랑 같이 몸을 이용하여 글자 모양을 만들어 보기
- 우리 몸으로 세탁기가 돌아가는 모습을 표현해 보기
- 자동차 앞 유리에 있는 와이퍼처럼 움직여 보기
- 손 또는 팔 또는 제자리에서 몸을 마음대로 움직이다가 멈춤 신호가 울리면 그대로 멈추고 신체 모양 살펴보기

(다) 신체 동작

전신의 움직임은 신체 모든 부분들의 움직임이며 경우에 따라 어떤 한 가지 신체 부분이 다른 부분들보다 좀 더 많이 강조될 수 있다. 예를 들어, 한 발 들고 뛰기는 무엇보다도 리듬에 맞추어 움직이는 발과 다리의 동작에 주목하게 된다. 그러나 동작을 하는 동안 상체는 위, 아래로 움직이고 두 팔은 앞, 뒤로 움직이고, 발꿈치는 몸이 균형을 잡을 수 있도록 도와줌으로써 신체의 움직임에 기여한다.

전신 동작은 이동 동작과 비이동 동작(body gesture)의 두 가지 유형으로 대별할 수 있다(Purcell, 1994).

이동 동작은 신체를 공간 속에서 다른 위치로 데리고 가는 것이다(A지점 → B지점). 달리거나, 점프하거나, 걷거나 혹은 도약하기 등에서와 마찬가지로 주로 발을 사용하여 이동할 수 있지만, 다른 신체의 부분을 사용해서 이동할 수도 있다.

전신 동작의 두 번째 유형은 비이동 동작(body gesture)이다. 제스처(gesture)의 사전적 의미는 "생각, 감정, 의견을 표현하거나 강조하기 위해 신체나 혹은 사지를 대략적으로 움직이는 것"이다. 제스처는 어떤 한 가지 신체 부분이 독립적으로 사용될 수도 있고, 신체의 모든 부분들이 동시에 사용될 수도 있다. 예를 들어, 유아가 단순히 한 손만을 흔들 수도 있으며, 전신을 흔들 수도 있는 것이다. 유아의 무게가 한 부분에서 다른 부분으로 앞뒤로 이동할 때, 유아의 몸, 즉 전신은 흔들기에 참여하게 되는 것이다. 트위스트를 하면서 팔을 양옆으로 흔드는 것과 같은 새로운 동작을 만들어 내기 위해 두 개 이상의 제스처들이 통합되기도 한다.

또한 유아의 생각이나 감정을 좀 더 잘 표현하기 위해 이동 동작과 비이동 동작이 결합되기도 한다. 나뭇잎이 공중으로 날아올라가는 모습을 표현하기 위해 달리다가 도약할 수도 있고, 도약하면서 팔을 흔듦으로써 나뭇잎의 모양을 나타낼 수도 있고 공중으로 그 잎사귀를 들어 올리는 바람이 부는 길의 모양을 표현할 수도 있는 것이다. 이렇게 여러 가지 유형의 동작을 함께 조합해 보는 기회를 제공함으로써 교사는 유아가 알고 있는 것 이상의 동작 어휘를 경험할 수 있도록 도와주게 되며, 유아에게 움직이는 새로운 방법을 창조하고 학습하고 연습할 수 있는 기회를 제공해 줄 수 있게 되는 것이다.

활동의 예

- 토끼처럼 두 발 모아 뛰어 보기
- 마음대로 움직이다가 신호가 울리면 왼쪽 발 올려 보기
- 한 팔을 흔들다가 신호가 울리면 온몸을 흔들기
- 한 발 들고 뛰면서 손뼉 쳐 보기
- 무릎을 높이 하여 한 발을 들고 뛰어 보기
- 뒤꿈치를 들고 발끝으로 가볍게 걸어 보기
- 거울을 보고 움직이면서 신체의 움직임을 관찰하기
- 음악 또는 악기 소리에 맞추어 다양한 동작으로 움직이다가 멈춤 신호가 울리면 그대로 멈추고 진체적인 신체의 모양을 살펴보기

(2) 공간

동작 표현에서 공간에 대한 이해란, 인간의 움직임 형태에서 "어디로 움직일 수 있는가?"를 이해하는 것이다. 공간에 대한 이해력이 발달한 영유아는 다른 친구와 충돌하지 않으면서 공간 속에서 움직일 수 있으며, 움직이면서 신속히 높이를 변화시킬 수 있다. 또한 영유아는 물체를 가지고 보다 복잡해지는 여러 공간 관계에서 잘 움직일 수 있을 뿐만 아니라, 신체 부분의 공간 관계를 섬세하게 변화시킬 수 있다(Hoffman et al., 1981). 동작이란 공간에서 이루어지므로 공간에 대한 개념을 발달시키는 것은 매우 중요하다.

(가) 장소

공간이란 요소는 개인 공간과 일반 공간이라는 두 개의 영역으로 구성된다. 첫째, 개인 공간이란 영유아의 신체와 아주 가까이 있는 영역을 말한다. 영유아가 신체로 커다란 풍선을 만들 수 있는 만큼, 즉 다른 친구의 공간을 방해하지 않고 자신에 의해서만 차지되는 자신의 공간을 뜻한다. 개인적 공간을 탐색하기 위해 훌라후프를 바닥에 놓고 그 안에서만 움직여 보거나, 영유아가 서 있는 자리에서 신체를 최대한으로 낮게 해 보거나 혹은 최대한으로 높게 해 보는 활동을 할 수 있다. 둘째, 일반 공간이란 신체가 도달할 수 없는 주변 영역을 뜻하며 이동하면서 집단이 함께 사용하는 공간을 말한다. 일반 공간을 탐색하기 위해 훌라후프를 두 손으로 잡고 허리 위로 들어 올리고, 자신이 가고 싶은 곳으로 움직이는 물방울이 되어 보는 활동을 할 수 있다.

활동의 예

- 한 쪽 팔만(또는 한 쪽 다리만, 두 팔을, 두 다리를) 마음대로 움직여 보기
- 엎드려서 바닥 돌아보기
- 음악 소리에 맞추어 나비처럼 날아다녀보기
- 옆 친구와 부딪치지 않도록 하면서 걸어 보기
- 다른 친구들과 부딪치지 말고 마음대로 방향을 바꾸면서 달려 보기
- 신호가 울리면 머리, 배, 허리, 엉덩이 등을 마음대로 움직여보기
- 음악 소리에 맞추어 다양한 동작을 하면서 방 안을 돌아다니기

(나) 높낮이

동작이 만들어질 때 생기는 높낮이를 뜻하는 것으로 공간에는 높은 수준, 중간 수준, 낮은 수준이 있다. 높은 수준은 어깨 위쪽의 공간을 의미한다(예: 신체를 위로 도약시켜서 바닥으로부터 떨어지게 하는 동작, 즉 앙감질(hopping), 두 발 모아 뛰기, 팔을 위쪽으로 높게 뻗어 올리는 동작 등). 낮은 수준은 지면에 가깝거나

지면 위와 같이 무릎 아래 공간을 뜻한다(예: 기기, 구르기, 바닥에서 스트레칭과 같은 동작). 중간 수준은 높은 수준과 낮은 수준 사이를 뜻하는 것으로 무릎에서 어깨까지의 공간을 말한다(예: 걷기, 달리기).

영유아는 각각의 수준에서 여러 가지 다른 방식으로 움직이는 것을 학습하고, 한 가지 수준을 유지하며 이동하거나 한 가지 수준에서 다른 수준으로 움직이는 것을 학습한다.

활동의 예

- 몸을 낮게 하고 팔을 여러 가지 방법으로 움직여 보자.
- 마음대로 걷다가 신호가 울리면 몸을 가능한 한 높게(낮게) 위치로 움직여 보자.
- 바닥에서 발을 가장 높게 올려 보자.
- 몸을 높게 또는 낮게 만들어 걸어가기
- 아기, 노인, 동물들(거북이, 지렁이, 곰, 기린 등)의 움직임 나타내기

(다) 방향

방향은 동작이 어느 쪽으로 이동하는가를 나타내는 것이다. 방향에는 앞으로, 뒤로, 옆으로(오른쪽이나 왼쪽으로), 위로, 아래로 등이 있다. 영유아는 다양한 방향에 대해 탐색하며, 동작활동에 참여한 다른 친구와 공간을 공유하고 있다는 것을 학습하게 된다. 영유아는 위쪽으로, 아래쪽으로, 맞은 편으로, 주변으로, 멀리 떨어져, 뒤쪽으로 등과 같은 공간 관계어들을 사용하는 것을 즐긴다. 그리고 여러 가지 단어를 사용하여 자신만의 고유한 동작 순서를 창조해 낸다.

활동의 예

- 게걸음으로 걷기
- 계단을 오르내리기
- 걷거나 달리다가 북소리가 들릴 때마다 방향을 바꾸기
- 뒤 쪽으로(옆으로, 지그재그로) 달려 보기

- 여러 방향으로(앞, 뒤, 옆) 깡충 뛰기를 해 보기
- 파트너와 같은 방향 또는 반대 방향으로 머리, 팔, 다리 등을 움직이기
- 로봇이 되어 주인의 지시에 따라 방향을 바꾸어 움직이기
- 교사와 같은 방향 또는 반대 방향으로 팔 뻗기
- 동물이 움직이는 모습 표현하기(예: 토끼, 원숭이, 캥거루, 개구리, 타조 등)
- 혼자 또는 둘 이상이 손잡고 방향을 바꾸어가며 미끄러지기

(라) 범위

동작에 있어서의 크기 혹은 길이를 정의하는 것으로 하나의 동작이 얼마나 큰지 혹은 작은지, 긴지 혹은 짧은지, 넓은지 혹은 좁은지를 나타내는 것이다. 예를 들면, 신체의 부분들을 서로 가깝게 함으로써 작아진 모습을 표현할 수 있고, 반대로 신체의 부분들을 서로 멀리 떨어지게 함으로써 커다란 모습을 표현할 수 있다.

활동의 예

- 뛰어 넘는 모습을 천천히 느린 동작으로 나타내 보기
- 얼마나 높이 뛰어넘을 수 있는지 해 보기
- 달리는 말 위에 올라탄 것처럼 몸을 움츠리고 말 뛰기를 해 보기
- 신호가 울리면 가능한 한 큰 동작으로 천천히 걷다가 다시 신호가 울리면 가능한 한 작은 동작으로 걷기
- 신호가 울리면 몸을 가능한 한 크게 만들고 다시 신호가 울리면 가능한 한 몸을 작게 만들기
- 엄마 새와 아기 새의 날개짓을 관찰하고 흉내 내기
- 펭귄과 코끼리의 움직임을 관찰하고 흉내 내기
- 거인처럼, 난쟁이처럼 움직여 보기
- 진흙땅에서, 눈이 많이 쌓인 곳에서, 물속에서 걷는 모습을 상상하여 걷기

(마) 진로

진로는 공간에서 신체가 이동하는 장소를 뜻한다. 모든 진로는 직선, 곡선, 혹은 직선과 곡선의 조합으로 이루어져 있다. 동작활동을 할 때 두 종류의 진로가 생긴다. 원으로 달리기 또는 직선 위에서 두 발 번갈아 뛰기와 같이 이동 동작에 의해 만들어지는 바닥에서의 진로와 신체의 일부나 리본 테이프와 같은 소도구를 이용하여 공중에 지그재그를 표현할 때처럼 신체 주위의 공간에서 움직이는 몸짓에 의해 만들어지는 공중의 진로이다. 이때 움직임에 의해서 공중에 그려지는 모양은 직선, 지그재그, 곡선, 꼬인 모양 등으로 다양하다.

활동의 예

- 리본 테이프로 공중에서 어떤 모양을 그릴 수 있는지 그려 보기
- 스카프를 움직여 모양을 그려 보기
- 공중에 손가락, 팔, 팔꿈치, 다리로 원, 직선, 지그재그 모양을 그려보기
- 동물의 움직임의 경로를 관찰하고 흉내 내기(예: 뱀, 비둘기, 개구리, 표범 등)
- 공간을 움직이다가 멈춤 신호가 들리면 멈추고 자기가 지나온 길을 되돌아가기
- 음악에 맞추어 다양한 춤을 추며 바닥에 그려진 여러 모양의 경로를 따라 행진하기

바닥과 공중에 만들어질 수 있는 진로의 예는 그림 3-1과 같다.

그림 3-1 바닥과 공중에 만들어질 수 있는 진로의 예

(3) 시간

동작에서 시간은 '얼마나 변화 있게 움직이는가?'를 의미하는 것으로, 신체 전체나 신체의 각 부분이 여러 가지 속도로 움직일 수 있게 한다. 즉, 시간이란 속도의 요인으로 빠르고, 느리고의 리듬의 차이에 반응하여 얼마나 변화 있게 움직이는가를 의미한다. 동작 속에는 필수적으로 시간(리듬) 요소가 포함되는데, 지속성과 속도가 포함되며 악센트, 가속 및 감속 등이 결합됨으로써 움직임에 생명력을 느끼게 하는 리듬감과 속도감을 준다. 특히 리듬감은 영유아가 다양한 기본 운동능력(예를 들어, 뛰기, 스킵, 앙감질 등)을 탐색하는 데 가장 많은 영향을 주는 요소로 꼽을 수 있다. 그리고 시간이란 신체나 신체의 각 부분을 여러 가지 속도로 움직일 수 있게 하는 것으로 지속적인 동작과 갑작스런 동작으로 나뉜다. 시간의 요소 속에는 보다 다양한 동작이 만들어질 수 있다. 예를 들면, 폭풍우를 표현하기 위해서 처음과 끝을 다르게 하는 것을 말한다. 즉, 폭풍우의 시작을 나타내기 위해서는 느린 속도로 시작했다가 강한 폭풍우를 표현하기 위해선 동작의 속도를 가속시킨다. 이어 폭풍우의 끝을 알리기 위해서는 마지막 빗방울을 표현하는 속도의 감속으로 끝낼 수 있다.

활동의 예

- 빠르게, 보통, 느리게 치는 악기 소리의 속도를 구별하기
- 점점 빠르게와 점점 느리게 동작을 포함시켜 몸 움직이기
- 경주 차와 낡은 차가 되어 움직여 보자.
- 살금살금 기어가는 고양이와 재빠르게 도망가는 생쥐처럼 움직여 보자.
- 느리게 움직이는 동물들의 움직임을 관찰하고 따라 해 보기(예: 지렁이, 뱀 등)
- 빠르게 움직이는 동물들의 움직임을 관찰하고 따라 해 보기(예: 원숭이, 쥐 등)

(4) 에포트

에포트(effort)는 동작 시에 신체 내부에서 외부로 표출되는 그 어떤 힘, 즉 에너지로 볼 수 있으며 다이나믹스(역동성), 에너지(氣)라는 용어로 사용되기도 한다. 에포트는 동작의 질을 의미하는 것으로 무게(힘)나 흐름(움직임의 계속성)에 관련된 요소이다. 따라서 같은 동작이라도 에포트의 사용에 따라 움직임이 달라진다.

(가) 무게

무게란 신체의 움직임에 있어서 위치의 변화나 평형 상태를 유지할 때 필요한 근육의 수축 정도를 말한다. 동작에서의 힘, 즉 에너지는 힘찰 수도 있고 가벼울 수도 있다. 강한 힘을 긴장하여 사용하면 단단한 근육과 상당한 양의 에너지가 강력한 동작으로 나타난다. 반면 가벼운 힘을 느슨하게 사용하면 이완된 근육이 부드럽고, 온화하고, 섬세한 동작으로 나타난다. 동작의 의도는 힘의 정도를 결정하게 된다.

강한 천둥소리를 표현하기 위해 동작에 강한 힘을 사용할 수 있으며, 나비의 움직임을 표현하기 위해 가볍게 이동할 수 있다.

활동의 예

- 강한 움직임과 약한 움직임을 관찰하기 및 움직임으로 표현하기
- 소나기와 보슬비가 내리는 모습 관찰하기, 손으로 표현하기, 몸으로 표현하기
- 힘에 변화를 주어 리듬 악기를 연주하는 손의 움직임과 악기의 움직임 관찰하기
- 힘에 변화를 주어 연주하는 리듬 악기 소리를 듣고 몸을 움직여보기(예: 손뼉치기, 무릎치기, 걷기, 달리기 등)
- 빨리 또는 천천히 일어날 때의 동작 관찰하기
- 힘차게 행진하는 군인과 할머니, 할아버지, 또는 아기의 걸음걸이 비교하기
- 힘에 변화가 두드러지게 나타나는 음악에 맞추어 움직이기

(나) 흐름

흐름은 '인간이 어떻게 하면 몸을 더 잘 움직일 수 있는가?'를 이해하는 것으로 힘을 조절하는 것을 의미한다. 즉, 흐름이란 자유롭고 연속적으로 움직이는 것으로 동작이 연속적인지 비연속적인지를 말한다. 동작의 흐름은 '자유로운 흐름(free flow)'과 '제한된 흐름(bound flow)'으로 나눌 수 있다. '자유로운 흐름'은 움직임이나 움직임의 부분들을 부드럽게 연결시키는 것을 의미하며, '제한된 흐름'은 동작의 끝이나 동작의 일부가 끊어지는 것을 의미한다. 즉, '자유로운 흐름'은 얼음 위에서 스케이트를 타는 사람이 유연하게 미끄러지는 동작이나 새가 날아가는 동작 같이 동작의 과정 중 정확하게 멈추는 것이 없이 유연하게 천천히 움직이며 천천히 정지해 가는 것을 예로 들 수 있다. 반면에 '제한된 흐름'은 기본동작활동 중 '앙감질(hopping)'과 '멈추기' 동작을 반복해서 하는 경우 같이, 언제든지 쉽게 멈출 수 있는 동작으로 한 예로, '앙감질(hopping) – 앙감질(hopping) – 멈추기' 동작이 있다.

활동의 예

- 리본을 잡고 자유롭게 흔들어보기(자유로운 흐름)
- 방 안을 자유롭게 돌아다니기(자유로운 흐름)
- 스케이트 타기(자유로운 흐름)
- 신호 소리의 수에 따라 손뼉 치기, 무릎 치기, 일어나기, 앉기(제한된 흐름)
- 방안을 걸어 다니다가(자유로운 흐름) 신호가 울리면 앉기, 점프하기, 또는 두 팔을 위로 뻗기(제한된 흐름)

(5) 관계

동작에 있어서 관계란 사람과 사람과의 관계, 신체 어느 부분과 물체와의 관계, 신체 어느 한 부분과 다른 부분과의 관계를 의미하는 것이다

(Hoffman et al., 1981). 관계는 다른 영유아와 하나의 공간을 사용하는 것을 알게 할 뿐만 아니라, 영유아에게 또래와 함께 하나의 공간을 공유하고 유도하며 따라해 볼 수 있는 기회를 제공한다. 따라서 혼자서, 둘이서(짝과 함께), 셋이서, 소집단, 대집단으로 움직여 볼 수 있는 기회를 영유아에게 부여하는 일이 필요하다. 또한 신체 부분과 물체와의 관계는 공간 속에서 물체를 조정하는 능력을 의미하는 것으로 공을 던지기, 잡기, 치기와 같은 활동을 통해 공을 다루는 방법을 익히는 것이다. 이러한 활동을 통해 물체와의 관계에서 나타나는 '가까이 – 멀리, 앞 – 뒤, 위 – 아래, 나란히 – 비스듬히, 안 – 밖'과 같은 개념도 익힐 수 있게 된다.

(가) 사람과 사람과의 관계

영유아가 다른 영유아와 짝이 되어 혹은 집단의 일원으로 움직일 때 영유아는 서로 다른 방법으로 관계하게 된다. 첫째, 서로 마주 보거나, 등을 마주 대거나, 한 사람 뒤에 다른 사람이 서거나 옆으로 나란히 있는 것처럼 공간 속에서 서로 연결되어 있는 관계이다. 둘째, 동작이 서로 비슷한가 혹은 다른가와 같이 한 사람의 동작과 다른 사람의 동작에 대한 유사성과의 관계이다. 셋째, 짝이나 집단 구성원 사이에서 동작이 일어나는 시기에 대한 관계이다. 동작이 동시에 일어나는가, 다른 사람에 이어 즉시 일어나는가, 조금 시간을 두고 일어나는가 등을 뜻하며 이들 중 가장 흔한 방법은 개인이나 집단이 지도하는 사람이나 집단 뒤에서 같은 동작을 동시에 하는 것이다.

활동의 예

- 거울(mirror): 반사하기, 상대와 마주 보고 거울을 보는 것처럼 신체를 사용하여 같은 동작을 하는 것이다. 따라 하는 사람은 리더와 거의 동시에 동작을 하게 된다.
- 그림자(shadow): 한 사람이 다른 사람을 뒤따라가면서 동시에 같은 동작을 하는 것이다.

- 대조(contrast): 한 사람 또는 집단이 동작을 하면 다른 사람 또는 다른 집단이 반대되는 동작을 하는 것이다. 예를 들어 한 집단이 앞으로 움직이는 동작을 하면 다른 집단은 뒤로 움직이는 동작을 하고, 한 집단이 무거운 동작을 하면 다른 집단은 가벼운 동작을 하는 것이다. 대조는 시간으로 표현할 수도 있다. 즉, 동작의 속도를 다르게 하여 대조를 이룰 수 있다.
- 만나고 헤어지기(meeting & parting): 짝을 이룬 영유아가 서로를 향해 이동하여 만나고 난 후 다시 반대쪽으로 이동하면서 헤어지는 것을 표현하는 동작이다.
- 모방 · 흉내(copy · match): 서로 똑같은 동작을 하는 것이다.
- 반향(echo): 리더는 동작을 하고 따라 하는 사람은 잠깐 쉰 후 같은 동작을 하는 것이다. 동작과 동작 사이에 시간차가 발생하게 된다.
- 부르고 반응하기(call & respond): 언어 대신 동작으로 의사소통을 하는 것과 같다. 한 사람이나 집단이 먼저 동작(부름)을 하면, 다른 사람이나 집단이 뒤이어 동작(반응)을 하는 것이다. 부르는 사람과 반응하는 사람의 동작은 정확하게 같을 수도 있고 아주 다를 수도 있다.
- 연속(successive): 도미노처럼 한 사람이 동작을 시작하면 가까이 있는 사람이 거의 동시에 같은 동작을 하는 것이다.
- 연합(connected): 2명 이상이 한 개 이상의 신체 부위를 연합하여 동작을 하는 것이다.
- 일치(unison): 두 명 또는 집단이 동시에 같은 동작을 하는 것이다.
- 지지(supported): 한 명 이상이 다른 사람에게 기대거나 다른 사람을 들어 올려 다른 사람의 체중의 일부나 전체를 지탱하는 동작이다.

(나) 신체와 물체와의 관계

소도구나 기구가 신체와 어떻게 관련되는가를 말한다. 영유아교육기관에서 사용할 수 있는 소도구는 스카프, 리듬막대, 모자, 리본 테이프, 훌라후프, 풍선, 공 등으로 다양하다. 큰 장비는 기어오를 수 있는 구조물, 의자, 타이어, 매트, 커다란 상자 등이다. 영유아는 물체 주위의 공간을 움직이거나 신체의 주변으로 물체를 움직여서 물체를 자신의 신체와 관련시킬 수 있다. 공간과의 관계에 대한 인식을 탐색하게 하기 위해 사용할 수 있는 단어들은 근처에, 가까이, 멀리, 떨어져서, 위로, 아래로, 통과하여, 앞에, 뒤에, 옆에, 주위에, 사이에, 안에, 밖에 등이다. 소도구인 훌라후프는 튜브 속에서 빠져나오는 크림의 모양을 표현하기 위해 사용될 수도 있고, 비눗방울의 모습을 표현하기 위해 영유아 개개인이 들고 이리저리 움직이기 위해 사용될 수도 있다.

활동의 예

- 훌라후프를 들고 자기가 가고 싶은 곳은 어디든지 갈 수 있는 비눗방울이 되어 보자.
- 스카프를 이용하여 물방울이 된 모습을 표현해 보자.
- 친구 물방울과 부딪치지 않도록 하면서 시냇물을 만들어 보자.
- 풍선을 가지고 마음껏 활동하며 한 손 치기(양 손 번갈아 치기, 배로, 어깨로, 머리로 등)로 풍선을 위로 띄워 보자.
- 평균대 밑으로 공을 굴려 보자.

(다) 신체와 신체와의 관계

신체는 주변의 공간과 다른 신체 부분들을 연합시키며 수많은 다양한 동작을 만들어 낸다. 각각의 신체 주변 공간과 다른 신체 부분들은 서로 만나고 헤어지고, 위쪽과 아래쪽, 앞과 뒤, 옆, 멀리 또는 가까이의 관계를 형성하며 다양한 동작을 만들게 된다. 예를 들어, 땅 속의 작은 꽃씨로 시작되는 동작활동을 할 때 영유아의 신체 부분들은 작은 꽃씨를 표현하기 위해 작고 둥근 모양을 만들며 서로 가깝게 닿아 있을 것이다. 꽃씨가 싹트기 시작할 때 영유아는 손을 다른 신체 부분으로부터 멀리 떨어뜨림으로써 꽃이 피어나거나 태양을 향해 자라는 것을 표현할 수도 있다.

활동의 예

- 우리 몸의 한 곳으로 싹트는 모습을 표현해 보자.
- 코끼리 코가 구부러지는 모습(귀가 움직이는 모습, 걷는 모습 등)을 표현해 보자.
- 나뭇잎이 되어서 움직여 보자.

- 몸을 움직이다가 신호 소리가 나면 지시에 따르기
- 두 팔을 머리 위에 올리기
- 등을 바닥에 대기
- 가슴과 무릎을 맞대기
- 무릎 뒤로 손뼉 치기
- 두 팔을 반대 방향으로 돌리기
- 동시에 여러 신체 부분들을 움직이기
- 손바닥을 수직, 수평, 대각선 방향으로 가장 멀리 또는 가장 가까이 놓기
- 두 팔을 양옆으로 흔들면서 걸어가기
- 다리를 얼굴 가까이 대기

2) 영유아 동작교육의 내용

(1) 기본 운동 동작하기

기본 운동 동작이란 일상생활에서의 움직임이 기본이 되는 동작을 의미하는 것으로, 제자리에서 움직이는 비이동 동작(non-locomotor movement)과 장소를 옮기면서 움직이는 이동 동작(locomotor movement), 도구를 사용하여 움직이는 조작적 동작(manipulative movement)으로 구분된다.

세 가지 유형별 동작을 살펴보면 표 3-2와 같다.

표 3-2 기분 운동 동작하기의 유형

비이동 동작	이동 동작	조작적 동작
구부리기(bending)	걷기(walking)	던지기(throwing)
뻗기(stretching)	달리기(running)	받기(catching)
꼬기(twisting)	뛰어넘기(leaping)	차기(kicking)
회전하기(turning)	뛰기(jumping)	공 되받아치기(volleying)
흔들거리기(swinging)	앙감질(hopping)	공 튀기기(bouncing)
구르기(rolling)	말뛰기(galloping)	
균형잡기(balancing)	미끄러지기(sliding)	
피하기(dodging)	스키핑(skipping)	
	오르기(climbing)	

출처: Gallahue(1995); Pica(1995); 이영자 · 이기숙 · 이정욱(1999).

(가) 비이동 동작하기

비이동 동작은 서기, 앉기, 쪼그리고 앉기, 출발, 정지, 들어올리기, 밀기와 당기기, 흔들거리기와 흔들기, 떨기와 튀기기, 비틀기와 돌기 등으로(김현지 · 오연주, 1997), 안정(stability) 동작이라고도 한다. 비이동 동작은 몸의 중심을 한 장소에 고정한 상태로 움직이는 동작을 일컫는 것으로, 정확한 비이동 동작하기는 몸의 올바른 자세를 형성시켜 주는 기초가 되기 때문에 매일의 일상적인 생활에 반드시 필요한 교육 내용이다.

❶ 구부리기(bending)

구부리기는 목, 허리, 무릎, 팔꿈치, 손목, 발목, 손가락 등과 같이 신체 부위 중 관절이 있어서 몸을 구부릴 수 있는 부분을 접는 동작이다.

활동의 예

- 우리 몸에서 구부릴 수 있는 곳을 찾아 구부려 보기
- 조각상 되어 보기
- 몸으로 자 · 모음이나 숫자를 만들어 보기
- 서서 앞, 뒤, 옆으로 몸을 구부려 보기
- 앉아서 옆으로 구부려 보기
- 무릎을 꿇고 뒤로 구부려 보기
- 허리와 머리를 자기 발이 보이게 아래로 굽힌 후 굽힌 상태에서 영유아와 10까지 세어 보기
- 줄을 이용하여 여러 높이의 울타리를 설치한 후 여러 가지 방법으로 울타리 아래로 통과해 보기(예: 가장 낮은 줄 아래로 윗몸을 뒤로 굽혀 통과하는 영유아를 격려해 주도록 한다)

❷ 뻗기(stretching)

뻗기는 신체의 여러 부위를 수직이나 수평으로 최대한 쭉 펴는 동작이다. 영유아의 흥미와 생활주제에 맞추어 가능한 한 크게, 넓게, 길게 몸을 뻗어 보는 활동을 전개하는 것이 좋다.

활동의 예

- '추수'와 관련된 주제일 때 높은 나무에 열린 사과나 밤을 따는 모습을 상상하며 팔과 다리를 쭉 뻗어 보는 활동
- 다리를 벌리고 오른쪽, 왼쪽으로 허리를 굽혀 손을 발끝 쪽으로 뻗어 보게 하기
- 기지개 켜는 흉내 내기
- 둘이 짝을 지어 등을 맞대고 두 팔을 깍지 낀 다음 음악에 맞추어 몸을 구부리고 쭉 펴는 동작을 계속해서 해 보기
- 교사의 호루라기 소리에 달려가서 튜브를 머리에서 다리(위에서 아래)로 통과한 다음 다시 제자리로 달려오기(예: 튜브 속으로 들어가 팔을 쭉 뻗은 채 튜브를 머리 위로 올린 후, 다시 발쪽으로 내리면서 통과한다)
- 고양이가 하품하는 것처럼 뻗기
- 영유아가 선 자세로 또는 무릎을 꿇은 채로, 앉은 채로 천장을 향해, 바닥을 향해 몸을 뻗기
- 등을 대고 눕거나, 엎드려서 몸을 길게 늘여 보기
- 한쪽 팔은 높게, 한쪽 팔은 낮게 뻗어 보기
- 오른쪽으로 두 팔을 모두 뻗고, 다시 왼쪽으로 두 팔을 뻗기
- 누워서 한쪽 다리는 바닥에 닿게 하고, 다른 쪽은 천장을 향해 뻗기
- 선 자세로 한 팔을 앞으로 뻗고, 한쪽 다리는 뒤로 뻗기

❸ 꼬기(twisting)

꼬기는 신체의 한 부분을 고정시킨 상태에서 신체의 다른 부분으로 돌리며 꼬는 동작이다. 회전하기(turning)가 몸 전체를 완전히 회전하는 연속적인 운동인 데 반해 꼬기(twisting)는 몸의 일부분만을 꼬는 것이다.

활동의 예

- 수건 등을 이용하여 다양한 꼬기를 충분히 경험해 본 후 몸의 여러 부분을 실제로 꼬아 보거나 친구와 함께 손을 잡고 꼬아 보기
- 실타래 되어 보기
- 우리 몸의 여러 부분을 실제로 꼬아 보기(예: 팔과 팔, 다리와 다리, 몸통 등)
- 몸의 여러 부분을 동시에 꼬아 보기
- 발을 맞대고 누워 두 다리를 교차시켜 꼬인 모양 만들어 보기

- 오른팔을 어깨 너머 등으로, 왼팔을 옆구리를 지나 등으로 가져가 등 뒤에서 양손을 맞잡고 서로 당기기
- 여러 사람이 움직여서 전체적으로 꼬인 모양 만들어 보기
  (예: 모든 영유아가 손을 잡고 둥글게 서서 한쪽을 끊은 다음, 제일 처음 영유아가 제일 마지막과 그 옆 영유아의 팔 밑으로 들어가 한 바퀴 돌고, 다음에는 그 옆 영유아의 팔 밑으로 들어가는 식으로 하여 팔이 X자로 꼬이는 활동을 해 본다. 전체를 다 꼰 다음에는 반대 방향으로 나와서 꼬인 팔을 풀어 본다.)
- 그네의 줄처럼 꼬았다 풀리는 동작 해 보기(예: 꽈배기, 꼬인 종이, 새끼줄 등)
- 수건 또는 스카프를 한 장씩 나누어 주고 마주 꼬아 보기
- 훌라춤을 추는 동작을 해 보기
- 젖은 수건을 비틀어 짜는 동작을 해 보기

❹ 회전하기(turning)

회전하기는 몸의 한 부분을 중심으로 신체의 전체 또는 부분을 수직이나 수평으로 돌리는 동작이다. 이때 팔과 머리는 최대의 효율성을 얻기 위해서 돌리는 방향으로 움직여야 한다.

활동의 예

- 팽이나 프로펠러 등과 같이 우리 주변에서 회전하는 물건들을 찾아 충분히 탐색해 본 후 각 물건의 회전하는 모습처럼 축을 중심으로 회전해 보기(예: 꼬인 그네, 시계, 바늘 등)
- 시계바늘이 도는 것처럼 일정한 점을 정하고, 그 점을 중심으로 돌아보기
- 두 팔로 다양한 모양을 만들면서 돌아보기
- 음악을 들려주고 음악에 맞추어 자유롭게 돌아보기
- 우리 몸에서 돌릴 수 있는 신체 부분들을 찾아보기
- 몸을 축으로 하여 돌 때에 동작의 요소(예: 천천히, 빨리, 높게, 낮게 등)를 사용해 보기
- 걷다가 또는 달리다가 몸 돌리기 해 보기

❺ 흔들거리기(swinging)

흔들거리기는 팔 또는 다리를 시계추처럼 흔드는 동작이다. 즉, 신체의 한 부분 끝을 고정하고 다른 부분은 포물선을 그리면서 앞과 뒤로 자유롭게 움직이는 동작이다. 머리, 팔, 다리 등으로 스윙을 할 수 있으며, 몸 전체로도 스윙할 수 있다. 흔들기 동작은 몸의 근육을 긴장시켜 좀 더 세차게 흔드는 동작과 보다 유연하고 가볍게 흔드는 동작으로 나누어 볼 수 있다(홍용희 외, 1998). 또한 스윙 동작은 편안하고 리드미컬해야 하며 잘 흔들거릴 수 있도록 몸의 중심을 꼿꼿하게 잘 유지해야 한다.

활동의 예

- 로프나 그네 등 진폭을 그리며 스윙을 나타내는 물건을 보며 흔들리는 모습을 탐색하기
- 신체의 어떤 부분으로 스윙 동작을 할 수 있는지 찾아보고, 앞 · 뒤로, 옆으로 흔들어 보기
  - 팔을 앞뒤로 흔들어 본다.
  - 팔이 가슴 앞으로 지나가도록 흔든다.
  - 한쪽 다리를 앞뒤로 흔들어 본다.
  - 철봉에 매달려 몸을 흔들거려 본다.
  - 몸을 흔들거릴 수 있는 두 가지 이상의 방법을 찾아본다.
- 상상을 하면서 흔들거리는 동작을 해 보기
  - 자동차 앞 유리에 있는 와이퍼의 움직임처럼 동작한다.
  - 시계나 종 속에 달린 추의 움직임처럼 동작한다.
  - 그네에 앉아 있다고 생각하고 스윙 동작을 한다.
  - 코끼리의 코가 흔들거리는 것처럼 동작해 본다.

❻ 구르기(rolling)

구르기는 신체가 순간적으로 앞, 뒤, 옆의 공간으로 뒤바뀌는 것을 말한다. 먼저 손은 어깨 넓이로 땅을 짚고 무릎을 구부린 자세로부터 시작된다. 몸을 뒤집을 때 무게는 영유아의 손과 어깨에 놓이게 되고 등은 둥글게 된다. 구르기는 몸 움직임 활동의 가장 기초가 되는 활동 중의

하나로서 몸의 균형 기능과 신체 인식 및 공간 인식을 발달시키는 데 아주 좋은 활동이다(Skinner, 1979).

구르기 지도 시 영유아의 안전에 유의하고, 어려워하는 영유아는 교사가 옆에서 보조해 주도록 한다. 앞구르기가 익숙해지면 몸을 똑바로 하고 누워 옆으로 데굴데굴 굴러 볼 수 있게 한다.

활동의 예

- 실내에 매트를 깔아 주고 두 손을 바닥에 대고 머리를 바닥에 댄 후 굴러 보기
- 매트 2~3장을 옆으로 연결하여 깔아 주고 손을 머리 위로 올리고 몸을 앞에서 옆으로 뒤로 천천히 굴러 보기
- 통나무처럼 굴러 보기: 몸을 길게 쭉 편 채로바닥에 누워 양 방향으로 구르기
- 달걀 모양이 되어 굴러 보기: 무릎을 가슴 쪽으로 끌어서 팔을 엇갈려 꽉 잡고, 머리를 숙여 안쪽으로 끌어당긴 채 매트 위에서 구르기
- 발을 맞대고 굴려 보기: 2명의 영유아가 짝이 되어 등을 대고 눕는다. 서로 발바닥을 맞대고 발이 떨어지지 않도록 하며 구르기

⑦ 균형잡기(balancing)

균형(balance)을 잡는다는 것은 신체의 중심인 척추가 몸을 잘 지지하여 주는 것으로 한 발로 또는 두 발로, 두 손으로, 또는 머리와 두 팔로 균형을 유지할 수 있다. 넓은 곳에서 균형을 잡는 것은 좁은 곳에서 균형 잡는 것보다 쉽다. 균형잡기는 정지된 상태에서든 움직이면서든 모두 가능하다. 한 발로 서 있기처럼 정지된 상태 에서 균형 잡는 것을 정적 균형(static balances)이라고 하며, 평균대 위로 걸어가기와 같이 움직이면서 균형 잡기 동작을 역동적 균형(dynamic balances)이라고 부른다.

활동의 예

- 균형 동작을 위한 기초 활동으로 바닥에 붙인 마스킹 테이프(masking tape) 위를 걸어보기
- 줄을 따라 앞으로 걸을 때 한 발 바로 앞에 다른 발을 놓기
- 균형을 잡고 앞으로 걷는 동작이 익숙해지면 옆으로, 뒤로 움직이며 균형 잡기

- 발끝으로 걷기, 발꿈치 걷기
- 팥주머니 이고 걷기
- 높이가 낮은 평균대를 사용하다가 익숙해지면 좀 더 높은 평균대 위를 걷기
- 다양한 신체 부분을 사용하여 높고 낮은 수준을 유지하며 균형을 잡아보기
  - 무릎을 구부리고 균형 잡기
  - 엉덩이만으로 균형 잡기
  - 배로 균형 잡기
  - 발끝을 들고 균형 잡기
  - 눈을 감고 발끝으로 균형 잡기
- 세 명이 한 조가 되어 교사가 탬버린을 치면 부채가 펴진 모양으로 서로 균형 잡기
- 튜브 위에 긴 널빤지를 얹어 널뛰기를 할 수 있도록 꾸민다. 한쪽에 영유아가 선 후 다른 쪽에 균형을 맞출 수 있는 영유아가 서 보기

⑧ 피하기(dodging)

피하기는 일반적으로 사물이나 사람을 피하기 위하여 재빨리 역동적으로 몸 전체를 사용하는 것을 말한다. 흔히 서 있는 상태에서 피하는 동작이 이루어지는 경우가 많으며 달리기와 함께 동작을 하게 되면 이동 동작 기술이 될 수 있다.

활동의 예

- 「여우야 여우야 뭐하니」에 맞춰 술래를 피하여 도망치기
- 술래를 정하고 그림자를 밟히지 않도록 피하기
- 원 안에서는 술래가 굴리는 훌라후프 피하기
- 상상을 하면서 피하는 동작을 해보기
  - 플라스틱 원반 던지기
  - 나무에서 떨어지는 나뭇잎 피하기
  - 눈싸움하기

(나) 이동 동작하기

이동 동작은 몸의 중심을 다른 곳으로 옮기면서 움직이는 동작으로, 영유아의 대·소근육이나 지구력을 향상시키는 데 필요한 동작이다(교육인적자원부, 2003). 이동 동작하기는 단순하게 기본적인 이동 동작을 하는 활동과 속도나 방향, 힘 등과 같은 동작의 요소를 반영하여 다양한 이동 동작을 하는 활동이 있다. 또한 이동 동작하기는 북소리 등 리듬에 맞추어 동작하는 활동이 일반적이며 효과적이기도 하다.

❶ 걷기(walking)

걷기(walk)는 발끝(toe)과 뒤꿈치(heel)에 무게를 옮김으로써, 공간 속으로 자신의 신체를 옮기는 가장 기본적인 이동 동작이다. 대개 1세경부터 걷게 되지만 불안정한 자세를 보인다. 즉, 균형을 잡기 위해 팔을 들어올리며, 발바닥 전체를 바닥에 닿게 하고 걷는다. 점점 성숙하면서 뒤꿈치를 바닥에 닿게 하면서 걷고, 걸을 때 앞발의 무릎과 팔을 약간 굽히며, 다리와 반대로 자연스럽게 팔을 흔들면서 걷게 된다. 걷기 동작은 머리를 똑바로 들고 시선은 눈높이로 앞을 주시하고 발이 일직선이 되어 앞을 향해 내딛고 팔은 자연스럽게 움직이며 걷도록 지도하여야 한다. 몸을 곧게 세우고 발끝은 모두 앞을 향하여 일직선이 되어야 하며, 몸의 무게가 다섯 개의 발가락에 골고루 분배되어야 한다.

활동의 예

- 간단한 악기에 맞추어 교실 안을 자유롭게 걷기(예: 앞, 뒤, 오른쪽, 왼쪽 등)
- 동작의 요소들(공간, 형태, 시간, 힘, 흐름, 리듬)을 활용하여 걷기 활동을 변형시켜 보기
- 제자리에서 빠르게 혹은 느리게 걸어보기 또는 음악에 맞춰 느리게 혹은 빠르게 걷기
- 팔 모양을 다양하게 하며 걷기(예: 한 팔 들고 걷기, 양쪽 팔을 옆으로 벌린 채 걷기 등)
- 「옆에 옆에」 노래에 맞춰 옆으로 걷기

- 평균대 위에서 걷기
- 행진하기
- 직선, 곡선, 지그재그 선을 따라 빠르게, 느리게 또는 가볍게, 무겁게, 키를 크게 해서, 키를 작게 해서, 거인처럼, 난쟁이처럼 걷기
- 재미있는 모양을 만들며 걸어보기
- 걷는 동작을 하다 잠깐 멈추었다가 다시 걸어보기
- 상상을 하면서 걷기: 눈 속에서, 비가 많이 내려 젖은 진흙 속에서, 모래 속을 걸어보기

❷ 달리기(running)

달리기는 몸을 순간적으로 공중에 띄우면서 두 발을 번갈아 떼어 옮기는 동작으로 걷기에 비해 속도가 빠른 이동 동작이다. 이때 신체는 약간 앞으로 기울고, 팔은 약간 굽히고 발과 반대쪽 팔을 흔들게 된다. 달리기와 걷기의 다른 점은 달리기는 순간적으로 양 발 모두가 바닥에서 떠 있는 단계가 있다는 점이다.

활동의 예

- 팔 모양, 다리 폭, 바닥 모양 등을 여러 가지 방법으로 변화시켜 달려 보기(예: 다리 폭을 좁게 또는 넓게 잡고 달려 보기)
- 직선, 곡선 혹은 지그재그로 달려 보기
- 여러 방법으로 달려 본 다음, 빨리 달릴 수 있는 자세에 대하여 이야기를 나눈 후(예: 다리 폭을 넓게 잡는다) 달려 보기
- 팔을 고정시키거나 옆으로 흔들지 않고 앞뒤로 흔들며 달리기
- 거리를 차츰 넓혀 가면서 최대한으로 빨리 달려 보기(유의점: 이때는 바른 자세를 취하게 하고, 음악을 빠른 속도로 들려준다)
- 앞으로 달리기가 잘 되면 옆이나 뒤로도 달려 보기(유의점: 느리게 달릴 때는 힘을 조절하기가 어려우므로 몸의 균형을 잘 잡도록 한다)
- 느린 속도로 다양한 방향으로 달려 보기
- 다리 모양을 다양하게 변화시키면서 느리거나 바르게 달려 보기(예: 무릎을 높이 올리면서 빨리 달려 본다)
- 발을 뒤로 차면서 느리게 달려 보기
- 큰 굴렁쇠를 굴리며 달려가다가 발로 밟아 정지시켜 보기
- 릴레이 형식으로 달리기

- 달리다가 신호가 나면 멈추고, 다시 신호가 나면 방향을 바꾸어서 달리기
- 상상을 하면서 달리기를 탐색할 수 있는 기회를 갖게 한다.
  - 잡기놀이를 할 때, 농구할 때, 육상 경기할 때

❸ 뛰어넘기(leaping)

뛰어넘기는 달리기 스텝의 연장으로 한 발로 균형 있게 공중으로 도약하여 다른 쪽 발로 내리는 동작이다. 달리기보다 더 큰 공간과 힘을 요구하며 뛰어넘기는 보다 멀리, 높이 뛰기 위해 달리기와 함께 이루어지기도 한다. 달리기 스텝의 높이와 거리가 증가함에 따라, 양발이 공중에 떠 있는 시간은 길어진다.

활동의 예

- 캥거루가 되어 뛰어넘기
- 달려오다가 로프를 뛰어넘기
- 바닥에서 어느 정도 떨어진 높이(15cm, 25cm, 30cm 등)에 고무줄을 매놓고 두 발을 모아 뛰어넘어 보기(유의점: 이때 고무줄에 몸이 닿지 않도록 주의시킨다)
- 줄 또는 줄넘기를 반으로 접어 바닥에 놓은 후, 그 위를 차례대로 뛰어넘기
- 반으로 접힌 두 줄의 줄 가운데를 조금 벌려 놓고, 그 위를 영유아가 뛰어넘기
- 줄을 길게 펴서 한쪽은 고정시키고, 다른 쪽은 선생님 또는 다른 영유아가 잡고 흔들어, 흔들리는 줄 위를 뛰어넘기
- 줄을 상하로 흔들거나(파도 넘기), 좌우로 흔들면(뱀 넘기) 영유아가 뛰어넘기
- 음악에 맞춰 다양하게 줄을 뛰어넘어 보기
- 소도구(로프, 훌라후프 등)를 바닥에 놓고 뛰어넘기
- 상상 활동을 하면서 동작하기: 웅덩이 뛰어넘기, 장애물 뛰어넘기, 슈퍼맨이 되어 뛰어넘기, 숲속에 넘어져 있는 나무를 뛰어넘는 사슴이 되어보기

❹ 뛰기(jumping)

뛰기는 두 발을 모아 높이 뛰기(jumping for height)와 멀리 뛰기(jumping for distance) 동작 그리고 높은 곳에서 뛰어내리기(jumping from height) 동작이 포함된다. 땅 위에서 튀어오를 때 바닥과 마지막으로 닿는 부분이 발끝(toe)

이며, 다시 바닥에 내려올 때도 발끝이 먼저 닿고 그 다음 발바닥 부분, 발뒤꿈치가 닿게 된다. 무릎은 바닥에 닿을 때의 충격을 흡수하기 위해 굽혀야 한다. 높이 뛰기와 멀리 뛰기의 경우 팔을 위쪽으로 뻗어 빠르게 흔들면 더 높이, 더 멀리 뛸 수 있다.

활동의 예

- 깡충 뛰기, 멀리뛰기, 높이뛰기 등을 해 보기
- 제자리에서 두 발을 모아 깡충 뛰기, 앞으로 전진하면서 깡충 뛰기
- 최대한으로 높게 혹은 낮게 뛰기
- 한자리에서 두 발을 모아 여러 방향(앞, 뒤, 오른쪽, 왼쪽 등)으로 뛰어 보기
- 트램폴린 위에서 뛰기
- 점프했다 착지할 때 한 발은 앞으로, 다른 발은 뒤로하기
- 줄이나 벽에 동물 그림 등을 걸어 놓고 물체에 닿도록 높이 뛰어 보기
- 동물이 뛰는 모습을 표현: 토끼, 캥거루, 개구리
- 상상을 하면서 동작하기: 공이 튀어 오르는 모습, 큰 소리에 놀라 펄쩍 뛰는 모습 동작하기

⑤ 앙감질(hopping)

앙감질(hopping)은 한 발로 뛰는 동작으로, 한 쪽 발은 공중에 띄우고 다른 쪽 발에 몸의 무게를 실어 균형을 유지하며 뛰는 것이다. 이때 공중에 띄운 발은 'ㄱ' 자 모양으로 앞으로 드는 것이 일반적이나 앞, 뒤, 옆으로 다리를 들어서 뛰기도 한다. 또한 앙감질은 발을 번갈아 가며 리듬을 유지하면서 동작하는 것이 보통이다.

활동의 예

- 간단한 악기에 맞추어 앙감질하기
- 다양한 방향(예: 앞쪽, 뒤쪽, 오른쪽, 왼쪽 등)으로 앙감질하기
- 달팽이 모양을 따라 앙감질하기(직선, 곡선 등)
- 음악에 맞추어 무릎을 높게 혹은 낮게 앙감질하기
- 제자리에서뿐만 아니라 앞으로 나가면서 앙감질하기
- 음악에 맞추어 빠르게 혹은 느리게 앙감질하기

- 앙감질하면서 팔 모양을 다양하게 변화시키기
- 훌라후프를 여러 개 지그재그 모양으로 교실 바닥에 깔아 놓은 후 한쪽 발을 들고 훌라후프 속을 지그재그로 뛰어가게 하기
- 일정한 거리(1m, 2m 등)를 앙감질하기
- 혼자서 뿐만 아니라 둘씩, 셋씩 앙감질하여 돌아오기
- 발을 바꾸어 앙감질하기

⑥ 갤로핑(galloping)

갤로핑은 한 발로 뛰고 다른 발은 뛰는 발의 뒤를 따라 걷는 동작으로서 한쪽은 항상 앞선다. 가장 어려운 이동 동작이며 마치 말이 달리는 모습과 같아 말뛰기라고도 한다.

활동의 예

- 빠르고 경쾌한 음악에 맞추어 말처럼 뛰어 보기
- 뛰면서 엉덩이 높이까지 왼쪽 발뒤꿈치를 자연스럽게 올렸다 내렸다 하기
- 영유아 두 명이 한 사람은 말이 되고 한 사람은 마부가 되어, 앞뒤로 손을 잡고 말뛰기를 해 보기
- 여러 가지 방법으로 말뛰기 하는 도중에 영유아를 가끔 정지시켜 봄으로써 서로를 관찰해 볼 기회를 준다.

⑦ 미끄러지기(sliding)

이 동작은 옆으로 말뛰기 하는 동작과 같다. 한 발을 먼저 앞으로 나가며 다른 발은 따라잡듯이 동작하는 것으로 불규칙적인 리듬을 갖는다.

활동의 예

- 얼음 위를 걸어가는 모습, 스케이트를 타는 모습, 넘어지는 모습 표현하기
- 바나나 알맹이가 되는 유아, 껍질이 되는 유아가 각자 역할을 맡아 춤을 추다가 한 유아가 껍질이 된 유아를 하나하나 벗기는 동작도 해 보고 벗겨진 껍질 유아는 마룻바닥에 벌렁 누워 손을 위로 쭉 뻗도록 하기
- 미끄럼틀 타기. 익숙해지면 양팔을 좌우로 벌린 채 오므리고 내려온다.

⑧ 스키핑(skipping)

스킵(skip)은 한 발짝 앞으로 걷고(step) 가볍고 빠르게 뛰어오르는(hop) 동작이 함께 일어나는 움직임이다. 홉(hop) 동작보다는 스텝(step) 동작에 더 강조를 두며, 한 발이 순간적으로 바닥 위로 올라가며 가볍게 미끄러지는 듯한 움직임으로 나타나며, 동시에 다른 발로 바꾸어 같은 동작을 반복한다. 즉, 각 발로 가볍게, 빠르게 뛰어오른 후에 반대 발로 다시 가볍게 오른다. 스키핑의 경우 보통 앙감질보다는 바닥에서 덜 높이 뛰며 갤로핑보다는 속도가 덜 빠르다. 영유아가 처음에 한쪽 발로만 계속 스키핑(skipping)하는 것은 정상적인 발달 단계로 보아야 하며 교사의 시범과 모방을 통해 두 발을 교대할 수 있는 기회를 충분히 제공하는 것이 좋다.

활동의 예

- 경쾌한 음악에 맞추어 큰 원으로 스키핑하며 돌다가 북소리 등 신호에 따라 반대 방향으로 스키핑하며 돌기
- '우리 집에 왜 왔니?'에서 앞으로 뒤로 번갈아 스키핑하기
- 바닥에 직선, 곡선, 원의 형태로 줄을 그어 놓고 6/8박자 음악에 맞추어 줄을 따라 스키핑한다.
- '열 꼬마 인디언' 노래에 맞춰 다음의 활동을 해 보기
  - 2~3세 영유아에게는 한 발 들고, 반대 발 들고, 연속해서 두 번 들어보고 등의 활동을 교사의 지시에 맞추어 해 본다.
  - 3~4세 영유아는 한쪽 발로 앙감질하고 다시 반대 발로 앙감질해 보게 한다.
  - 4~5세 유아는 걷고 뛰고를 연결해서 해 본 뒤, 스킵해 본다.

⑨ 오르기(climbing)

오르기는 기기와 비슷한 기본적 동작이다. 오르기는 다리만으로 할 수도 있고 팔로만 할 수도 있으며, 팔과 다리를 함께 사용할 수도 있다. 또한 동작에 있어서 손과 다리의 움직임은 리드미컬한 형식으로 반복적이어야 한다.

활동의 예

- 처음에는 완만한 길을 천천히 걷다가 다음에는 험한 길 오르는 동작 해 보기
- 사다리 오르기 동작하기
- 사다리를 기어 올라가 뜀틀을 건너서 매트 아래로 뛰어내리기
- 미끄럼틀 꼭대기에 동아줄을 묶어 놓고 줄을 잡고 미끄럼틀 걸어서 올라가기

(다) 조작적 동작하기

조작적 동작이란 도구를 이용해서 하는 동작으로 주로 손과 팔, 다리와 발을 이용하지만 몸의 전체적인 균형과 협응이 요구된다. 조작적 동작이 효율적으로 이루어지기 위해서는 이동 동작과 비이동 동작이 기초가 되어야 한다. 조작적 동작은 신체와 사물과의 관계 이해와 사물이 움직이는 경로에 대한 이해를 돕는다.

❶ 던지기(throwing)

던지기는 팔과 손을 사용하여 공중으로 물체를 날려 보내는 동작이다. 던지기활동으로는 공 던지기가 일반적이나 어린 영유아의 경우는 정확하게 물체를 던지는 것보다는 던지는 동작에 익숙해지고 적절한 던지기 자세를 취해 보도록 하는 것이 중요하다. 던지기의 형태는 양손(혹은 한 손)으로 밑에서 던져 올리기, 수직으로 던져 올리기, 어깨 위에서 던지기 등이 있어야 한다.

활동의 예

- 떨어진 위치에 큰 바구니를 놓고 공을 두 손으로 던져 바구니에 넣기
- 유아 키보다 크게 바구니를 만들어 높이 뛰어오르면서 공을 위로 던지기
- 스카프를 높이 던졌다가 받기
- 친구와 짝이 되어 공을 던지고 받기
- 털실 뭉치 같은 작은 공을 벽을 향해 던져 본다.
- 던지기 기술이 보다 능숙해지면 목표물의 크기를 감소시킨다.

❷ 받기(catching)

받기는 손을 사용하여 자신에게 다가오는 사물을 잡는 동작이다. 영유아는 대부분 가슴으로 껴안듯이 자신에게 던져진 물체를 잡으며, 물건이 날아오면 두려움의 반응으로 머리를 돌리거나 뒤로 젖히는 행동을 나타낸다. 이는 받기가 던지기보다 시・지각의 추적능력이나 눈과 손의 협응이 좀 더 정교하게 이루어져야 하는 어려운 동작이기 때문이다. 받기 활동 역시 공받기가 일반적이며 정확하게 받기보다는 받기 동작에 익숙해지고 적절한 받기 자세를 취해 보도록 하는 것이 중요하다.

활동의 예

- 공을 바닥에 튀겼다가 오르는 공을 잡는 동작을 먼저 시작한다.
- 공을 정확히 던져 주어 공 잡는 동작이 즐거운 경험이 되도록 한다.
- 날아오는 사물을 잘 잡고 성취를 느끼면, 유아 자신들이 다시 공중으로 올려치는 동작을 한다.

❸ 차기(kicking)

차기는 다리를 뻗어 발로 물체에 힘을 가하는 동작으로, 능숙하게 방향과 거리를 조절하여 찰 수 있는 차기 기술의 발달에 기초가 된다. 차기활동의 경우도 공 차기가 가장 일반적이나 어린 영유아의 경우 공이 멀리 튀겨나가지 않아도 의미 있는 차기활동으로 보아야 한다. 즉, 정확한 차기를 강조하기보다는 차기 동작에 익숙해지고 적절한 차기 자세를 취하도록 하는 것이 우선시되어야 한다.

활동의 예

- 한쪽 다리를 엉덩이 쪽으로 들었다가 발로 힘차게 차보기
- 공을 차서 표적을 맞추거나 깡통을 쓰러뜨리기
- 친구와 짝이 되어 공을 차서 주고 받기
- 비치볼을 차는 동작을 하기

- 두 명의 유아가 긴 줄을 잡고 있는 상태에서 위로, 아래로 공을 차기
- 차는 동작이 능숙해 지면 고무공을 사용하기

④ 공 되받아치기(volleying)

공 되받아치기는 손을 어깨 위로 올려서 치는 쳐내기(striking)의 한 형태로서 농구나 배구에서 많이 사용되는 기술이다. 이 동작을 연습하기 위해서는 실제 농구공이나 배구공 같은 것을 사용하기 전에 풍선이나 비치볼 같은 것을 사용해 보도록 한다. 이 기술은 시각적으로 공을 계속해서 추적하는 기술이 필요하다.

활동의 예

- 풍선이나 비치볼 같은 색깔이 있고 가벼운 공을 사용하기
- 크고 작은 풍선들을 내주고, 유아가 두 손으로 풍선을 위로, 앞으로 계속해서 쳐보기
- 한쪽 손만 이용해서 공을 쳐내는 동작(volley)을 하는 처음에는 주로 사용하는 팔로, 그 다음에는 잘 사용하지 않는 팔로 해 보기
- 한 유아가 다른 유아에게 공을 두 손으로 던지면 두 손으로 되받아 쳐서 상대 유아에게 보내기
- 긴 고무줄을 매어 놓고, 중간에 풍선을 매달아 놓은 후 두 명의 유아가 마주앉아 풍선을 교대로 쳐 보기
- 배구 네트를 낮게 조정해 주어 풍선을 상대편 네트로 넘기면 상대편의 유아가 되받아 쳐서 다시 넘겨보기

⑤ 공 튀기기(bouncing)

공 튀기기는 두 손 또는 한 손으로 공과 같은 사물을 아래쪽으로 계속 치는 동작으로 드리블링(계속 짧게 치는)으로 발전한다.

활동의 예

- 두 손으로 공을 튀겼다 잡는 동작을 한다.
- 늘 사용하는 한쪽 손으로 공을 튀겼다 잡고, 그 다음에는 잘 사용하지 않는 손으로 해 본다.

(2) 표현 동작하기

(가) 구조적 표현 동작하기

구조적 표현 동작하기는 대부분 노랫말만 들어도 정해진 동작 표현을 할 수 있는 활동으로 주로 교사의 시범이나 지시에 따라 영유아가 따라 해 보는 형태로 이루어진다. 가령, 노랫말에 맞춰 정해진 대로 동작하는 손유희(예: 엄마별이 올라갑니다)나 율동(예: 둘이 살짝)은 전형적인 구조적 표현 동작하기에 속한다.

구조적 표현 동작하기는 모방을 즐기는 영유아에게 동작에 대한 관심과 흥미를 갖게 해 주고 일련의 순서를 알게 하거나 단어의 의미를 쉽게 이해할 수 있도록 돕는다. 또한 창의적 동작 표현에 부담을 가지는 영유아에게 쉽게 동작 경험의 기회를 제공해 줄 수 있으며, 교사도 쉽게 활동을 전개할 수 있다. 그러나 이러한 모방 위주의 구조적 표현 동작은 영유아의 창의성 계발을 저해할 가능성이 크다.

(나) 반구조적 표현 동작하기

반구조적 표현 동작하기는 정해진 지시에 따라서 동작으로 표현하는 부분과 창의적으로 자유롭게 움직일 수 있는 부분이 함께 있는 활동이다. 예를 들면, '호키포키'를 할 때 '다 같이 오른손을 안에 넣고'라는 부분에서는 반드시 노랫말의 지시에 따라야 한다. 하지만 '호키포키' 부분에서는 영유아가 자유롭게 창의적으로 동작할 수 있다. 또한 구조적인 표현 동작의 획일적인 지도의 단점을 보완할 수 있으며, 처음부터 영유아에게 창의적인 것을 요구하기보다는 익숙한 활동으로 시작할 수 있기 때문에 보다 쉽게 활동을 전개할 수 있다.

(다) 창의적 표현 동작하기

창의적 표현 동작하기는 '~처럼 해 보는' 또는 '~이 되어 보는' 것과 같은 상상적이고 창의적인 가작 행동이 일어나는 동작활동이다. 또한 창의적 동작활동은 영유아에게 자신의 생각과 느낌을 자유롭게 표현할 수 있는 교육활동이다. 즉, 완성해야 하는 목적이나 연습해야 하는 일정한 형식이 있는 것이 아니고 영유아가 탐색과정을 통해 영유아의 분위기 또는 내적 상태를 반영하여 나름대로 자신의 개성을 자신의 스타일로 표현하는 활동이다.

창의적 동작하기는 영유아의 인지적(cognitive), 정의적(affective), 심동적(psychomoter) 영역의 발달에 매우 효과적이다. 또한 창의적 표현 동작하기는 영유아에게 자신의 감정을 자연스럽게 표현해 보고 조절해 보는 기회를 제공하며 상상력을 키워 준다는 점(김화숙, 2006)에서 중요하다. 이러한 창의적 동작활동은 '~처럼 되어 보기'와 같이 상상을 통해 동작과 개념의 발견을 유도한다. 상상력을 이용하는 창의적 신체표현활동에는 다음과 같은 특징이 있다(이영애 · 이은화, 1979).

첫째, 영유아 자신의 주관적 표현을 강조할 수 있고, 자신감을 길러준다.

둘째, 사물의 느낌을 항상 하나의 고정된 형태로만 표현할 수 있다는 개념을 깨뜨린다.

셋째, 다양한 동작을 끌어낼 수 있고 상상력을 통한 움직임의 연결에서 드라마가 형성될 수 있다.

가령, 사진이나 비디오 또는 명화와 같은 시각적 자료, 동화와 동시, 동극 대본과 같은 문학적 자료, 그리고 다양한 악기나 주변의 소리, 자연 상태를 묘사한 음악(예: 나뭇잎이 떨어지는 장면, 물이 흐르는 소리, 눈 내리는 장면 등), 사람이나 동물의 움직임을 표현해 주는 음악과 같은 청각적 자료 등을 활용함으로써 교육과정의 주제에 알맞게 다양한 창의적 표현 동작활동을 통합적으로 전개할 수 있다(심성경 외, 2007).

이러한 창의적 능력은 지적·인성적 요소 모두를 포함하는 내재적인 요소와 물리적·인적 환경을 포함하는 외부적인 요인 간의 상호작용의 결과이므로, 교사는 영유아가 실제적 경험과 활동의 폭을 넓히고 자신의 능력을 탐색해 보고 창의적인 방법으로 표현할 수 있도록 정서적으로 안정된 분위기를 조성하고 융통성 있는 태도를 가짐으로써 영유아의 창의성이 발휘될 수 있도록 도와주어야 한다.

창의적인 반응을 격려해 주기 위해서는 교사의 역할이 중요하다. 창의적으로 움직임을 이끄는 교사의 특징(공갑례, 1997)은 다음과 같다.

첫째, 교사는 영유아에게 다양한 자료를 제공하여 영유아가 즐겁게 움직이는 가운데 자연스럽게 배우고 생각할 수 있도록 한다.

둘째, 교사는 다양한 매개체를 사용함으로써 영유아의 표현활동을 더 자연스럽게 전개할 수 있도록 한다. 부드러운 헝겊, 풍선, 리본, 고무줄, 빈 상자, 음악, 시각적 효과가 있는 것, 가상의 이야기 등은 영유아에게 흥미를 유발시킬 수 있는 효과적인 매체이다.

타악기 등을 이용하여 리듬활동을 함으로써 동작활동을 촉진시킬 수도 있다. 예를 들면 드럼, 탬버린, 우드블록, 캐스터네츠는 멈추기나 점핑하기에 이용될 수 있고, 탬버린, 마라카스 등을 흔들어 나는 소리는 작게 흔들리는 움직임과 흥분된 활동을 표현하는 데 유용하다. 심벌즈, 트라이앵글 등을 사용함으로써 에너지가 점점 증가하거나 감소하는 것, 또는 갑자기 움직임이 시작되거나 멈추기 등의 동작을 표현하는 데 효과적이다.

셋째, 교사는 영유아에게 가상으로 동작의 구성 요소에 제한을 두는 상황을 제시하여 영유아가 상상을 통해 창의적이고 다양한 움직임을 하도록 유도할 수 있다.

넷째, 교사는 창의적 신체표현활동 속에서 개별적 표현을 강조함으로써 영유아에게 동작의 기본 요소와 기본 동작을 이용하여 창의적 표현을 탐구하고 시도하는 것을 격려해야 한다.

다섯째, 교사는 다양한 생각을 이끌어 낼 수 있는 질문을 할 수 있어야 한다. 예를 들면, '우리 몸을 어떻게 움직일 수 있을까?', '우리 몸의 어떤 부분을 이용할 수 있을까?'와 같은 질문을 해 볼 수 있다.

여섯째, 교사는 영유아의 동작 표현에서의 진보를 파악하기 위하여 주의 깊은 관찰을 하여야 한다.

일곱째, 교사는 영유아가 표현한 동작과 생각에 대한 올바른 평가를 할 수 있어야 한다.

대체로 창의적 표현 동작하기는 음악의 요소에 맞추어 동작으로 표현해 보기와 주제를 중심으로 동작으로 표현해 보기, 그리고 이야기를 듣고 상상하여 동작으로 표현해 보기로 구분할 수 있다(이희자 외, 2007; 심성경 외, 2007).

❶ 음악의 요소에 맞추어 동작으로 표현하기

음악의 요소에 맞추어 동작으로 표현하기는 가령, '아기 코끼리의 걸음마'와 같은 음악을 듣고 빠르기 등의 음악적 요소에 따른 느낌에 초점을 두고 창의적으로 표현해 보는 활동을 들 수 있다.

영유아에게 동작은 그 자체만으로도 의미가 있으나 음악과 함께 경험을 하게 되면 걷기, 달리기, 미끄러지기 등과 같은 기본 운동 동작에 빠르게/느리게, 가볍게/무겁게, 크게/작게 등의 음악적 요소가 첨가되어 상호 보완적 역할을 하게 되므로 더 큰 의미를 갖게 된다. 또한 영유아는 자연스럽게 음악에 대한 반응을 창의적인 몸짓으로 표현함으로써 자신의 신체부분들, 정신, 감정과 기분들을 사용하고 통합하는 기회를 갖게 된다(Ririe, 1980). 예를 들어, 음악의 속도 변화에 따른 느낌을 리본 막대를 흔들며 표현해 보기, 바람에 따라 흔들리는 나뭇잎 표현해 보기, 자동차 바퀴가 되어 빠르게 또는 느리게 움직여 보기 등의 활동이 있다.

❷ 주제를 중심으로 동작으로 표현하기

주제를 중심으로 동작으로 표현하기는 한 가지 주제를 선정하여 그 주제에 맞는 표현을 창의적으로 해 보는 활동이다. 구체적인 노랫말이나 문학적인 이야기가 없더라도 즉, '~인 체하기', '~처럼 되어 보기'를 통해 신체를 다양한 방법으로 움직여 보는 동작이다. 이 활동은 주제에 대한 충분한 탐색 과정이 필요하다. 또한 주제에 대한 인식이 정확하고 다양할 때 영유아의 표현이 확장되기 때문에 교사는 발산적인 질문을 함으로써 영유아가 자신만의 표현을 찾아 다양하게 움직여 볼 수 있도록 돕고 영유아의 능동적이고 다양한 표현을 격려해 주어 영유아 스스로 문제를 해결할 수 있도록 지원해야 한다.

창의적 동작을 위한 주제를 선정할 때는 새롭고 낯선 주제보다는 영유아가 속해 있는 각 지역 사회, 시대, 문화적 특성에 맞는 친숙한 주제를 선정하는 것이 바람직하다. 왜냐하면 영유아는 자신들이 알고 있는 것을 선정할 때 더욱 주도적이고 능동적으로 동작을 표현하고, 확장하며 상상력을 발휘하여 창작활동을 할 수 있기 때문이다. 따라서 교사는 영유아에게 적합한 주제를 선정해야 하는 일이 무엇보다도 중요하다(홍용희 외, 1998).

❸ 이야기를 듣고 상상하여 동작으로 표현하기

이야기를 듣고 상상하여 동작으로 표현하기는 '곰 사냥을 떠나자' 등과 같은 짧은 이야기나 동시를 듣고 상상하여 표현해 보는 활동을 예로 들 수 있다.

김화숙(2006)은 영유아를 위한 동작교육은 정형화된 움직임의 반복 훈련보다는 즉흥표현과 상상표현이 이루어지는 창의적 동작활동이 바람직하며, 창의적 동작활동은 무용요소를 깨닫도록 돕는 신체·움직임의 탐색으로부터 시작하여 점차 즉흥표현(improvisation)과 상상표현(imagination)이 이루어져야 한다고 보았다.

동작에서 즉흥표현하기란 사물에 대한 감성을 즉각적이고 반사적으로 표현하는 것으로(김화숙, 1976), 영유아와 함께 전개해 볼 수 있는 즉흥표현하기 활동의 예를 들면, '동물' 주제 전개 시 교사가 들려주는 동물소리에 대한 영유아의 느낌이나 연상을 바로 즉흥적으로 표현해 보도록 하는 것이다. 동물 소리에 대한 즉흥표현 시 주의할 점은 영유아가 표현하는 동물이 꼭 들려준 소리와 맞아야 하는 것이 아니라 영유아가 느끼는 대로 창의적으로 표현해 보도록 하는 것이 중요하다. 즉, 영유아가 사자 소리를 듣고 강아지로 느꼈다면 영유아의 느낌이나 연상 그대로 표현하도록 한다.

상상표현은 즉흥표현의 다음 단계로서 이야기를 꾸며 동작으로 표현해 보는 것이다. 즉, 영유아가 주제를 상상하여 간단한 이야기(혹은 문장)를 춤으로 표현해 보는 단계이다. 상상을 통한 동작표현은 동작의 다양함이나 기술적 향상보다 창의적인 표현에 중점을 둔다(이춘희, 1999). 상상표현 활동하기에서는 영유아에게 '수족관의 물고기 되어 보기'와 같이 하나의 주제를 제시하여 충분히 상상하게 한 후 상상한 것을 마음껏 창의적 동작으로 표현해 보게 하는 것이 중요하다. 상상표현하기는 창의적 동작활동을 전개하기 전에 주제에 대해 충분히 상상할 시간을 가진다는 점 에서 즉흥표현하기와 차이가 있다.

영유아의 경우 즉흥표현보다 상상표현이 더 일반적인 창의적 표현 동작활동이라고 할 수 있다. 즉, 음악을 충분히 듣고 그에 대한 느낌과 상상을 표현해 보는 것이 영유아에게 기존 지식과 경험을 재구성해 볼 수 있는 기회를 제공한다는 점에서 전인교육으로서의 영유아교육의 본질에 더 적절한 교육적 경험이라고 볼 수 있기 때문이다. 그러나 영유아의 음악에 대한 민감성과 반응 능력, 동작에 대한 감각 및 순발력 발달을 돕기 위해서는 즉흥표현의 경험도 제공될 필요가 있을 것이다.

(3) 동작 감상하기

영유아는 자연, 예술품이나 자기 자신들의 작품들을 보고, 듣고, 즐기는 가운데 자연스럽게 아름다움을 느끼고 인식하고 이해할 수 있다. 예술 작품들은 주변 세계를 미학적으로 표현한 것으로서 우리 문화가 가진 가장 중요한 자원 중의 하나이다. 따라서 예술 작품을 감상함으로써 다양한 사회와 문화의 전통, 신념, 가치를 접하고 이해의 폭을 넓힐 수 있다.

영유아는 자신이나 다른 사람들의 작품에 대한 생각과 느낌을 나누고, 비교하고, 평가해 보는 과정에서 서로의 생각이나 표현 방법에 흥미와 관심을 가지게 되고 점차적으로 생각이나 표현의 차이를 이해하고 존중하는 태도를 가지게 되며 궁극적으로 심미감을 발달시키고 정서를 순화시킬 수 있다.

특히 영유아는 또래들과 함께 예술활동을 하는 동안 아이디어를 나누고, 다른 사람의 작품을 관찰하고, 자신의 생각과 느낌에 대해 이야기할 수 있는 기회를 많이 가질 수 있다. 예를 들면, 영유아는 예술 작품이 어떤 특성을 가지고 있는지, 어떻게 작품이 만들어졌는지, 작품에서 어떤 예술적 요소들을 찾을 수 있는지, 어떤 느낌이 드는지를 이야기하는 동안 감상의 내용을 구체화하고 명료화할 수 있다. 결과적으로 영유아는 생각 또는 느낌을 표현할 수 있게 되어 긍정적 자아 개념을 발달시킨다. 감상활동을 진행할 때 교사는 개별 영유아의 생각, 느낌, 의미 등을 보다 정확하게 이해하기 위해서, 또 필요시에는 집단에게 전달해 주기 위해서 영유아의 몸 움직임, 얼굴 표정, 눈빛 등에 주의를 기울이면서 이야기를 경청하고, 그들의 입장에서 듣고 이해하려고 노력해야 한다.

(가) 다양한 춤 감상하기

춤은 특별한 양식이 있는 움직임이라고 할 수 있다. 그러나 영유아가 신체로 표현할 때의 춤은 매우 단순한 움직임을 의미한다. 영유아를 위한 춤의 목적은 어른을 모방하는 '춤추는 인형'을 창조하는 것이 아니라, 영유아 개인에 의해서 창조된 움직임을 사용하고, 움직이는 것을 즐길 수 있는 영유아로 성장하도록 돕는 것이다.

즉, 영유아를 위한 동작교육은 동작을 하며 느끼는 즐거움과 성취감 획득에 중요성을 두어야 한다. 그러나 영유아가 자신의 신체를 이용하여 창의적으로 표현할 수 있도록 돕기 위해서는 영유아가 관심을 가질 수 있는 다양한 종류의 춤에 대한 영상 자료, 그림 자료 등을 준비하여 감상할 수 있는 기회를 줌으로써 각 춤의 특징적인 움직임이 무엇인지를 알아보고 움직여 보도록 하는 것이 필요하다. 좀 더 직접적인 방법으로는, 춤을 출 수 있는 사람이나 단체를 영유아교육기관으로 초청하여 감상할 기회와 직접 움직여 볼 수 있는 기회를 가지게 해 줄 수 있다. 감상을 위한 춤은 영유아의 운동능력이나 표현 능력보다 수준이 높아도 되며, 춤을 통해 춤 자체의 아름다움을 느낄 수 있는 것으로 다양하게 준비하여 제시하면 된다.

영유아는 동작활동을 마친 후에 어떤 느낌이 들었는지, 즐거웠던 점은 무엇인지, 어떤 의미가 있었는지 등에 대해 서로 진지하게 이야기를 나누게 한다. 영유아가 동작활동에 대한 생각과 느낌을 언어적으로 구체화시키는 작업은 반성적 사고를 자극하게 되고, 결과적으로 보다 성공적인 학습을 기대할 수 있다. 이와 같은 과정은 다양한 종류의 춤을 본 후에도 일어날 수 있는데, 자신이 감상한 춤에 대한 생각과 느낌을 언어로 표현해 봄으로써 자신의 생각을 구체화할 수 있는 기회를 가짐과 동시에 다른 사람과 자신의 생각과 느낌을 공유할 수 있게 된다.

(나) 예술적 표현 존중하기

자연과 사물 속에서 예술적인 요소를 탐색, 발견한 영유아는 음악, 동작, 미술활동을 통해 자신의 느낌이나 감정을 표현하고자 한다. 이러한 표현활동은 영유아에게 정서적 해방감과 만족감을 느낄 수 있게 해 주며, 특히 몸 움직이기, 다양한 미술활동하기, 느낌이나 생각을 자유롭게 그리기 등은 영유아의 부정적인 감정을 해소할 수 있게 해 주고, 그들의 감정을 창조적인 방향으로 전환할 수 있게 해 준다. 이 활동들은 음률 영역, 미술 영역, 극놀이 영역, 쌓기놀이 영역, 역할놀이 영역 등에서 실제 사물을 만져 보고, 소리나 음악을 들어 보고, 그 느낌에 따라 움직여 보고, 만들어 보고, 그려 보는 등 능동적 활동으로 이루어진다. 여러 영역에서 이러한 활동이 전개된 때는 영유아가 다른 영유아의 표현을 관심 있게 보고, 자신이나 다른 친구가 표현한 것들에 대해 소중하게 다룰 줄 아는 마음도 함께 가르쳐 주어야 한다.

동물원 견학을 다녀온 후 계획하는 활동으로, 예를 들면, 동물들의 움직임을 표현한다든지 음악을 듣고 생각나는 동물의 움직임을 표현해 볼 수 있을 것이다. 다른 친구들이 표현할 때 관심과 흥미를 가지고 지켜보도록 유도하고, 움직임에 맞추어 리듬 악기를 연주하도록 할 수 있다. 활동을 마친 후에 각각의 표현에 대해 이야기를 나누면 간접적으로 참여하게 한다. 그리고 좀 더 다양하고 창의적인 방법으로 표현할 수 있는 활동을 제공하고, 다른 친구의 표현과 다른 방법을 생각해 낼 수 있도록 장려한다.

(다) 전통 예술 감상하기

영유아기는 우리의 전통 예술과 친숙해지느냐 아니면 무관심하게 되느냐가 결정되는 중요한 시기이다. 유치원에서도 연중 우리의 문화를 접할 수 있는 환경을 마련해 주고 활동을 제공해 주어야 한다. 예를 들면,

우리 고유의 물건들을 항시 전시하는 영역을 마련해 주어 이러한 물건들의 이름과 용도를 알게 하고 친밀감을 가지도록 해 준다. 일상적으로 우리의 가락을 소개하고, 춤을 소개하고, 우리의 물건 만들기를 통해 우리의 것에 대한 긍정적인 경험이 쌓이도록 해 준다.

예를 들면, 우리 가락과 상모, 한삼, 부채를 준비해 두면 그 가락에 맞추어 춤을 출 수 있다. 민속악 장단 중 비교적 영유아에게 적합한 세마치장단, 굿거리장단, 자진모리장단에 맞추어 손뼉 치기, 발구르기, 무릎치기 등 신체를 이용함으로써 우리의 장단과 친숙해지도록 할 수 있다.

4 영유아 동작교육의 내용조직

동작교육의 내용은 동작의 기본요소를 탐색하는 동시에 동작교육의 내용이 고루, 균형 있게 반영되어야 한다. 뿐만 아니라 동작교육의 내용은 영유아교육기관에서 운영하는 전체 교육과정의 주제를 중심으로 통합적으로 조직할 수 있어야 한다. 이때 영유아의 흥미, 경험, 발달 수준에 맞는 내용을 선정하는 것도 매우 중요하다.

한편, 영유아교육기관에서 한 가지 주제에 대한 여러 영역 간의 연관성 있는 교육활동의 계획과 전개는 통합적 교육과정 운영에 필수적인 것이다.

1) 통합적 접근 방법

통합적 접근이란 발달이 진행 중인 영유아 및 영유아의 전인적 발달을 꾀하기 위해 여러 학문이나 발달 간에 연계를 갖고 다방면의 내용을 통합하여 교육적 경험을 갖게 하는 것으로 동작교육에 있어서는 중요한 의미를 지닌다.

특히 성장기에는 성장 발달에 필요한 영양소를 골고루 섭취해 주듯이 교육내용도 한쪽으로 치우지지 않도록 생활 주변에서부터 시작하여 시공간을 초월하는 미지의 세계까지를 다양한 측면으로 접근해 보는 방법은 미숙한 단계에 있는 영유아에게 교육적 효과가 클 것이다.

(1) 통합적 접근의 개념

통합적 접근이란 영유아의 전인적 발달을 위해 여러 학문 간 혹은 발달영역 간, 그리고 활동 간의 내용을 통합하여 교육적 경험을 갖게 하는 것으로(이은화, 1995), 이 방법은 교과 과제의 경계에 얽매이지 않고 학습한 내용들을 내부에서 의미 있게 관련시키고 통합하는 데 적절한 것으로 보고되고 있다.

따라서 동작활동도 그 자체에만 목적을 두는 것이 아니라 전체 영유아 교육과정과 통합적으로 이루어질 때 그 효과를 거둘 수 있다.

통합의 원리란 영역별 교육 내용, 교육활동 영역, 학교와 지역사회가 각각 서로 분리되지 않고 연결되어 다루어지는 것을 말한다. 발달영역 간의 통합은 영유아의 전인적 발달을 위하여 신체, 언어, 인지, 정서, 사회성 발달영역의 교육 내용들이 한 활동에 서로 통합되는 것이다. 활동 영역 간의 통합은 여러 활동 영역이 영유아가 계획한 활동에 의하여 서로 연결되어 통합되는 것을 뜻한다. 학교와 지역 사회의 통합은 견학이나 자원 인사를 초청하여 유치원 안팎의 경험이 통합되는 것을 의미한다.

페인과 링크(Payne & Rink; 김은심 역, 1999)는 주제를 중심으로 또는 교과 영역을 중심으로 영유아 신체 활동이 통합적으로 운영되어야 함을 강조하였다.

주제 중심의 통합(integrated around a theme)은 기술 주제 간의 통합과 단원 중심의 통합, 두 가지 형태로 나누어 볼 수 있는데 기술 주제 간의 통합은 동작 기술을 다양하게 수행하도록 하기 위한 것으로 같은 이동 기술(예: 걷기)을 다양하게 변화를 주며(예: 몸을 높게 하고 빠르게 걷기, 몸을 크게 만들며 느리게 걷기) 움직이도록 하는 것이다. 이를 위해 동작의 기본 요소와 기본 동작 중 선정된 내용을 영유아가 변형하여 실행할 수 있도록 다양한 통합방법을 제시해 주거나 스스로 발견하도록 한다. 한편 단원 중심의 통합은 영유아교육기관에서 진행 중인 단원 혹은 주제 중 표현이 용이한 내용을 선정하여 신체 활동과 통합하는 것이다. 예컨대, 지역사회라는 단원에서 소방관 아저씨라는 주제를 선정한 후 이를 동작활동과 통합하기 위해서 불이 어떻게 움직이는지, 불이 움직이는 것처럼 하려면 어떻게 움직이면 되는지, 불에 소방관 아저씨들이 물을 끼얹으면 어떻게 되는지 등에 대해 이야기 나눈 후 이를 표현하기 위해서 속도, 바닥의 형태 및 방향에 변화를 주며 표현해 보도록 하는 것이다.

교과 영역의 통합(integration of other areas into movement education)은 다른 영역에서 다루기 어려운 기본적인 개념을 가르칠 때 신체를 활용함으로써 통합적 운영이 용이하게 이루어질 수 있다. 이러한 기회를 통해 영유아는 자신의 생각을 창의적으로 표현할 수 있을 뿐만 아니라 문제해결 기술을 발달시킬 수 있게 된다.

(2) 동작활동의 통합적 접근

동작활동에 있어서의 통합의 의미는 여러 가지로 설명될 수 있겠으나, 여기에서는 동작활동과 다른 활동 간의 통합, 동작활동과 타 예술활동 간의 통합, 동작활동의 심화·확장으로서의 통합 등의 세 가지를 중심으로 설명하기로 한다.

(가) 동작활동과 다른 활동 간의 통합

영유아 교육과정은 주제를 중심으로 여러 교과 및 생활 영역이 통합되어 운영되므로 동작활동도 다른 교과 영역과 연결되어 이루어질 수 있다. 일반적으로 영유아 교육과정에는 7가지 영역–미술, 음악, 동작, 언어, 수학, 과학 및 사회–에 대한 경험을 포함시키고 있다(김은심, 2004).

따라서 이들 영역과 동작활동을 통합시킴으로써 영유아의 발달에 적합한 교수활동이 이루어지도록 할 수 있다. 이는 미술, 음악, 언어, 수학, 과학 및 사회와 동작활동을 통합시키는 방법과 한 가지 주제를 중심으로 모든 영역의 경험을 통합시키는 방법으로 나누어 설명할 수 있다.

우선 동작과 미술, 음악, 언어, 수학, 동작과 과학이나 사회 영역을 통합하는 방법의 예를 들면 다음과 같다. 우선 동작과 언어를 통합하는 활동으로는 몸이나 신체 부분을 이용하여 혼자 혹은 짝과 함께 글자 모양을 만들어 보는 활동에서부터 음절에 맞게 박수치기, 영유아가 좋아하는 동시에 맞추어 손유희하기, 영유아가 좋아하는 동화의 등장인물의 움직임을 상상하여 표현하기 등의 활동을 할 수 있다. 여기에 음악적인 요소까지를 첨가시키면, 더욱 다양한 활동이 될 수 있는 것이다.

예를 들어, '잭과 콩나무' 동화를 듣고, 콩줄기를 타고 잭이 올라가고 내려오는 것을 악기(예: 실로폰)를 통해 표현하며, 올라가는 동작과 내려오는 동작을 신체로 표현해 보거나 잭과 거인의 발자국 소리의 차이를 북소리로 표현해 보고, 소리에 맞추어 걸어 보는 등의 활동을 할 수 있다.

동작과 수학을 통합한 활동의 예는 영유아가 일상 생활에서 자주 접하게 되는 수학적 개념(수량, 수의 인식, 기초적인 기하학, 더하기와 빼기 등)에 대한 이해를 신체로 탐색해 보는 것으로 시작할 수 있다. 신체를 이용하여 크고·작고, 길고·짧고, 높고·낮고, 넓고·좁고, 가장 높고·가장 낮고 등의 개념을 표현해 보도록 할 수 있으며, 소도구를 이용하여 위·아래·옆 등의 위치적인 개념을 이해시킬 수 있다.

'일곱 번 뛰기'나 혼자 혹은 친구와 함께 신체 부분이나 신체로 숫자의 형태를 만들어 보도록 함으로써 숫자 인식을 도와줄 수 있다. 신체나 신체 부분으로 다양한 모양의 선, 원·사각형·삼각형의 모양을 만들어 볼 수 있다. '황금거위' 동화를 듣고, 등장 인물이 점점 늘어나면서 함께 걸어가는 활동을 해 볼 수도 있다.

동작과 과학을 통합한 활동의 예는 매우 다양하다. 특히 동물과 같은 주제는 영유아에게 대단히 매력적인 주제이다. 단순히 동물이 되어보는 데 그치지 말고 영유아가 동물의 특성을 좀 더 구체적으로 탐색하고 토의하도록 하는 것이 필요하다. 예를 들어, '고양이는 천천히 조용히 움직인다. 이렇게 천천히 조용히 움직이려면 어떻게 근육과 발을 사용해야 할까?', '꼬고, 뻗고, 둥글게 만들려면 어떻게 움직여야 할까?' 등의 질문을 통해 구체적인 탐색의 기회를 제공하는 것이 필요한 것이다. 바퀴, 세탁기, 진공청소기, 믹서와 같은 가정용 기계의 움직임을 묘사해 볼 수도 있다. 비눗방울, 그림자, 자석, 나비 등과 같이 영유아가 흥미 있어 할 수 있는 모든 주제가 동작활동과 연관되어 이루어질 수 있다.

동작과 사회 영역을 통합하기 위해서 영유아 자신의 감정의 인식과 표현에서부터 출발하는 것이 좋다. 가족과 친구의 개념이 첨가될 수 있으며, 특별한 날(예: 크리스마스, 생일), 직업, 교통 기관, 세계 여러 나라 등도 동작활동과 관련하여 이루어질 수 있는 주제들이다.

한 가지 주제를 중심으로 모든 영역의 경험을 통합시키는 방법의 예는 그림 3-2와 같다.

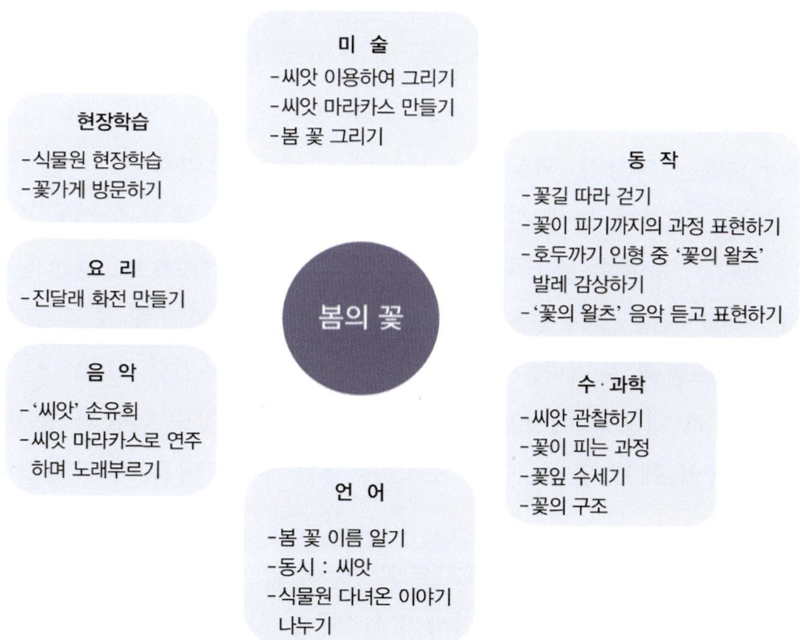

그림 3-2 주제의 통합적 활동 구성의 예

(나) 동작활동과 타 예술활동 간의 통합

상징적 체계를 이용하여 영유아가 자기 표현을 하는 예술 영역에는 동작뿐 아니라 음악, 극화하기, 미술 등이 포함된다. 영유아는 자신의 생각과 느낌을 언어가 아닌 비언어적인 수단으로 더욱 잘 표현할 수 있으므로 음악, 미술, 동작, 문학 등의 예술 영역은 영유아의 창의적 사고 및 표현을 자극해 주며 정서적인 안정감을 제공해 줄 수 있는 것으로 평가되고 있다. 특히 영유아기의 음악, 미술, 동작 발달은 각각 분리되어 진행되기보다는 서로 연관되어 다른 영역의 발달에 영향을 끼치거나 다른 영역의 발달로 인해 영향을 받으며 점진적으로 세련된 표현이 이루어질 수 있다.

음악, 미술, 동작, 문학 활동은 네 가지 활동이 통합적으로 이루어질 수 있으며, 두 가지 혹은 세 가지 활동이 통합적으로 이루어질 때 더 효과적일 경우가 있다(류지후 외, 2001).

예를 들면, 동작과 미술을 통합하기를 어린아이들에게는 직선과 곡선과 같이 단순한 비교를 신체로 표현해 보도록 할 수 있다. 직선 형태의 물건을 몸으로 표현해 보게 하거나, 둥근 물건을 보여주고 신체로 그 모양을 그대로 만들어 보도록 하는 것과 같은 활동을 할 수 있다. 좀 더 나이든 유아에게는 다양한 색상의 물건이나 그림을 보여주고 각 물건의 형태를 몸으로 표현해 보게 한 다음, 교사가 제시하는 색의 물건을 상상해 보고, 신체로 표현해 보도록 할 수도 있다(예: 초록색 카드를 보고 생각나는 '개구리'나 '나무' 등의 모습을 신체로 표현해 본다). 다양한 촉감의 물건을 보고 그 느낌을 신체로 표현해 보거나, 이야기를 듣고 들은 이야기를 그림으로 그린 후 그 그림의 내용을 바탕으로 춤을 추도록 하는 것도 미술과 동작을 통합하는 방법의 예가 될 수 있을 것이다. 생활 주제 '여름'이 진행될 경우 '무지개 물고기' 동화를 들은 후, 미술 활동에서 무지개 물고기를 만들고 꾸민다. 음악 활동으로 슈베르트의 '송어'를 감상한 후, 이에 맞추어 움직여 보고 그 느낌이나 '뒷이야기'를 지어 음악극을 함으로써 활동을 통합·확장할 수도 있다.

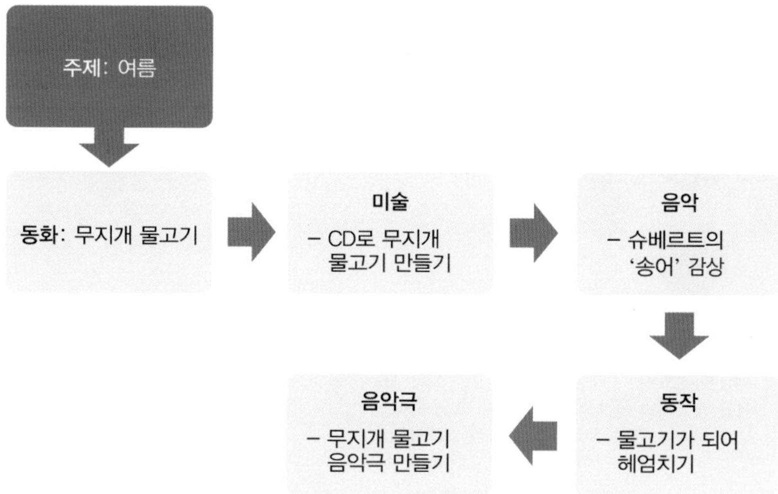

그림 3-3 **동작활동과 타 예술 활동 간의 통합의 예**

(다) 동작활동의 심화 · 확장으로서의 통합

예술은 크게 감상과 표현의 두 가지 측면으로 대별될 수 있다. 따라서 예술 영역 내의 통합이란 이들 두 가지 영역을 활동 내에 통합하는 것을 의미한다. 동작활동에 있어서 동작 감상(춤의 감상)과 동작 표현은 대개 분리되어 이루어지는 경향이 있다. 그러나 이들 두 영역은 모두 동작교육에 균형을 이루어 경험되어야 할 중요한 요소인 것이다. 물론 동작 표현 영역에서도 동작의 기초 영역과 응용 영역의 통합의 중요성은 연구자들이 그 중요성을 입증한 바 있고(김은심, 1995a), 기술 주제와 문화적 주제 등의 동작교육 내용에 있어서의 하위 요소들이 통합되어 진행되어야 하겠지만, 감상 활동과 표현 활동의 균형을 이루는 것이 영유아교육에 있어서는 대단히 시급한 문제라 생각된다.

유치원 교육과정에서도 표현 활동의 구성 요소로 '탐색', '표현', '감상' 활동을 제시하고 있으며, 이들을 각각 개별적 활동으로 분리되어 제시한 것이 아니라 통합적으로 심화되어 이루어지도록 권장하고 있다.

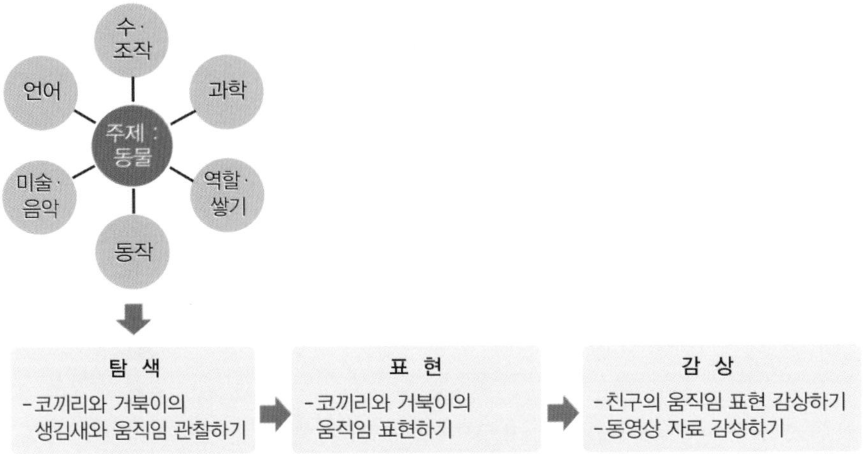

그림 3-4 **동작활동의 심화·확장으로서의 통합**

04 C·H·A·P·T·E·R

영유아 동작 교수-학습방법 및 평가

1 동작교육의 교사 역할 및 환경구성

1) 영유아 동작교육을 위한 교사의 역할

(1) 교사의 역할

많은 교사가 일과 계획에 동작활동을 집어넣는 것을 주저한다. 이것은 동작활동을 실시할 때 흔히 발생될 수 있는 혼란스러운 장면이 마음 속에 떠오르기 때문일 것이다. 실제로 동작활동은 상당히 많은 에너지를 방출해 낼 수 있는 시간이며, 만약 교사가 모든 가능성을 예측하고, 이들을 다루는 방법에 대한 아이디어를 가지고 있지 않다면, 활동 시간은 분명 소란하고 걷잡을 수 없게 될 것이다.

체리(Cherry, 1971)는 유아가 충분히 쉬었을 때, 그리고 다른 활동으로 인해 지나치게 흥분하지 않았을 때 동작활동을 계획하기를 권한다. 휴식

시간이나 이야기 시간(동화 듣기)에 이어서 동작활동을 하거나, 혹은 아침 등원 후에 간단하게 동작활동을 할 경우 성공할 확률이 높다. 동작활동을 성공적으로 실시하기 위해 사용할 수 있는 몇 가지 방법을 제시하면 다음과 같다(김은심, 2004).

(가) 규칙세우기

긍정적인 학습 환경을 창조하고 유지하기 위해서 규칙을 세우는 것이 중요하다. 영유아는 규칙과 안내(지침)가 필요하며, 일단 규칙이 설정 되면, 영유아에게 지속적으로 규칙을 따르도록 하여야 한다. 영유아를 위한 대부분의 규칙은 안전과 관련이 있으므로(Essa, 1995), 처음부터 교사는 어떠한 지침이 영유아의 안전을 유지하는 데 필요할 것인가를 결정하여야 한다. 또한 영유아와 함께 동작활동 시간에 필요한 규칙을 설정할 수도 있다.

다음의 두 가지 규칙은 모든 동작교육 프로그램을 실시할 때 반드시 필요하다.

❶ 다른 사람의 개인 공간을 존중하기

영유아는 서로서로 부딪치며 놀이하는 것을 즐기는 경향이 있기 때문에 어린 영유아에게는 이 규칙을 실행하는 것이 어려울 수 있다. 그러므로 영유아에게 서로서로 충돌하거나 훼방을 놓는 행동을 피하도록 하는 것이 우선적인 과제이다.

개인 공간을 이해시키기 위한 활동을 실시함으로써 충돌하거나 훼방을 놓는 행동을 하는 것을 사전에 방지할 수 있다. 또한 모든 동작활동 수업의 처음에 영유아에게 스스로 균등하게 일정한 간격을 유지하도록 요구한다. 이것을 긍정적으로 설명하고 싶다면 “서로에게 충분한 공간을 주도록 하자.” 혹은 "친구가 충분히 움직일 수 있도록 넓게 서 보자.”라고 말할 수 있다. 그리고 교사는 동작활동 시간을 시작할 때마다 영유아에게 공평하게 공간을 차지하도록 함으로써 이런 목적을 달성할 수 있다. 또는 개인용 카펫이나 후프를 이용할 수도 있는데, 영유아가 커다란 비눗방울에 둘러싸여 있다고 상상하도록 함으로써 개인 공간을 인식시킬 수 있다. 조용히 서 있거나 이리저리 움직일 때도 영유아가 다른 비눗방울을 터트리지 않도록 주의하며 움직여 보는 활동을 통해 개인 공간을 인식하는 데 도움을 준다.

❷ 가능한 한 소음을 내지 말고 참여하기

이것은 동작활동이 침묵 속에서 이루어져야 한다는 것을 뜻하는 것은 아니다. 그러나 교사는 가급적 언성을 높이지 말아야 하며, 과제, 지시, 추후 질문을 듣게 하기 위해 소리를 질러서도 안 된다.

영유아가 멈추어 서고, 교사를 보고, 교사의 말을 듣는 것에 대한 신호를 만들어서 이런 목표를 달성할 수 있다. "활동을 멈추고, 나를 보고, 다음에 무엇을 할지 들어보자." 손가락 두 개를 공중으로 치켜 올리거나 혹은 스포츠의 타임 아웃 신호, 인형이나 스카프와 같은 자료를 보이는 것처럼 영유아가 주목할 수 있는 신호 혹은 손뼉, 트라이앵글, 북을 세 번 치기 등과 같이 영유아가 들을 수 있는 신호를 정한다. 일반적으로 호루라기는 너무 시끄러우며, 군사적 의미가 있기 때문에 적당하지 않다. 교사의 목소리도 영유아에게 너무 익숙하기 때문에 효과적이지 못하다.

신호를 선택하면, 보거나 들은 후 2~4초 내에 영유아가 멈추고, 보고, 듣도록 강조한다. 그리고 교사는 가능하면 한 번만 신호를 제공한다.

영유아는 일반적으로 자신들에게 기대되고 있는 것이 무엇인지를 알고, 자신에게 그 규칙이 의미 있는 것이라면 규칙을 따르고자 하는 경향이 있다. 영유아에게 규칙이 무엇인지를 단순히 말로만 하지 말고 왜 규칙이 필요한지 영유아에게 이야기해 주거나, 영유아와 함께 규칙을 만드는 것이 좋다.

여전히 다른 영유아를 방해하면서 과행동을 하는 영유아가 있다면 그 영유아에게 옆에서 관객 흉내를 내보자고 한다. "우리와 함께 할 준비가 되면 선생님께 알려주렴."이라고 말해서 그 영유아에게 활동에 다시 합류할 때를 자신이 정하게 한다. 그 영유아가 교사의 요청에 의해서 옆에 있든지 혹은 자신이 참여하기 싫어서 옆에 있든지 그 영유아에게는 보는 것만 허락한다.

(나) 한계/경계 설정하기

영유아가 다른 영유아를 방해하거나 혹은 상해를 가하지 않게 하려면, 동작활동 공간은 개방적이고 정돈되어 있어야 한다. 넓은 체육관이 동작활동을 위한 이상적인 장소이기는 하지만, 그런 공간이 항상 이용할 수 있는 곳은 아닐 것이다.

만약 교실에서 활동을 한다면, 그 공간은 미리 준비되어야 하며, 확실하게 경계를 규정 지어 놓아야 하며, 이때 영유아가 공간 준비를 할 수 있도록 한다.

체육관이나 아주 큰 교실을 이용할 때는 경계 설정을 할 필요가 있다. 마스킹테이프, 로프, 플라스틱 원뿔 등을 사용하여 경계선을 설정함으로써 영유아가 교사로부터 멀리 떨어져 활동하는 것을 예방할 수 있다.

(다) 긍정적인 과제 사용하기

교사가 제시한 과제를 영유아가 잘 해낼 수 있다고 생각하면, 영유아는 그만큼 잘 해낼 수 있다. 예를 들어, '~하기 위한 4가지 방법을 찾아보자'라는 것은 영유아가 반응할 수 있는 여러 가지 방법을 찾아낼 수 있다는 것을 가정하는 것이다. 이와 비슷하게, '~하는 것을 나에게 보여달라'고 하는 것은 영유아가 할 수 있다는 것을 교사가 알고 있음을 암시하는 것이다. 반대로, 만약 '~할 수 있겠니?'라고 질문하면서 과제를 제시하는 것은 교사가 어떤 한 가지를 선택하였다는 것을 암시하는 것이며, 대부분의 영유아는 '아니요'라고 대답하게 될 것이다.

또한 영유아는 자신의 능력을 교사에게 자랑해 보이는 것을 좋아한다. 그러므로 만약 교사가 '너희들이 ~하는 것을 보여줘' 혹은 '너희들이 ~할 수 있다는 것을 보여줘'라는 문구로 과제를 소개한다면, 영유아는 자신이 할 수 있는 것을 교사에게 보여주려고 할 것이다. 긍정적인 과제를 제시하는 것은 간단한 기술이지만 그 효과는 대단히 크다.

(라) 창의적으로 수정해 주기

부정확하게 반응하는 영유아(예: 과제는 스킵을 하는 것이었으나 앙감질을 했을 때)를 골라내는 것은 당혹감을 불러일으킬 수도 있으나, 교사가 영유아의 잘못된 반응을 무시해버린다면 영유아의 발전을 도울 수 없게 된다.

따라서 ① 정확하게 반응한 영유아의 시범을 보여주거나 ② 스킵과 앙감질의 차이를 설명해 주거나 ③ 계속되는 다른 기회에 과제를 다시 제시해 주어야 한다. 만약 같은 영유아가 계속해서 틀리게 반응한다면, 교사는 주의를 요구해야 할 부분을 변경하여야 한다.

영유아의 창의성과 자기 표현력을 방해하지 않는 것이 중요하다. 예를 들어 영유아에게 새로운 단어들로 노래를 만들어 내도록 요청할 때(개사하도록 할 때), 운이 맞지 않고 멜로디에 어울리지 않는 것들이라 할지라도 받아들여 주어야 하는 것이다. 영유아가 만든 가사를 수정하고 조절하는 것은 영유아의 제안을 무효로 만드는 것이 될 것이며, 성인의 중재 하에서만 성공할 수 있다는 생각을 심어주게 될 것이다.

설리반(Sullivan, 1982)은 높은 모양을 만들어 내는 과제에 테이블 위로 기어 올라감으로써 반응을 보인 영유아의 독창성을 무시하기보다는 오히려 교사가 그러한 동작을 인정하였음을 보여준 뒤, 다음번에 지시할 때는 '바닥에 두발을 붙이고…'라는 말을 덧붙임으로써 영유아의 성공을 도와줄 수 있음을 제시하고 있다.

(마) 솔직한 칭찬과 긍정적인 강화 사용하기

영유아를 자유롭게 칭찬하되 칭찬받을 만할 때만 칭찬한다. 칭찬이 진심이 아니라면 영유아에게 아무런 의미를 주지 않는다. 반면, 지나친 칭찬은 자긍심 유지를 위해 매일매일 더 많은 칭찬이 필요한 칭찬 중독의 영유아를 만들 수 있다(Miller, 1995).

밀러는 거짓된 칭찬과 등급 판정(value judgement)을 내리는 대신 인정(recognition)과 격려(encouragement)를 사용할 것을 제안하고 있다. 영유아가 보이는 반응을 존중하고 열성적으로 묘사해 줌으로써, 영유아를 인정하고 독창적인 해결법을 격려할 수 있다.

(바) 목소리를 도구로 사용하기

이것은 간단하면서도 매우 효과적인 방법이다. 영유아가 천천히 움직이기를 원한다면 천천히 말한다. 영유아가 조용히 움직이기를 원한다면 조용히 말한다. 높은 목소리보다 낮은 목소리로 말함으로써 영유아의 주의를 끌고 이를 유지할 수 있다. 영유아는 고함보다는 속삭임에 훨씬 더 잘 반응하기 때문이다.

영유아에게 도전거리를 제안할 때 열성적이고 적절한 얼굴 표정을 사용하여야 하지만, 이러한 음색을 지속할 때 영유아가 과도하게 자극받게 될 것이라는 사실 또한 명심해야 한다. 또한 영유아의 이름을 자주 불러준다. 영유아의 이름은 특별하다. 어른이 자신의 이름을 긍정적인 방법으로 부르는 것을 들을 때 그 영유아는 인정받고 있음을 느끼게 되며 자신감을 가지게 된다(Essa, 1995).

(사) 친숙한 이미지 사용하기

4세 유아에게 분노한 것처럼 혹은 환멸을 느낀 것처럼 걸어보라고 한다면 아마 아무런 반응도 얻지 못할 것이다. 그렇지만 몹시 화난 것처럼 혹은 슬픈 것처럼 걸어보라고 한다면 유아는 쉽게 반응할 수 있다. 이는 모든 4세 유아가 이런 감정들을 느껴 보았기 때문이다. 취학 전 유아와 '동물처럼 걷기'활동을 하기 위해서는 개미핥기보다는 코끼리를 선택하는 것이 좋다.

그러나 영유아에게 묘사하도록 요청하는 모든 대상, 생물, 상황을 영유아가 개인적으로 친숙하게 알고 있어야 함을 뜻하는 것은 아니다. 영유아는 달에서 무중력 상태로 걷는 것처럼 하는 것을 좋아하는데 이는 그들이 이런 장면을 TV나 영화로 보았기 때문이고, 책에서 보았거나 교사와 이것에 관해 이야기를 나누어 보았기 때문이며, 또한 그들이 멋지고 생생한 상상력을 가지고 있기 때문이기도 하다. 그러므로 영유아에게 개인적으로 친숙하지 않은 이미지를 사용하고자 한다면 먼저 제시하고자 하는 대상에 친숙해지도록 해야 한다.

(아) 영유아의 에너지 수준 모니터하기

동적인 활동과 정적인 활동을 번갈아 함으로써 영유아가 너무 들뜨거나 지치는 것을 막을 수 있다. 설리반(Sullivan, 1982)은 어려운 동작과 쉬운 동작, 근육을 긴장시키는 동작과 긴장을 이완시키는 동작, 큰 동작과 작은 동작 등 모든 영유아를 참여시킬 수 있는 여러 가지 대비되는 동작을 제안하고 있다. 또한 영유아를 진정시키는 효과를 얻을 수 있는 방법으로 영유아에게 바닥에 꼼짝하지 않고 있기, 바닥으로 무너져 내리기, 바닥에 앉기 등의 활동을 제안하고 있다.

서로 대조되는 활동하기, 과도한 에너지를 대근육 운동으로 바꾸기(Cherry, 1971), 초보적인 기술을 사용하기, 영유아가 피곤한 표시를 보일 때 즉시 멈추기 등을 미리 계획함으로써 영유아가 지쳤을 때 활동을 효율적으로 마무리할 수 있다.

(자) 유연성 발휘하기

교사는 수업이 사전에 계획한 그대로 진행되는 것만은 아니라는 것을 인식하고 있어야 한다. 예를 들어, 영유아의 에너지 수준을 지켜보면서 교사는 사전에 세운 수업계획을 정적이거나 동적인 활동으로 바꿔야 할 때가 있을 것이다. 혹은 어떤 수업 시간에는 교사가 계획한 활동에 영유아가 전혀 흥미를 느끼지 못하여 즉석에서 대안을 세우거나 완전히 다른 수업으로 전이시켜야 할 수도 있다. 또한 영유아는 교사가 도저히 생각해낼 수 없는 자신만의 멋진 생각을 가지고 있기도 하다. 때때로 영유아가 제안하는 그러한 가능성을 탐색하는 융통성을 발휘한다면, 그 수업은 영유아에게 개인적으로 의미가 있는 것이 될 뿐 아니라 자신의 창의적인 능력에 더 큰 자신감을 가지게 될 것이다.

(차) 개방적인 분위기 만들기

동작활동을 진행할 때, 교사는 가능한 한 영유아가 자신의 생각이나 느낌을 나타내기에 편안하고 개방적인 분위기를 형성하는 것이 중요하다. 폐쇄적이며 긴장되어 있는 상태에서는 상상적 표현이 어렵기 때문에 영유아가 자유롭게 느끼고 잠재적인 능력을 발휘할 기회를 갖도록 격려해야 한다. 다음은 영유아가 자유롭게 자신의 생각을 표현할 수 있는 분위기를 조성하기 위해 교사가 가져야 할 태도에 대한 것이다.

- 영유아가 만드는 소음과 어지러운 교실에 대해 수용적인 태도를 가져야 한다.
- 교사는 인내심과 융통성을 갖고 영유아 스스로 생각하고 느끼고 탐색할 수 있는 충분한 기회와 시간적 여유를 주어야 한다. 예를 들어, 문제해결적인 동작활동에서 교사가 그 해답을 알고 있더라도 영유아 스스로가 발견하도록 기다려 주어야 한다.

- 교사는 영유아의 세계를 이해하고 영유아가 보는 것을 보며 영유아가 알고자 하는 것을 알아 그들의 세계에 몰입해야 한다.
- 영유아가 창의적인 표현을 할 수 있도록 적극 장려하여야 하며, 조금이라도 다른 표현을 하였을 경우 격려해 준다. 또한 교사 자신도 창의적이 되도록 노력하고, 영유아와의 상호작용 시에, 풍부하고 적절한 어휘를 사용하도록 한다.
- 신체의 어떤 한 부분으로 혹은 신체의 모든 부분으로 적절히 표현할 수 있도록 한다.
- 영유아의 활동을 주의 깊게 관찰하고 적절한 자극을 주어 격려, 재반응하게 한다.
- 다른 영역과의 논리적인 연결을 갖고 통합적으로 운영한다.
- 모든 영유아가 각기 다른 특성, 능력을 가진 존재라는 것을 항상 인식한다.
- 소극적이거나 참여하지 않는 영유아에게는 세심한 배려를 해 주어야 하며, 영유아가 모두 골고루 참여하여 성취감을 느낄 수 있는 활동을 다양하게 준비한다. 활동에 참여할 준비가 되어 있지 않은 영유아를 억지로 참여시키기보다는 그룹에 참여할 준비가 될 때까지 잠시 구경하도록 한다.
- 영유아로 하여금 다른 영유아의 표현을 잘 관찰하도록 한다. 자신과 다르게 표현하는 영유아의 모습을 관찰하도록 함으로써 다양한 표현 기법을 알 수 있고 감상의 태도도 기를 수 있다.

(2) 영유아 - 교사 상호작용

(가) 영유아 - 교사 개입 유형

영유아는 성인을 포함한 다른 사람과의 관계를 통해 학습하게 되므로 영유아를 위한 교수-학습에서 상호작용 기술은 아주 중요하다. 영유아

교수방법은 오랫동안 영유아 중심과 교사 중심으로 양분되어 왔다. 그러나 영유아를 위한 적합한 교수방법은 단순하게 두 가지 전략으로 이루어지는 것이 아니라 상황에 따라 복합적인 상호작용으로 접근하는 것이 바람직하다. 브레데캠프와 로즈그랜트(Bredekamp와 Rosegrant, 1995)는 교사의 개입 정도에 따라 비지시적 유형부터 지시적 유형까지 제시하였다. 가장 비지시적인 유형에서부터 지시적인 유형으로 나열하면 표 4-1과 같다.

표 4-1 교사의 교수 행동 연속체

비지시적(nondirective)			중재적(meditating)			지시적(directive)	
인정하기 (acknowledge)	모범 보이기 (model)	촉진하기 (facilitate)	지원하기 (support)	지지하기 (scaffold)	함께 구성하기 (co-construct)	시범 보이기 (demonstrate)	지시하기 (direct)

출처: 교육부(2000).

표 4-1에서 제시한 8가지 교수 전략은 교사의 중재 정도에 따라 지시적 형태에서 비지시적 형태의 성격을 갖는다. 교사의 교수법은 학급의 여러 상황에 따라 달라질 수 있으므로 여러 유형 중에 어떤 방법이 가장 이상적이라고 보기는 어렵다. 따라서 이들 중 어느 한 유형에만 의존하지 말고, 적절한 교수방법을 적용하는 능력을 발휘해야 한다.

❶ 인정하기

어떤 활동에서 영유아의 참여가 지속되도록 주의를 기울이거나 긍정적 격려를 하는 것이다. 영유아를 인정한다는 것은 영유아로 하여금 즐겁게 활동에 참여하도록 격려해 주거나 영유아의 활동을 존중해 주고 칭찬하는 것이다. 그러나 칭찬이 지나치면 활동 과제에 대한 동기를 약화시킬 수도 있다. 따라서 적절한 수준의 인정이 중요하다. 예를 들면, “두 팔을 쫙 펴고 크게 흔드는 모습이 아주 커다란 나비의 모습 같더라.”, “다리를 쭉 뻗고 좌우로 흔드는 모습이 정말 미꾸라지가 움직이는 모습 같구나."와 같이 활동 상황에 근거해 긍정적으로 격려해 주는 것이 좋다.

❷ 모범 보이기

모범 보이기는 암시적인 측면과 명시적인 측면으로 나누어 볼 수 있다. 암시적인 모범 보이기는 지시적 성격을 띠지 않는데 비해, 명시적인 모범 보이기는 다소 지시적일 수 있다. 예를 들어, 동작활동에 영유아가 적극적으로 참여하는 모습을 원하는 교사는 가만히 앉아서 언어적으로만 제시하지 않고 적극적으로 함께 움직일 것이며, '미꾸라지는 어떻게 움직일까'라는 동작활동을 하기 위해 영유아가 미꾸라지처럼 어두운 색의 옷을 입고 오기로 했다면, 교사 역시 어두운 색의 옷을 입고 활동을 진행함으로써 암시적으로 모범 행동을 보일 수 있을 것이다. 이러한 교사의 모델 보이기는 잠재적 교육 효과를 가져온다.

❸ 촉진하기

촉진하기는 영유아가 다음 수준의 기능이나 과제를 할 수 있도록 교사가 일시적으로 개입하여 도와주는 것이다. 영유아의 활동을 격려하며 영유아가 스스로 문제해결을 할 수 있도록 다리를 놓아주는 역할을 한다. 예를 들어, 영유아가 평균대 걷기를 할 때 균형 감각을 가지도록 하기 위하여 잠깐 손을 잡아주거나 영유아의 동작을 언어적으로 기술해 줌으로써 다양한 반응이 나오도록 할 수 있다.

❹ 지원하기

촉진하기와 유사하나 교사의 참여 정도가 높다. 촉진하기는 영유아가 주도하여 도움을 받는 형태이며 지원하기는 교사가 보다 능동적으로 관여하여 피드백을 제공하는 방법이다. 예를 들어, 평균대 걷기의 경우 영유아가 익숙해질 때까지 평균대의 높이나 넓이를 조절하여 줌으로써 영유아가 도움이 더 이상 필요하지 않다고 할 때까지 지원해 주는 행동을 말한다.

❺ 지지하기

교사가 능동적으로 활동을 준비하여 영유아가 현재의 능력에 따라 활동할 수 있도록 도움을 주는 교수 형태이다. 영유아가 기대되는 능력에 도달하도록 적합한 학습방법을 사용하여 도움을 주거나, 도전의 기회를 마련하여 주는 행동을 말한다. 교사는 각 영유아가 스스로 하고 싶지만 도움이 없으면 하기 어려운 활동 과제를 알아내어 이를 이해하도록 도움을 준다. 이때, 교사는 영유아의 동기를 약화시키는 일없이 영유아가 새로운 수준의 능력이나 이해로 나아갈 수 있도록 상호작용을 한다.

지지하기는 영유아의 현재 발달 수준을 높이기 위해 도움을 주는 교수 전략이다. '미꾸라지가 되어보자'라는 동작활동을 위해 미꾸라지를 실물 화상기로 탐색하는 과정에서 영유아가 미꾸라지의 생김새에 초점을 맞추어 탐색하고 표현을 해 보고자 할 경우, 교사는 미꾸라지의 꼬리 부분이 어떻게 움직이는지, 헤엄칠 때 머리 모양은 어떻게 표현할 수 있는지를 질문함으로써 미꾸라지가 움직이는 모습을 좀 더 구체적으로 발견해 내도록 할 수 있다.

❻ 함께 구성하기

교사와 영유아가 함께 활동하는 형태이다. 비계 설정하기보다 좀 더 지시적 교수 유형으로 프로젝트 활동의 예를 들 수 있다. 동작활동 '배고픈 애벌레'를 할 경우, 영유아와 교사가 배고픈 애벌레와 애벌레가 먹은 음식을 나누어 표현해 보는 것과 같은 예를 들 수 있다.

❼ 시범 보이기

교사가 능동적 역할로 영유아에게 시범을 보이고 영유아는 그 결과를 관찰하는 학습방법이다. 교사의 의도적인 시범 보이기는 영유아가 빠르고 쉽게 학습할 수 있도록 해 준다. 교사의 시범은 영유아가 행한 활동이 분명히 잘못된 방법으로 이루어졌을 때, 이를 고쳐주기 위한 한 방안이 될 수 있다. 가볍게 걷기 위해 발끝으로 걷는 모습을 보여주거나, 스킵과 같은 동작을 할 때 교사는 시범을 보임으로써 영유아가 빠르고 쉽게 학습할 수 있도록 도와줄 수 있다.

❽ 지도하기

교사가 어떤 활동을 일정한 방법으로 하도록 전달하는 형태이다. 가능한 한 시행 착오가 없는 학습이 이루어지도록 지시하므로, 활동 순서나 활동 방법의 획일성을 강요하는 형태이다. 구조적 동작활동(예: 율동)을 할 때 정해진 순서에 맞추어 똑같은 방법으로 행하도록 하는 것을 예로 들 수 있다.

(나) 영유아 - 교사 상호작용

영유아는 동작 표현 시 경험한 것, 본 것을 그대로 표현하지는 않는다. 영유아는 경험한 것을 자기 나름대로 생각하고 상상하여서 재창조하기 때문이다. 영유아가 경험한 것을 재창조하는 과정은 이야기 나누기의 경험에 의해서 촉진된다. 다음에서 교사가 이야기 나누기의 과정을 통해 영유아의 창의적 표현을 격려할 수 있는 방법에 대해 알아보기로 한다(김은심, 2001).

❶ 이야기 나누기의 내용

최근 동작활동에 대한 관심은 동작의 기본 원리를 이해함으로써 영유아의 생각, 감정 등을 표현하도록 돕는 교수방법을 발견하는 방향으로 변화하였다. 이는 영유아가 동작의 기본 원리를 이해하고 이를 자신의 경험과 결합시켜 표현하도록 할 때 창의적 표현이 더 잘 이루어지기 때문이다. 영유아는 주변 세계의 모든 것에 관심이 있고 이 모든 것은 동작으로 표현될 수 있다. 따라서 영유아가 관심을 갖고 있는 모든 것은 이야기 나누기의 내용이 될 수 있다.

영유아가 사물에 대해서 어떻게 생각하는가, 사물의 특징들을 어떻게 찾아내는가, 동작활동 과정에서 자신의 신체를 어떻게 사용하는가, 제시된 자료의 어떤 점을 탐색할 것인가 등을 예로 들 수 있다. 이야기 나누기의 내용은 상황에 따라 바뀔 수 있기 때문에 교사는 제시될 활동에 대해 끊임없이 생각을 해야 할 것이다. 실제로 이야기 나누기 활동과 동작활동은 끊임없이 진행되고 변화되는 과정적 특징을 갖고 있다.

❷ 이야기 나누기의 시기

이야기 나누기를 동작활동과 연관시키기에 가장 적절한 때는 영유아가 표현하려는 욕구가 일어날 때이다. 영유아가 나름대로 결정하기 전에, 그리고 생각을 구체적인 활동으로 나타내기 전에 이야기 나누기를 한다면 동작 표현은 보다 정교해질 것이며, 영유아가 자유스럽게 대상물을 탐색하며 심도 있는 상호작용을 하게 된다면 효과는 더 커지게 될 것이다. 이야기 나누기의 내용이 얼마나 풍부해지는가 하는 것은 영유아의 흥미, 관심, 어휘력에 따라 달라진다. 따라서 영유아의 흥미와 관심이 고조될 때, 영유아가 스스로 이야기 나누고 싶어 할 때 이야기를 나누는 것이 가장 좋다.

동작활동을 시작하기 전에 하는 이야기 나누기는 참조물이나 사건에 대해 영유아의 흥미와 관심을 유발시켜 표현하고자 하는 욕구를 생기게 한다. 이런 표현 욕구에 의해서 영유아는 활동을 계획하고 교사는 영유아가 무엇을 할 것인가를 예측할 수 있게 된다. 이야기 나누기는 언어를 통해서 생각을 표현하고, 다른 사람의 이야기를 듣게 되는 기회가 됨으로써 자신의 사고를 보다 명백하게 할 수 있게 해 준다. 이야기 나누기를 통해서 자신의 사고를 언어화하여 들었을 때 더욱 그 의미가 확실해지고 그 구체적인 형태(form)가 형성되기 때문이다. 또 이야기를 하는 동안 영유아는 자신의 의도나 계획에 대하여 다른 사람의 반응을 관찰하게 되고 이를 근거로 계획을 수정하기도 하고 자신감을 갖고 행동할 수도 있게 되는 것이다.

일단 동작활동을 시작하여 진행하고 있는 동안에 이야기를 나누는 것은 좀 더 의미 있는 방법으로 동작활동을 하도록 돕는다. 이는 영유아로 하여금 동작활동을 잘 이해하게 하고, 당면한 문제 상황을 보다 쉽게 해결하게 하며, 활동의 속도를 조절할 수 있게 한다. 특히 창의적 동작활동을 적용할 때 교사는 영유아와 함께 표현하고자 하는 대상물에 대해 깊이 있게 탐구하는 질 높은 상호작용을 하여야 한다. 상호작용의 과정에서 교사는 제안하기(suggesting, 예: 팝콘이 터지기 전에 어떤 모양이었을까? 아주 몸을 작게 만들어서 팝콘이 터지기 전의 모양을 만들어 볼까? 우리 모두 함께 커다란 물고기를 만들어 볼까?), 서술해 주기(describing, 예: 수정이는 팝콘이 터지기 전의 모양을 만들기 위해서 팔과 다리를 오므리고 있구나, 지우는 팔과 다리를 오므리고 바닥에 납작하게 엎드렸구나! 둥근 모양 안에서 미꾸라지가 되어 움직이기 위해 다리를 구부리고 있구나), 시범 보이기(modeling, 예: 선생님은 아주 작은 팝콘의 모습을 만들기 위해서 팔과 다리를 이렇게 꼬고, 머리는 무릎 사이로 넣을 거야. 선생님처럼 해 보겠니?)를 적절히 사용하여 질 높은 표현이 이루어지도록 하여야 한다.

동작활동을 끝낸 후에 이야기를 나누게 되면 영유아는 생각하고 의도했던 것과 만들어진 동작 사이의 차이점을 발견하게 되며 이러한 발견을 근거로 다음에 동작활동을 할 때보다 긍정적이고 보편적인 해결 방안을 모색할 수 있게 된다. 즉, 언어화(verbalization)를 통해서 동작활동의 과정을 다시 회상하고, 다음 활동을 하기 위한 평가를 하는 과정이 되는 것이다.

❸ 이야기 나누기의 방법

교실에서 영유아와 교사, 또는 영유아끼리 이야기를 나눌 때 누가 주도하게 되는가는 중요한 문제이다. 주도를 누가 하느냐에 따라 이야기 나누기 방법은 달라지기 때문이다. 선드(Sund, 1974)는 이야기 나누기를 할 때 영유아와 교사, 영유아와 영유아 간의 상호작용의 형태를 교사 중심, 영유아 중심으로 구분하고 있다.

대부분의 영유아교육기관에서는 교사 주도적으로 이야기 나누기가 진행된다. 이때 영유아의 참여는 적거나 없을 수밖에 없다. 영유아의 수준을 수용하고 영유아로부터 다양한 생각이나 느낌을 끌어내려면 이야기 나누기는 영유아 중심적인 방법으로 운영되어야 할 것이다.

이야기 나누기는 질문에서 토의에 이르기까지 명령, 지시, 정보 나누기 등의 모든 활동이 포함된다. 반스(Barnes, 1984)는 창의적 표현을 위한 이야기 나누기의 준거를 다음과 같이 제시하였다.

- 영유아가 하는 일에 근거를 두고 이야기할 것
- 영유아의 아이디어를 확장시킬 수 있도록 할 것
- 열심히 노력하는 것에 대해 이야기할 것
- 활동에서 표현된 감정에 대해서 이야기할 것
- 상상하기를 적극 활용할 것
- 제시된 교수 자료에 대해서 구체적 탐색을 하도록 할 것
- 사용된 여러 가지 다양한 방법에 대해서 이야기할 것

❹ 유아 - 교사 상호작용을 촉진시키는 질문

이야기 나누기는 다양한 형태의 언어적 상호작용이지만 그중에서도 교사의 질문은 중요한 기능을 한다. 왜냐하면 이야기 나누기를 할 때 교사의 질문 형태에 따라 언어적 상호작용의 질이 결정되기 때문이다.

한편 교사의 질문은 영유아의 문제해결력을 증진시키고 사고력을 신장시키는 요인(Sigel & Saunders, 1979)으로 영유아로 하여금 추리하고 예측하고 결정을 내리게 하거나 자신들의 반응을 묘사하도록 요청하는 질문들은 적극적인 대화를 증진시켜 주며(Sharp, 1987), 도전적이고 시기적절하며 개방된 질문들은 영유아의 사고와 문제해결 요령을 증진시키며, 이러

한 교사의 질문 수준은 영유아의 사고 및 대답 수준을 결정한다(Cassidy, 1989).

교사의 발문은 언어 형태에 따라 크게 두 가지로 대비되어 나뉜다. 수렴적/확산적 질문, 폐쇄적/개방적 질문, 재생 기억적/창의적 질문이 그 대표적 예이다. 교사는 영유아에게 무엇인가 생각할 거리를 주기 위해 질문한다.

교사에게 있어서 한 가지 옳은 정답만을 요구하는 질문은 하기 쉽지만 영유아가 생각할 수 있게 하는 질문은 더 많은 생각과 준비를 필요로 한다. 수렴적 질문은 어떤 정보에 대해 학습한 뒤 그것을 평가하는 데는 유용하지만 교사나 영유아 모두에게 있어서 생각하는 기술은 별로 요구하지 않는다. 이와 반면에 확산적/개방적 질문은 하나의 정답이 아니라 많은 대답이 정답이 될 수 있는 질문들을 말한다.

코스텔닉(Kostelnik, 1998)은 개방적 질문의 목적은 영유아로 하여금 그들에게 떠오르는 착상들이나 생각, 감정을 말하도록 하는 것이라고 하였다. 즉, 개방적 질문은 영유아에게 자신들이 긍정적으로 받아들여지고 있음을 느끼게 해 줌으로써 자존심을 고양해 줄 뿐 아니라, 성인과 영유아의 관계를 증진시키는 데 기여한다고 한다. 그에 따르면 교사의 개방적 질문은 영유아에게 표 4-2와 같은 사고를 요구하게 된다.

표 4-2 개방적 질문의 유형과 유아의 사고

교사의 개방적 질문 유형	유아의 사고
• ~하면 어떻게 될까? • 다음에는 어떤 일이 생길 것 같니? 너의 생각을 몸으로 표현해 보겠니?	• 예측하기
• 너는 길을 잃어 본 적이 있었니? 그때 너는 어떻게 했었니? 그때처럼 해 볼 수 있겠니?	• 이전의 경험을 재구성하기
• 이 꽃(동물, 사람, 집 등)들은 어떤 점이 다를까? 어떻게 다른지 몸으로 꽃모양으로 만들어 보자.	• 비교하기
• 우리는 운동회 때 어떤 경기를 하면 좋을까? 그 경기의 동작을 몸으로 해 볼까?	• 결정하기
• 너는 어떤 과일(동화, 색깔 등)을 제일 좋아하니? 왜 그걸 제일 좋아하니?	• 평가하기
• 만약 공룡들이 오늘날까지 살아 있다면 어떤 모습일까? 그 공룡이 되어볼까?	• 상상하기

(계 속)

교사의 개방적 질문 유형	유아의 사고
• 고래 뱃속에서 나올 수 있는 다른 방법은 무엇일까? 몸을 움직여서 고래 뱃속을 나와보자.	• 대안을 제안하기
• 일년 중 지금 같은 계절에는 나비를 어디서 찾을 수 있을지 생각해 보자.	• 사실적인 지식을 적용하기
• 이 항아리 안에 몇 개의 구슬이 들어 있는지 알려면 어떻게 해야 할까?	• 문제해결하기
• 얼음을 녹였을 때 어떤 일이 일어났는지 보았지? 그러면 이제 우리가 이 눈덩이를 녹인다면 어떤 일이 벌어질 것이라고 생각하니? 몸으로 표현해 보자.	• 일반화하기
• 이 재료들을 가지고 어떻게 빵을 만들 수 있었을까? 순서대로 설명해 보자.	• 변형하기
• 너는 어떻게 그들이 함께 갔다고 판단할 수 있었니? 왜 그렇게 생각했는지 이야기해 보자.	• 유추하기

출처: 허미애(2001).

이상과 같은 선행 연구에 근거하여 볼 때, 영유아에게 사고하는 방법을 가르치고자 하는 교사는 '효과적으로 질문하는 기술'에 대해 알고 이를 영유아와의 언어적 상호작용에 적용할 필요가 있다.

2) 영유아 동작교육을 위한 환경 구성

영유아에게 다양한 움직임의 기회를 주고 동작 발달을 최대화하기 위한 환경을 마련하는 것은 매우 중요하다. 동작교육의 환경 구성은 유치원이나 어린이집의 흥미 영역 중 반드시 제공되어야 할 중요한 영역이다. 질적으로 우수하고 좋은 발달적 환경을 제공해 주는 것은 영유아의 동작능력을 최대화할 수 있도록 도와준다. 따라서 영유아의 동작교육을 위한 환경은 영유아의 동작능력을 개발할 수 있도록 구성하고 인지적·신체적·정서적·사회적 발달이 통합적으로 발달할 수 있도록 제공되어야 한다(이희자 외, 2013).

(1) 동작교육을 위한 바람직한 환경 구성

교사가 동작활동은 실시하는 공간은 다용도의 큰 교실이나 교실 내의 교구장들을 밀어 놓아 만든 공간, 실외 마당 등 다양한 공간을 활용할 수 있다. 가능한 한 넓은 장소를 마련하는 것이 바람직하나 공간 확보가 여의치 못할 경우 가능한 공간을 적절히 활용하도록 하여야 할 것이다. 그룹을 나누어 진행해 본다든지 실내에서 동작교육에 대한 계획을 실시 후 실외로 이동하여 동작활동을 연속 실시하는 방법 등을 활용하는 것이 바람직할 것이다. 일반적으로 동작활동을 위한 공간 구성 방법은 다음과 같다(오연주 외, 2013).

① 가능한 한 넓고 개방된 공간이 확보되는 것이 좋다. 탐색과 움직임을 위한 충분한 공간을 확보하여 자유롭고 안전하게 움직임에 참여할 수 있도록 한다. 영유아는 서로 부딪힐 염려가 많고 움직임이 활발하기 때문에 자유롭게 움직일 수 있는 충분한 공간이 필요하다(Pica, 2004). 그러나 이런 공간을 갖추지 못했다면 교실 내에서 교구장이나 책상과 의자 등을 벽 쪽으로 밀어 크고 넓은 공간을 만들어 활동하도록 계획한다.

② 동작 영역은 영유아의 안전을 고려한다. 움직임이 불안정한 영유아를 위하여 바닥 재료의 선별이나 가구 모서리 처리 등 환경 준비를 철저히 한다. 바닥은 유아가 안전하게 동작을 표현할 수 있도록 부드럽고 탄성이 있는 재질로 구성되어야 한다. 미끄럼 방지를 위하여 카펫 등을 깔아 주는 것도 좋다.

③ 영유아가 자신과 또래의 움직임을 흉내 내고, 창의적으로 표현하는 모습을 볼 수 있도록 공간 벽면에 안전거울을 설치한다.

④ 가능한 한 주의가 산만한 공간은 피한다. 사람들의 출입이 잦거나 소음이 많은 곳, 유아가 흥미로워할 놀잇감이 많은 공간은 동작교육을 위한 적절한 공간이 아니다. 영유아의 주의 집중을 흐트러뜨릴 수 있는 교구들은 동작활동 공간에서 미리 치워 놓는다.

⑤ 동작활동에 필요한 다양한 기자재와 교수자료를 배치해 준다. 모든 영유아가 주어진 시간에 활동에 참여하기 위해 충분한 숫자의 다양한 소도구(예: 공, 줄, 훌라후프, 스카프, 리본, 팥주머니 등) 등을 첨가하여 영유아가 조작하여 움직이는 경험을 하도록 계획한다. 소도구는 영유

아가 신체 활동을 할 때 흥미를 증진시킬 수 있으며, 신체의 움직임을 다양하게 만들어 주어 신체 조절 능력, 평형감각, 리듬 감각 등을 길러 줄 수 있다. 또한 대근육 발달이나 신체 조절력과 균형 감각을 증진할 수 있는 고정된 놀이 기구와 이동 가능한 놀이기구를 필요할 때마다 사용 가능하도록 계획한다. 영아는 높이가 낮은 오르고 내리기 기구, 매트, 스펀지 블록 등의 기구를 이용해 대근육 활동을 증진시킬 수 있다. 유아는 평균대, 자전거, 손으로 조절할 수 있는 놀이기구 등을 내어 대근육 활동을 증진시킬 수 있다.

⑥ 주기적으로 활동 자료들을 바꾸어 준비한다. 다양한 색의 스카프나 리본 막대, 리듬막대, 악기류, 낙하산 등을 부분적으로라도 바꾸어 제공하여 영유아의 흥미가 유지되도록 한다.

⑦ 동작활동을 하고 난 후 휴식을 할 수 있는 공간을 마련한다. 그리고 휴식하며 조용히 감상할 수 있는 음악 감상 자료를 준비한다.

⑧ 자유선택 활동 시에도 유아가 자유롭게 동작 표현을 경험할 수 있도록 환경을 구성한다.

2 영유아 동작활동 지도

교육의 장에서는 교사와 학습자가 교육 내용을 가지고 서로 상호작용한다. 이것을 가르치는 일(teaching)과 배우는 일(learning), 즉 교수와 학습이라고 한다.

교수-학습 과정에서 교사가 가르치는 활동을 강조할 때는 교수방법으로, 유아가 배우는 활동을 강조할 때는 학습방법으로 구분할 수도 있다(방인옥, 1994). 교육에서의 방법이란 학습자들이 목표를 달성하거나 내용을 내면화할 수 있도록 선택된 수업의 절차를 의미한다. 즉, 교육 방법은 교수방법뿐 아니라 교육과정, 교육 평가까지 포함하는 보다 포괄적인 의미를 가진다. 따라서 구체적인 의미의 교수-학습방법이란 설정된 교육 목표를 성공적으로 달성하기 위해 선정된 교육 내용을 학습자에게 구체적으로 실천하는 방식, 즉 '어떻게 가르칠 것인가'에 해당하는 개념 이라 하겠다(서울대학교 사범대학 교육연구소, 1981).

갈라휴(Gallahue, 1993)는 최근 교육자들의 관심이 교수방법에서부터 학습자에게로 전환되어 가고 있다고 보고하였다. 즉 교수방법의 양 측면에 있던 전문가들은 직집적인 교수방법과 간접적인 교수방법이 학습자에게 미치는 영향을 깨닫게 되었으며, 그 결과 '어떤 것이 최상의 교수방법인가?'하는 문제보다 '어떠한 방법이 그 주제를 가르치기에 가장 적합한 것인가?'가 더 중요함을 인식하게 되었다는 것이다. 즉, 직접적 교수방법과 간접적 교수방법 모두가 학습자에게 가치로우므로 활동을 전개함에 있어서 교사는 지나친 교사 주도적 활동이나 지나친 유아 주도적 방법에 치우치지 말고 활동 내용에 적합한 교수방법을 찾는 것이 중요함(Barnes, 1987)을 뜻하는 것이다.

동작교육은 동작활동을 위한 대표적인 교수방법인 직접적-교사 주도적 방법(시범을 통한 교수방법), 간접적-유아 주도적 방법(탐색을 통한 교수방법), 그리고 교사 안내적 교수방법(안내된 발견을 통한 교수방법)이 혼재되어 사용된다. 특히 발산적인 문제해결(divergent problem solving)을 수반하는 탐구(탐색)적 방법(exploration)과 수렴적 문제해결(convergent problem solving)을 수반하는 안내-발견적 방법(guided discovery)은 영유아교육기관에서 많이 사용되는 교수방법이다.

■ 직접적 - 교사 주도적 교수방법 (Direct Teaching Method-시범을 통한 교수방법)

유아는 성장하면서 지시를 따르는 법과 눈으로 보고 있는 것을 신체적으로 모방하는 것을 배워야 한다(예: 책이나 칠판에 쓰인 글자를 따라 써야 할 때). 모스톤과 에쉬워스(Mosston & Ashworth, 1990, p.45)에 따르면, "흉내 내기, 반복하기, 모방하기, 지시에 반응하기 등은 유아기에 꼭 필요한 요소이다." 이들은 유아가 즐기는 "지시활동"의 예로 사이먼 가라사대, 리더 따라하기, 노래에 맞추어 박수를 치거나 동작하기와 같은 활동을 들고 있다. 거울놀이(mirroring)와 손유희도 같은 범주에 들어가는 활동이다.

직접 접근법을 사용하여 교사는 유아가 무엇을, 어떻게, 언제 수행할지 결정한다. 과제중심 접근법을 사용하여 교사는 유아에게 기대되고 있는 것이 무엇인가에 대한 간단한 시범을 보인다. 그 다음에 대개 유아는 대개 교사를 따라 시범 보인 것을 흉내 내서 활동하게 된다.

이 접근법의 장점은 결과가 즉시 나온다는 것이다. 이는 유아가 지시를 따르거나 요구되는 반응을 하는 데 문제가 있는지를 교사가 즉시 확인할 수 있음을 의미한다. 예를 들어, 유아와 함께 '사이먼 가라사대'라는 활동을 하고 있는데, 한 유아가 계속 잘못된 신체부분을 만진다면 교사는 듣기에 문제가 있는지, 정보 분석에 문제가 있는지, 혹은 그저 신체부분을 잘못 안 것인지 확인하는 기회를 통해 잠재되어 있는 문제를 즉시 발견하게 되는 것이다.

모스톤과 에쉬워스(Mosston & Ashworth, 1990)는 지시법의 행동 목표(behavior objectives)는 일치(conformity)와 획일성(uniformity)의 획득이며, 주제목표(subject-matter objectives)는 전통의식의 영구보존이 될 수 있음을 지적한다. 예를 들어, "엄지 어디 있어?"와 같은 활동을 모든 유아에게 동시에 똑같이 할 수 있도록 지도하기 위해서는 시연과 모방을 사용하는 직접 접근법이 가장 효과적이다. 일치와 획일성의 획득이라는 것이 유아의 창조성이나 자기표현을 이끌어내는 것에 도움이 되지는 않지만, 어떤 활동을 수행하는 데 있어서는 필요한 것이기도 하다. 그리고 유아는 그러한 활동을 재미있어 하며, 활동을 통해 소속감을 갖게 되기 때문에 동작교육 프로그램에 직접 접근법이 포함되어야 한다. 그러나 탐색에 있어서와 마찬가지로 학령 전 유아에게 교사주도적인 활동이 지나치게 큰 역할을 차지해서는 안 된다.

■ 교사 안내적 교수방법 (Guided discovery-안내된 발견을 통한 교수방법)

확장활동, 반응 다듬기(refining responses), 중립적인 피드백은 안내발견 접근법의 세 가지 요소이다. 안내발견 접근법은 탐색법과 마찬가지로 간접적 혹은 유아 중심 교수방법이다.

수렴적 문제해결 방법이라고도 알려진 안내발견 접근법을 사용할 때, 교사는 마음속에 구체적인 과제나 개념을 미리 설정한다. 그러고 나서 교사는 유아에게 일련의 질문을 함으로써 과제를 발견하도록 이끈다. 이 과정에서 교사는 정답으로 유아를 안내하면서도 여전히 창의성(inventiveness)과 실험(experimentation)을 허용한다.

한 가지 예로 유아가 앞구르기를 할 수 있도록 유도하는 질문을 들 수 있다. 유아에게 이 기술을 어떻게 하는지 단순히 보여주는 대신 교사는 다음과 같은 과제를 제시할 수 있다.

활동의 예

- 체중을 손과 발에 두고 머리를 바닥에 댄(upside-down) 모양을 만들 수 있니?
- 엉덩이를 공중으로 들어 올릴 수 있니?
- 그 자세에서 뒤쪽을 보자.
- 다리 사이로 천장을 보자. 천장을 더 많이 보려고 해보렴.
- 그 자세에서 몸을 굴려볼 수 있니? 한 번 이상 할 수 있겠니?

안내 발견 접근법이 직접 접근법보다 시간이 더 오래 걸리긴 하지만, 대부분의 교육자는 이 교수방법의 장점은 시간이라는 요소를 능가하는 것이라고 생각한다. 일반적으로 발산적이든 수렴적이든 문제해결을 통해 유아는 기술을 배우는 것뿐 아니라 학습방법을 배우게 된다. 특히 안내발견 접근법은 유아로 하여금 주어진 과제 내에서 단계간의 상호연결(interconnection of steps)을 찾도록 한다.

유아와 안내발견을 사용할 때는 "틀렸다고" 간주되는 반응을 포함한 모든 반응을 받아들이는 것이 중요하다. 예를 들어 교사가 앞구르기를 실행하도록 이끄는 일련의 질문을 제시하였으나, 어떤 유아가 다른 형태의 구르기를 했다면 이런 반응 또한 인정되고 평가되어야 한다. 그러고 나서 교사는 유아에게 "또 다른 방법을 찾을" 더 많은 시간을 제공하거나 보다 더 구체적인 질문을 통해 의도한 반응이 나올 때까지 계속할 수 있다.

한 가지 중요한 비결은 교사가 결코 해답을 제공해서는 안 된다는 것이다(Graham, 1992; Mosston & Ashworth, 1990). 만약 시작부터 해답이 주어진다면 발견의 과정은 더 이상 가능하지 않다. 만약 수렴적 문제해결의 과정에서 유아가 교사가 예상했던 해답을 발견하지 못하고, 교사가 마침내 어떤 식으로든 그 해답을 알려주게 되면, 유아는 계속해서 해답을 제공받기를 기대할 것이며 스스로 가능한 해답을 탐색하는 데 덜 열성적으로 될 것이다. 그레이엄(Graham, 1992, p.129)은 "궁금함과 호기심은 정신적 과정에 가치가 있기" 때문에 유아가 해답을 못 찾은 채 수업을 끝내도 아무런 해가 없다고 주장한다.

■ 간접적 - 유아주도적 교수방법(Exploration-탐색적 방법)

탐색법(exploration)은 유아에게 발달적으로 적합하며, 동작교육 프로그램에서 가장 널리 쓰이는 교수법이다. 이 방법은 제시된 각각의 과제에 따라 다양한 반응을 가져올 수 있기 때문에, 발산적 문제해결법(divergent problem solving)으로도 알려져 있다. 예를 들어, "구부러진 모양을 만들어 보자"라는 활동은 참여하는 유아의 수만큼 다양한 형태의 구부러진 모양이 나타날 수 있다.

이 접근법에 대해서는 할시와 포터(Halsey & Porter, 1970, p.76)가 가장 잘 설명하고 있다.

동작 탐색법은 다음과 같은 기본 절차를 따라야 한다.

① 문제 설정
② 유아에 의한 실험
③ 관찰과 평가
④ 평가에서 얻어진 포인트를 사용한 추가 연습

문제에 대한 해답은 말보다는 동작을 하는 데 있다. 영유아 개개인이 각자에게 적절한 해답을 찾게 되기 때문에 동작도 각각 다를 것이다. 교사는 시범을 보이거나 모방을 장려하지 않으며, 어떤 한 가지에 대한 최선의 해답을 요구하지도 않는다. 따라서 유아는 다르다는 것을 두려워하지 않게 되고, 교사는 유아가 자신만의 방식, 자신만의 속도로 활동에 참여하는 것에 대해 편안함을 느끼게 된다. 이러한 결과를 통해 상상이 자유로운 학급분위기가 만들어지며, 발명(invention)은 활발해지고 다양해진다.

따라서 교사는 유아에게 과제를 소개하고, 유아는 동작으로 자신들이 찾아낸 해답을 제시한다. 그 다음에 교사는 탐색을 지속하거나 다양하게 하기 위해 추가적인 과제를 제시하거나(예: 확장 활동), 교사가 관찰한 것을 개선하거나 수정하기 위해 추후질문을 할 수도 있다. 탐색을 확장하는 것은 교사에게 시간, 인내심 및 연습을 필요로 한다. 문제 탐색의 모든 측면에 대해 아직 익숙해 있지 않음에도 불구하고 교사는 한 동작과제에서 다음 과제로 서둘러 넘어가고자 하기도 한다. 이렇게 하는 것은 수업시간이 많이 남아 있는데도 불구하고 할 것이 없게 만들어 버리거나 영유아가 문제 탐색과정이나 탐색될 동작을 충분히 경험하는 것을 방해하는 결과를 낳기도 한다.

"다른 방법을 찾기" 위한 추후 활동의 제시 외에도, 교사는 활동을 확장하기 위해 동작의 요소를 사용할 수 있다. 예를 들어, 운동기술인 걷기를 탐색한다면 어떻게 걷기를 수행할 것인지(앞으로, 뒤로, 옆으로, 원형으로)에 대해 다양하게 선택할 수 있다. 여기에서는 '공간'이라는 요소도 사용되고 있다. 걷기는 팔이나 머리를 다양한 위치로 하고(모양), 빠르게 혹은 느리게(시간), 강하고 가볍게(힘), 방해를 받으며(흐름), 리듬을 바꾸며(리듬) 행할 수 있다.

물론 교사는 반드시 과제를 계획해야만 하며, 주제(subject matter)라든가 유아의 생활에 적절하며, 발달적으로 적합한 확장활동을 제시해야 한다(Cleland, 1990). 또한 교사는 유아가 계속해서 발산적으로 반응할 수 있도록 격려해야 한다. 격려는 중립적인 반응(neutral feedback)으로 구성되어야 한다(예: "몸을 앞으로 숙이고 걷고 있구나").

교사는 모든 반응을 수용하도록 주의해야 하지만, 유아의 해결책을 향상시키고 세련되게 하는 데 도움을 주어야 할 때가 있다. 예를 들어, 교사가 유아에게 가능한 한 몸을 작게 만들어 보도록 하는 과제를 제시한 후 어떤 유아가 바닥에 반듯하게 눕는 것으로 반응한다면, 교사는 이 반응이 틀렸음을 지적해서는 안 된다. 사실 그 반응이 반드시 틀린 것만은 아니다. 이는 단지 사물을 바라보는 방법이 다를 뿐이다. 그러나 유아가 진짜로 조그만 형태를 경험하기를 바라는 교사는 다음과 같은 추후질문을 제기할 수도 있다. "아주 동그란 모양으로 작아질 수 있는 방법이 있니?" 이와 같은 질문을 사용함으로써 교사는 유아의 반응이 향상되도록 도와주면서도 다양한 해결책이 만들어질 수 있는 가능성은 여전히 열어두고, 영유아 개개인의 개성도 무시하지 않게 되는 것이다.

안내-발견적 교수방법과 간접적-유아주도적 교수방법(탐색법)을 그림으로 설명하면 다음 그림 4-1과 같다. 안내-발견적 방법은 개방된 과제를 제시하거나 또래나 교사의 동작을 보도록 하는 관찰 단계를 통해 선택적 해결에 이르게 하는 것이며, 탐색적 방법은 교사가 의미 있는 과제를 제시하고 유아는 자신의 신체의 동작 가능성을 탐색하여 창의적인 방법으로 자신을 표현해 보도록 하는 것이다.

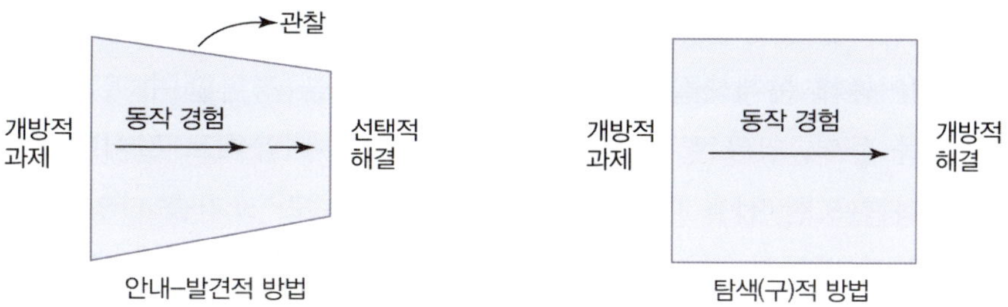

그림 4-1 안내-발견적 방법과 탐색적 방법의 차이

출처: 김은심(2004), Gallahue(1991).

영유아 동작교육은 기본 운동 동작하기, 표현 동작하기, 동작 감상하기로 구분되며 각각의 교수방법을 구체적으로 살펴보면 다음과 같다.

1) 기본 운동 동작하기

이동 동작, 비이동 동작, 조작적 동작으로 구분되는 기본 운동 동작하기는 먼저 우리 몸의 각 부분을 인식하고, 동작의 기본요소를 활용하여 기본 동작을 익히는 것으로부터 점차 평균대 위 걷기와 같이 정확한 동작 수행이 요구되는 활동으로까지 확대할 수 있다. 기본 운동 동작하기의 효과적인 교수방법을 살펴보면 다음과 같다.

① 교사는 정확한 기본 운동 동작에 대한 개념을 알고 있어야 한다. 영유아는 기본 운동 동작에 있어 발달적 차이가 매우 크다. 따라서 교사는 영유아의 연령에 따른 발달적 차이를 이해하고 기본 운동 동작에 대한 이해를 통해 정확하게 동작을 수행할 수 있어야 한다. 특히, 나이가 어린 영유아는 교사를 그대로 모방하기 쉽기 때문에 정확한 모델링을 제공해야 한다.

② 영유아의 연령과 발달적 차이를 고려해야 한다. 영유아의 연령과 발달적 차이에 따라 기본 운동 동작의 내용은 달라져야 한다. 영아의 걷기는 불안정하지만 걷는 것 자체를 즐기기 때문에 자유롭게

걸어 보는 활동을 구성해 주는 것이 좋으며 다양하게 걸어 보는 활동을 통해 문제해결이 요구되는 걷기 활동을 경험할 수 있게 한다. 예를 들어, 영아는 ○, □, △의 도형 안을 마음대로 걸어 보고 유아는 다양한 선을 따라 걸어 보고, 방향, 속도, 크기를 다양하게 제시하여 반듯한 길, 구부러진 길, 경사진 길 등과 같은 길을 상상하며 걸어 보도록 한다.

③ 개인차를 고려해야 한다. 동일한 연령이라 할지라도 발달에 따른 수준을 동일하게 하기보다는 수준에 따른 활동을 한두 가지 더 준비하여 제시하고, 정해진 동작을 하도록 하는 것보다 영유아의 흥미에 따라 선택할 수 있도록 해 주어야 한다.

④ 기본 운동 동작의 습득뿐 아니라 놀이를 통한 동작활동으로 확장, 지도한다. 정확한 동작을 강조하게 되면 심리적인 부담감을 줄 수 있기 때문에 놀이를 중심으로 동작활동을 전개했을 때 영유아는 보다 즐겁게 활동에 참여할 수 있다. 정확한 기술의 습득을 강조하기보다는 놀이를 통한 자연스런 발달을 유도하는 것이 바람직하다. 예를 들어, 걷기나 달리기, 두 발 모아 뛰기 등 단순한 기본 동작만으로 활동을 전개하기보다는 손과 머리도 함께 움직여 보기, 토끼처럼 깡충 뛰기 등의 활동으로 보다 흥미롭게 전개할 수 있다.

⑤ 활동에 적합한 다양한 음악이나 도구를 사용한다. 이동, 비이동, 조작적 동작하기 활동의 경우 모두 북소리나 행진곡 등 음악에 맞추어 리듬감 있게 동작해 보도록 하는 것이 효과적이다. 앙감질이나 스키핑, 갤로핑 같은 이동 동작의 경우 먼저 리듬감을 익히도록 하는 것도 효과적이다. 가령, 갤로핑을 영유아에게 알려 주기 위해 먼저 '따그닥 따그닥' 소리와 함께 손으로 리듬감을 익히게 하면 더 쉽게 동작을 배울 수 있다. 또한 영유아와 받기 활동을 할 경우에 좀 크고 부드러운 물체(헝겊, 풍선, 헝겊 인형)나 가볍고 부드러운 공(비치볼이나 헝겊 공)을 받아 보는 경험을 먼저 제공하는 등 영유아의 발달과 사전 경험을 고려하여 도구를 사용하는 것이 효과적이다.

이렇게 하면 받기에 대한 영유아의 두려움을 없애 줄 수 있고 보다 쉽게 시·지각적 추적 능력과 눈과 손의 협응력 등을 기를 수 있다.

⑥ 개인 공간과 일반 공간의 사용에 대해 인식하도록 지도한다. 특히 이동 동작하기 활동의 전개에 앞서 이동 동작을 하는 동안 다른 영유아와 부딪히는 일이 없도록 영유아에게 개인 공간과 일반 공간의 한계에 대해 이야기해 주거나 개인 공간과 일반 공간 사용에 대한 규칙을 영유아와 함께 정한다. 이것은 원활한 활동 전개를 위해 매우 중요하다.

3) 표현 동작하기

(1) 구조적 표현 동작하기

구조적 표현 동작하기는 '머리, 어깨, 무릎, 발', '오른발, 왼발'과 같이 동작이 정해져 있는 율동과 '엄마별이 올라갑니다'와 같은 손유희 등 노랫말에 맞추어 정해진 동작을 하는 것이다. 따라서 정해진 동작을 교사가 영유아에게 설명하고 시범을 보여 알려주고, 반복해서 모방해 보도록 하는 것이 일반적이다. 구조적 표현 동작하기의 효과적인 교수방법을 살펴보면 다음과 같다.

- 교사는 정확한 동작을 한다. 노랫말에 따라 동작을 따라 하기 때문에 영유아는 교사의 시범을 보고 모방하게 된다. 교사는 정해진 동작을 충분히 익히고 정확하게 동작을 보여주어야 한다.
- 노랫말과 동작을 연결하여 설명해 준다. 노랫말을 잘 듣고 동작이 어떻게 연결되어 있는지를 설명한다. 또한 어려운 동작에 대해서는 시범과 설명을 다시 해 주어도 좋다.
- 쉬운 부분부터 따라 해 보고 범위를 점점 넓힌다. 노래 전체의 동작에서 영유아가 따라 하기 쉬운 부분의 동작으로 처음부터 끝까지

하고, 다른 동작을 해 보면서 동작을 하나씩 익혀 가도록 한다.

- 영유아의 발달 수준에 맞는 동작과 집단 크기로 지도한다. 예를 들어, 노래를 부르면서 동시에 손뼉 치기나 춤추기는 4, 5세에 이르러서야 가능하므로 2, 3세 영유아에게는 발달 수준에 적합하지 않다. 즉, 구조적 표현 동작하기의 동작은 영유아가 수행하기에 어렵지 않아야 하며, 성공감을 가질 수 있도록 하기 쉬운 동작으로 전개하여야 한다. 또한 어린 영유아의 경우 사회성이 덜 발달되어 있기 때문에 대집단 활동으로 지도하는 것은 부적절하다.
- 정확한 동작을 강요하여 반복 연습을 시키지 않는다. 영유아의 경우 정확한 동작 수행을 요구하여 동작활동에 대한 부담감을 주는 것보다는 과정을 중심으로 즐거운 경험이 되도록 하여 동작활동에 대한 긍정적 인식으로 적극적 참여를 유도하는 것이 바람직하다. 특히 처음 소개한 구조적 표현 동작을 한 번에 다 익혀 익숙해지도록 기대해서는 안 된다.
- 영유아와 함께 동작을 변형시키거나 새로 만들어 본다. 교사에 의한 일방적인 제시는 결과 중심의 활동으로서 영유아에게 바람직한 활동이라고 볼 수 없으므로 최소한만 사용하는 것이 바람직하다. 그보다는 영유아가 노랫말과 동작에 익숙해지면 협의하여 창의적으로 동작을 변형시키거나 창작해서 모두 함께 그 동작을 익혀 보는 활동으로 진행하는 방법은 좋은 대안이 될 수 있다.
- 흥미를 잃지 않도록 해야 한다. 아무리 영유아의 발달과 학습에 유익하더라도 영유아가 흥미를 갖지 못하고, 즐겁게 참여하지 못하는 활동은 가치가 없다. 영유아의 흥미를 높이기 위해서는 게임과 같은 활동을 연결하여 구조적 인 동작활동을 함께 하면 참여율을 높일 수 있다. 또한 적극적으로 참여하지 못하는 영유아의 경우는 참여를 강조하기보다는 관찰할 수 있는 시간을 주고, 스스로 참여할 수 있도록 유도한다.

구조적 표현 동작하기 중 손유희 지도 방법을 구체적으로 살펴보면 다음과 같다.

- 교사가 처음부터 끝까지 노래와 동작을 함께 소개한다.
- 영유아와 함께 노래와 동작을 해 본다. 처음 단계에서부터 자연스럽게 영유아가 참여할 수 있도록 한다.
- 손유희에 익숙해지면 노랫말이나 동작을 바꾸어가며 손유희를 새롭게 변화, 확장시킨다.
- 영유아의 흥미를 지속시키기 위해 노랫말이나 찬트의 음색, 고저, 크기 등에 변화를 주며 손유희를 해 본다.

또한 영유아와 협의하여 동작을 만들어 보는 구조적 표현 동작하기 활동을 진행하는 교수방법은 다음과 같다.

- 영유아에게 익숙한 노래나 음악을 선택한다.
- 처음에는 일부분만을 선택하여 동작을 만들어 본다. 이러한 활동이 익숙해지면 점차 노랫말 전체를 동작으로 만들어 본다.
- 하나의 노랫말에 다양한 동작이 제안된다면, 영유아와 협의하여 적절한 동작을 정한다. 노랫말에 적절하게 결정된 동작은 노랫말 게시판 아래에 그림으로 기록한다.
- 정해진 대로 노래나 음악에 맞추어 표현 동작을 해 본다.

(2) 반구조적 표현 동작하기

반구조적 표현 동작하기는 '그대로 멈춰라'를 예로 들 수 있다. 즉, 노랫말 중 '즐겁게 춤을 추다가'에서는 춤을 추고 '그대로 멈춰라'에서는 멈추되 춤을 추는 동작이나 멈추는 자세는 마음대로 자유롭게 하는 것처럼 교사의 언어나 노랫말의 지시에 따라 제한된 범위 내에서 자유롭게 움직이는 활동이다.

즉, 반구조적 표현 동작에서 교사는 언어를 사용해서 제한적 지시를 제공하며 영유아에게 그러한 지시의 범위 내에서 자유롭게 창의적으로 동작해 보도록 하는 것이 일반적인 교수방법이다.

반구조적 표현 동작하기의 가장 중요한 형태는 '쥐와 고양이', '한 시골 농가에'와 같은 노래 게임으로 효과적인 교수방법을 살펴보면 다음과 같다.

- 활동 전에 노래 게임의 내용과 초점을 잘 파악하여 지도한다.
- 영유아가 쉽게 수행할 수 있는 동작들이 포함된 노래 게임을 한다.
- 노래의 내용과 게임의 의미를 이해한 후 동작해 보도록 지도한다. 처음 노래 게임을 소개할 때는 노래를 먼저 들려준 후 영유아와 함께 게임방법을 알아보거나 노래와 동작을 동시에 가르칠 수 있다. 노래 게임의 진행에 앞서 영유아가 노래 게임의 방법, 어떤 부분에서 어떤 종류의 동작을 해야 하는지를 이해하도록 하는 것이 선행되어야 한다. 그렇지 않은 경우 즐겁고 재미있게 활동할 수는 있지만 혼란스러워지기 쉽고 제대로 표현 동작을 하지 못할 우려가 크다.
- 변화를 주어 창의적 표현 기회를 확대하여 지도한다. 항상 정해진 대로만 노래 게임을 하기보다 영유아와 함께 노래 게임의 내용 방법에 변화를 주면서 활동해 본다. 이렇게 하면 영유아로 하여금 보다 흥미롭게 적극적으로 활동에 참여하도록 도울 수 있으며 창의적인 표현 동작이 이루어질 수 있다.
- 노래의 박자에 맞추어 동작하도록 격려하면서 지도한다. 게임 시에 소리 내지 않고 조용히 하기 등 약속을 정하는 것도 박자에 맞추어 동작하는 데 도움이 되며 동작을 해 보기 전에 먼저 손뼉을 쳐서 박자에 맞추어 보는 기회를 제공하는 것도 효과적이다.
- 가능한 한 소집단으로 지도하여 혼잡을 피한다. 소집단으로 게임을 하면 혼란스럽지 않으며 다른 영유아가 하는 것을 볼 기회를 준다. 또한 노래 게임을 배운 후, 한 집단이 활동을 하는 동안 다른 집단은 앉아서 노래를 다시 해 보는 것도 도움이 된다. 이때 노래에 맞

추어 손뼉을 쳐서 박자를 맞추게 하면 노래에 대한 음률적인 느낌을 느끼게 해 주며 노랫말에 대한 이해와 노래하는 기교를 강화시킨다.

- 노래 게임의 내용에 맞는 다양한 소품을 사용한다. 간단한 머리띠나 가면 등 노래 게임에 맞는 소품을 사용하면 흥미를 더해 줄 수 있으며, 더 적극적이고 적절한 동작 표현을 할 수 있도록 도울 수 있다.

(3) 창의적 표현 동작하기

창의적 표현 동작하기는 음악적 요소에 초점을 두어 동작을 표현하거나 '나무가 되어 보자'와 같이 한 가지 주제를 중심으로 동작을 표현하기 또는 '곰 잡으러 간단다'와 같이 짧은 이야기를 듣고 상상하여 동작을 표현해 보는 것이다. 창의적 표현 동작하기의 일반적인 교수방법을 살펴보면 다음과 같다.

- 직접적 교수방법을 지양하고 탐색적 방법을 중심으로 지도한다. 창의적 표현 동작하기 활동의 경우 설명과 시범, 모방과 반복에 의한 교사 중심의 직접적 교수방법의 사용은 부적절하며 영유아 주도적인 간접적 교수방법, 그 중에서도 탐색적 방법이 적절하다.
- 연관된 사전 활동을 실시한다. 예를 들어, 여러 가지 기계에 대한 창의적 표현 활동을 할 경우 먼저 일상에서 볼 수 있는 여러 가지 기계에 대해 영유아가 관심을 가지고 충분히 기계의 움직임을 익힐 수 있도록 실물의 기계나 책, 비디오, 사진 등의 자료를 충분히 관찰하고 탐색할 수 있는 기회를 제공한다.
- 교사의 적절한 언어적 자극이 필요하다. 교사와 함께 음악을 듣고, 영유아에게 음악적 요소와 관련하여 어떤 생각이 드는지 이야기 나누는 과정은 영유아의 상상을 풍부하게 하고 창의적인 동작 표현이 가능하도록 돕는다. 또한 창의적 표현 동작 과정에서도 영유아의 상상을 자극하거나 음악적 요소에 초점을 두도록 언어적으로 지원하

는 것이 효과적이다. 예를 들어, 이야기를 듣고 상상하여 창의적 표현 동작하기의 경우에는 특히 활동 중 영유아의 생각을 좀 더 넓힐 수 있도록 발산적 질문을 하는 것이 도움이 된다.

- 음악적 요소, 주제, 이야기에 맞는 다양한 소품을 활용하여 지도한다. 리본 테이프 같은 간단한 소품만으로도 활동에 대한 흥미와 적극적 참여를 유도할 수 있다. 특히 수줍어하는 영유아의 경우 눈 주위만 가리는 가면만으로도 충분히 도움을 줄 수 있다.
- 준비된 음악을 잘 듣고 충분히 상상하여 표현해 볼 수 있도록 지도한다. 먼저 음악을 들려 주고 충분히 상상한 후에 표현해 보도록 하는 것이 효과적이다. 단 음악에 대한 민감성과 반응 능력, 동작에 대한 감각 및 순발력 등을 위한 즉흥 표현의 경우에는 음악을 들으면서 동시에 바로 표현해 보게 하는 기회를 제공하는 것도 필요하다.
- 영유아의 동작을 비교하지 말고 특이하고 독특한 창의적 표현을 수용, 격려한다. 창의적 표현 동작하기 활동에 있어서는 각 영유아의 자유롭고 창의적인 표현 동작이 중요하다. 따라서 영유아의 자발적인 동작을 모두 개방적으로 수용해 주고 주의 깊게 관찰하여 창의적인 표현 동작에 대해 격려해 주는 분위기가 효과적이다.
- 몸과 마음을 준비, 정리시키는 시간을 갖는다. 활동 전에 몸과 마음을 준비시킨다. 즉, 긴장된 근육을 이완시키기 위해 스트레칭, 구부리기, 돌리기, 흔들기와 같은 신체 부분을 움직여 보는 활동을 한다. 집단 활동의 경우 함께 동작할 친구들과 일반 공간에 대한 인식을 확인한다. 또한 활동 후에도 같은 활동으로 몸과 마음을 정리하는 기회를 가질 수 있는데, 중요한 것은 이러한 활동 준비와 정리는 필수적인 것은 아니며 아주 짧게 간단히 실시하여 본 활동에 지장을 주지 않도록 해야 한다는 점이다.
- 영유아가 만들어 낸 동작 표현을 발표할 기회를 제공한다. 영유아를 두 집단으로 나누어 한 집단은 자신이 만들어 낸 동작을 발표해 보고 다른 집단은 다른 영유아가 발견해 낸 다양한 동작을 감상해 보

는 기회를 갖는 것도 효과적이다. 발표 시에는 동작으로 표현하기뿐만 아니라 무엇을 표현했는지를 이야기해 보도록 하는 것도 포함한다. 발표와 감상의 기회는 보다 더 다양한 창의적 동작으로 이끄는 기초를 제공한다.

창의적 표현 동작하기는 음악적 요소에 따른 창의적 표현 동작하기, 주제에 따른 창의적 표현 동작하기, 이야기를 듣고 상상하여 창의적 표현 동작하기로 구분되며 다음은 각각의 지도방법이다.

(가) 음악적 요소에 따른 창의적 표현 동작하기

- 음악적 요소에 맞는 교수방법을 사용한다. 교사는 먼저 음악적 요소인 역동성, 속도, 고저, 리듬 등의 개념을 이해한 후, 영유아에게 알려 주고자 하는 음악적 요소를 선택하고 영유아에게 이러한 요소들을 어떻게 이해시킬 수 있을지를 고려해야 한다.
- 준비한 음악을 주의 깊게 들려준다. 음악에 대한 감정과 느낌, 생각을 주의 깊게 들어 보는 경험은 음악적 요소를 고려하여 동작교육을 하는 데 필수적이다.
- 교사는 음악적 요소와 관련된 언어적 지원을 제공한다. 교사는 음악을 들려 주고 '어느 부분이 가장 부드럽게(가볍게, 무겁게, 느리게, 빠르게) 들렸는지?', '부드럽게 들리는 부분을 어떻게 우리 몸으로 표현할 수 있을까?' 등 적절하게 언어적으로 지원해 주어야 한다.
- 준비한 음악을 표현하기에 적절한 다양한 자료를 제공해 준다. 교사는 음악에 대한 느낌과 준비된 자료를 어떻게 표현할 수 있는지를 토의하여 활동을 전개한다. 가령 '이 리본막대를 이용하여 어떻게 표현할 수 있을까?', '나비의 날개짓을 스카프를 이용하여 어떻게 표현해 볼 수 있겠니?'와 같이 질문하여 토론해 본다.

- 질이 좋은 음악을 사용하여 지도한다. 박자나 리듬 등 음악적 요소가 쉽게 인식될 수 있도록 질이 좋은 음악을 사용한다.

(나) 주제에 따른 창의적 표현 동작하기

- 영유아의 흥미, 경험, 발달 수준에 맞는 주제를 선정한다.
- 활동할 주제에 대한 관찰과 탐색을 한다. 활동할 주제에 대한 주의 깊은 관찰과 탐색 과정은 영유아의 동작 표현을 효과적으로 지원할 수 있다. 주제에 대한 탐색이 면밀하게 이루어질 수 있도록 교수자료를 사용한다. 주제에 적합한 실물, 모형, 그림 자료, 비디오, 슬라이드, 움직이는 인형 등을 제시한다. 예를 들어, 파도를 표현할 때 교사는 다양한 파도의 움직임(잔잔한 파도, 성난 파도 등)을 관찰하고 탐색할 수 있는 그림 자료나 비디오 자료를 활용할 수 있다.
- 교사는 발산적 질문을 한다. 영유아가 주제에 따라 동작 표현을 생각할 수 있도록 다양한 유형의 질문을 한다. 교사의 질문은 정답이 있는 것이 아니라 다양하게 생각해 볼 수 있는 발산적 질문이 되어야 한다.
- 영유아의 독특한 표현을 장려한다. 영유아에게 상상할 기회를 풍부하게 제공해 준다. 즉 '바람에 날리는 나뭇잎'이 되거나 '점점 커지는 풍선'을 표현할 때 영유아 나름대로의 나뭇잎과 풍선을 표현하도록 한다. 이러한 독자적인 자기표현은 창의적인 동작교육의 중요한 요인이다.
- 창의적인 동작 표현을 할 수 있는 언어적 지원을 한다. 예를 들어, '가볍게', '무겁게', '느리게', '모양을 따라서' 등과 같은 동작 요소를 포함하거나, 동작 반응을 촉진할 수 있는 추후 질문을 한다. 창의적 표현을 할 수 있도록 지속적인 제안을 하는 것이 좋다.
- 동작교육에 필요한 교수 자료의 사용 방법을 토의한다. 영유아는 새로 접한 자료에 흥미를 갖게 되지만, 익숙해지면 자료의 사용법과

관계없이 자료 활용에 방해를 하는 경우가 있다. 올바른 방법으로 자료를 사용하는 것에 대해 토의한다.

- 교사는 활동 중 영유아의 표현을 주의 깊게 관찰하여 반응해 준다. 교사는 세밀한 관찰을 통해 영유아가 다양한 동작 표현을 스스로 발견하도록 격려와 칭찬을 한다.
- 영유아 간의 충돌이 일어나지 않도록 주의한다.
- 최대한 개방적이고 자유로운 분위기를 마련한다.

(다) 이야기를 듣고 상상하여 창의적 표현 동작하기

- 교사가 준비한 이야기를 들려준다. 교사는 영유아에게 어떻게 움직일 수 있을지 생각하며 이야기를 들어 보도록 한다. 준비된 이야기는 움직임을 하기에 적합한 주인공이나 동작적인 요소가 포함된 것을 선택한다. 동물의 움직임, 상황적 변화, 물체의 움직임이 이야기 속에 들어 있으면 동작을 표현하기에 좋다.
- 교사는 다양하고 창의적인 움직임을 표현할 수 있도록 이야기의 줄거리와 관련된 언어적 지원을 제공한다. 예를 들어, "코끼리가 커다란 웅덩이에 빠졌어요. 코끼리는 웅덩이에서 어떻게 빠져 나올까", "○○는 양손을 이용하여 코끼리 코를 만들어서 나뭇가지를 잡아당기며 웅덩이에서 빠져나오고 있구나!", "또 어떤 방법으로 웅덩이에서 빠져나올 수 있을까?"와 같은 언어적 지원을 적절하게 해준다.
- 이야기의 내용을 표현하기에 적절한 다양한 자료를 제공해 준다. 이야기 전개를 위한 효과음이나 배경음악, 영유아가 다양하게 활용할 수 있는 소품, 가면 머리띠 등의 자료를 제공해 준다.
- 영유아의 상상을 확장, 심화시킨다. 교사는 영유아의 상상을 확장시키고 발전시키는 역할을 해야 한다. 이때 표현의 주제와 관련된 비디오, 사진, 그림, 엽서, 동화 등을 사용하면 효과적이다.

- 교사는 영유아의 생각과 아이디어를 모아 이야기를 연결하는 것을 도와주며 격려해 주어야 한다. 가령, 단순한 기계의 움직임만을 상상하여 이야기를 만들고 표현하기보다는 시계, 믹서, 세탁기, 진공청소기, 놀이기구 등의 기계와 나, 기계와 우리, 기계와 함께, 기계 속으로 등 이야기를 상상하여 만들어 보게 하면 더욱 효과적이다.
- 영유아가 창작한 이야기를 사용할 수 있다. 영유아와 함께 이야기를 창작하고 그 이야기를 이용해서 창의적 표현 동작하기 활동을 하는 것도 흥미로운 지도 방법이다. 영유아의 입장에서 볼 때 자신들이 창작한 이야기이므로 더 친숙하고 의미 있는 활동이 될 수 있을 것이다.

3) 동작 감상하기

보다 수준 높은 동작활동에 대한 감상을 통해 동작의 요소에 대한 이해를 돕고 동작에 대한 흥미와 긍정적 태도, 즐기고자 하는 욕구를 키워주는 것은 동작교육에 있어 매우 중요한 부분이다. 즉, 영유아가 동작활동을 하면서 다른 영유아의 동작을 자연스럽게 볼 수 있는 일상적인 감상 활동 이외에 직접적인 공연 관람이나 동영상 자료, 그림 자료 등을 이용한 계획적 감상 활동의 기회를 제공해야 한다.

① 질이 좋은 동작 작품을 이용하여 지도한다. 감상할 동작 작품은 영유아의 운동능력이나 표현 능력보다 수준이 높은 것이 좋으며, 예술적 가치를 지닌 작품이어야 한다. 즉, 아름다움을 느낄 수 있는 작품을 사용하여야 한다.

② 교사는 감상할 동작 작품을 충분히 이해하고 있어야 한다. 작품의 안무가, 공연자, 춤이나 체조에 활용된 음악, 작품에 내포된 이야기 등에 대해 충분히 파악한 후 활동을 지도해야 한다.

③ 활동 시간을 적절히 고려하여 지도한다. 감상할 동작 작품의 길이는 5분 내외가 적합하다. 또한 영유아의 발달 단계에 따라 가능한 주의 집중시간을 고려하여 감상 활동의 시간을 정한다.

④ 감상할 동작 작품은 친숙한 것에서 생소한 것, 단순한 것에서 복잡한 것의 원리에 따라 선택한다. 영유아에게 친숙한 음악을 포함한 작품을 먼저 경험하게 하는 것은 동작 감상하기 활동에 대한 흥미를 도모하고 적극적 참여 동기를 부여한다.

⑤ 여러 문화권과 장르의 춤, 체조 등 다양한 작품을 소개한다.

⑥ 감상할 동작 작품에 대한 이해를 돕는 그림 자료, 음악과 같은 교수 자료를 제공한다.

⑦ 감상 후의 느낌과 생각을 다양한 방법으로 표현해 보게 한다. 가령 민속춤을 감상한 후 그 느낌을 말로, 그림으로 표현해 보게 한다. 이는 자신의 생각을 구체화할 수 있는 기회를 제공하는 동시에 다른 사람과 자신의 생각과 느낌을 비교하고 공유해 볼 수 있는 기회를 제공하는 것이다.

⑧ 영유아도 함께 직접 움직여 볼 수 있도록 한다. 영유아의 감상 활동은 감상만으로 이루어지기보다 참여의 기회를 제공하는 것이 효과적이다. 전문가나 전문 단체를 초청하는 경우 함께 동작해 보는 것은 매우 흥미롭고 새로운 경험이 될 것이며, 전문가들과 감상한 느낌 등에 대해 이야기를 나누는 것 역시 효과적이다.

4) 통합적으로 표현하기(음악극)

음악극은 음악 감상하기, 노래 부르기, 악기 다루기, 동작으로 표현하기를 통합한 활동이다. 음악극은 동화, 동시의 내용 또는 주제에 관련된 내용을 극화하거나 노래극으로 구성하는 창작극에 속하는데(교육부, 1998), 창작극은 공연을 중시하는 구조화된 전통적 극놀이와는 달리 자발적으로 친숙한 상황과 주제를 발현적으로 선택하기 때문에 직접적인 참여자로서의 영유아의 역할이 강조된다. 창작극을 통하여 영유아는 능동적으로 모든 활동과정에 참여하게 되며, 공연의 결과가 아닌 과정에 교육적 가치를 둔다(Dillon, 1998; Erickson, 1998; McCaslin, 1990; Shaftel & Shaftel, 1983; 조동희, 1990).

음악극의 활동과정은 계획하기, 실행하기 그리고 공연 및 평가하기로 이루어진다(이효숙, 2001).

(1) 음악극 활동 계획하기

영유아에게 실시할 음악극에 대해 소개하고 활동을 구체적으로 계획한다. 음악극에 대한 소개와 이해를 돕기 위하여 어른이나 영유아가 공연한 음악극을 직접 관람시키거나 비디오를 보여준다. 음악극에 대한 소개와 이해는 사전활동으로 미리 이루어질 수도 있으며, 이를 토대로 음악극 활동을 계획한다. 음악극에 대한 계획은 주로 이야기 나누기 시간에 대집단으로 토의를 통해 이루어진다. 음악극을 보고 난 느낌, 음악극을 할 수 있는 방법, 음악극을 위한 준비에 대해서 이야기 나눈다.

(2) 음악극 활동 실행하기

계획에 따라 음악극 활동을 실행한다. 구체적이고 실질적으로 공연을 위해 준비하는 과정으로 등장인물 분석하기, 노래 부르기, 동작으로 표현하기, 역할 분담하기, 소품 만들기 등을 포함한다.

① 등장인물 분석하기: 등장인물에 대한 분석은 등장인물 분석도를 작성함으로써 이루어진다. 대개 4~5명이 토의하여 등장인물 분석도를 작성한 후에 모든 영유아가 함께 가장 적절한 등장인물 분석도를 완성한다. 등장인물 분석도를 통해서 인물들의 느낌, 정서, 성격 등을 이해할 수 있다.

② 노래 부르기: 음악극 구성에 맞게 동화의 내용을 다시 구성하여 동화의 장면과 연결된 노래를 다양한 방법으로 부른다. 음악적 요소인 리듬, 박자를 다양하게 탐색하고 다양한 악기를 가지고 노래를 부른다. 노래를 배운 후에 음악극에 사용하기 위해 노래를 녹음한다. 노래를 배우기 전·후에 자유선택놀이 활동시간에 자주 들어 볼 수 있는 기회를 준다.

③ 동작으로 표현하기: 등장인물 분석도를 통하여 분석한 인물들에 대해 신체표현을 좀 더 구체적으로 탐구하고 표현해 본다. 등장인물들이 화가 났을 때, 겁이 났을 때, 겁을 줄 때 등의 신체표현이나 표정을 보다 적합하게 표현해 본다.

④ 역할분담하기: 주인공, 등장인물, 스텝의 역할에 대해서 이야기를 나눈 후 배역을 정한다. 이때 영유아는 주인공과 등장인물, 그리고 스텝이 해야 할 일을 구체적으로 토의하여 결정한다.

⑤ 소품 만들기: 소품으로는 어떠한 것이 필요하고, 무엇으로 만들 수 있는지를 토의한 후 만들 작품과 재료를 결정하여 작업한다. 예를 들어 포스터나 무대의상을 만들고 무대배경을 꾸밀 수 있다.

표 4-3 유아음악극 활동 과정

단계	내용
계획하기	• 음악극을 할 수 있을까? • 음악극을 어떻게 할 수 있을까? • 음악극을 하려면 어떤 준비를 해야 할까?
등장인물 분석하기	• 대그룹, 소그룹 • 동화를 듣고 동화의 인물 분석하기 • 4~5명이 공동으로 토의한 후 등장인물 분석도 작성하기 • 등장인물 분석도를 통해서 인물들의 느낌, 정서, 연기 분석하기
노래 부르기	• 대집단, 소집단, 개별 활동 • 기존의 음악극 노래 반복해서 듣기 • 동화의 장면과 연결된 노래를 다양한 방법으로 부르기 • 노래 가사 바꾸어 부르기 • 노래 녹음하기 • 리듬이나 박자, 악기와 함께 활동할 수 있는 놀이자료를 음악영역에 배치하기

(계 속)

동작으로 표현하기	• 대집단, 소집단 • 인물들에 맞는 신체표현하기 • 등장인물들이 화가 났을 때, 겁이 났을 때, 겁을 줄 때 등에 대한 동작이나 표정을 보다 적합하게 표현하기 • 신체표현을 탐색하기 위해서 교사는 사람이나 동물들이 화가 나거나 겁을 줄 때의 그림 자료나 비디오 화면을 보여줌으로써 신체표현 지지하기
역할분담하기	• 대집단 • 주인공, 등장인물, 스텝의 역할에 대해 의논하여 역할 정하기 • 등장인물들을 늘일 수 있는 방법들에 대해서 토의하기 • 주인공과 등장인물 그리고 스텝이 해야 할 일들을 구체적으로 토의하기 • 주인공과 등장인물, 그리고 스텝의 역할을 바꾸어 하기
소품 만들기	• 대집단, 소집단, 개별 활동 • 소품으로 어떠한 것이 필요하고, 무엇으로 만들 수 있는지를 토의한 후 만들 작품과 재료를 결정하여 작업하기 • 포스터 만들기, 무대의상, 무대배경, 소품 만들기
전시하기	• 음악극이 진행된 과정 전시하기 • 진행 순서에 따른 사진과 결과물 전시하기 • 등장인물 분석도, 역할 분담표 전시하기 • 노래에 맞게 정해진 신체표현하기 • 의상, 소품, 무대배경 디자인 및 결과물 공연하는 모습 전시하기
공연 및 평가하기	• 음악극 공연 및 감상하기 • 유아 음악극을 비디오로 시청한 후 반성적인 평가하기 • 음악극을 실행해 보고, 공연한 후의 느낌이나 감상을 자유놀이 시간에 저널쓰기하기

(3) 음악극 공연 및 평가하기

준비한 음악극을 공연하고 평가해 본다. 음악극에 대한 공연은 두 팀으로 나누어 모든 영유아가 음악극의 역할과 스텝의 역할을 경험할 수 있게 실시한다. 음악극이 끝난 후에 잘된 점과 고쳐야 할 점에 대해서 토의하고, 영유아가 공연한 비디오를 시청하면서 반성적인 평가를 실시한다.

(4) 음악극 지도 시 일반적인 고려점

① 음악극은 행사 시 발표용이 아니라 정규 교육과정의 일부로 진행하는 것이 좋다. 음악극은 학기 말에 재롱잔치식의 발표용으로 결과 중심, 훈련 중심으로 실시되는 경우가 많다. 그러나 음악극은 교육활동의 일환으로 인식되고, 유아교육기관에서 진행되는 교육과정 의 하나로 실시되어야 한다(심성경 · 이효숙, 2001).

② 음악극 활동은 통합적으로 구성한다. 음악극 활동은 모든 교과 영역이 통합되어 있는 활동이므로 전체 교육과정의 주제를 중심으로 다른 교육과정 영역의 활동과 연관 지어 통합적으로 계획하고 실시해야 한다.

③ 하나의 음악극을 공연 활동까지 진행시키려면 기간은 한 달 정도가 적합하다(심성경 · 이효숙, 2001). 음악극은 통합적 활동으로 단기간에 훈련시키는 것이 아니라 장기적인 프로젝트로 진행할 때 보다 질적인 교육활동으로 전개할 수 있다. 정규 교육과정 활동에 영향을 주지 않도록 하기 위해서도 한 달 정도가 적합하다.

④ 영유아의 생각을 가능한 한 존중하고 수용한다. 예를 들어, 동작을 만들거나 소품을 만들 때는 영유아의 생각을 중심으로 만든다. 이는 영유아에게 활동에 대한 흥미를 높여 주고, 학습 성향을 지속하는 동기가 되며, 자긍심을 길러줄 수 있다.

⑤ 가능한 한 많은 영유아가 역할을 맡아 참여할 수 있도록 한다. 한두 명의 영유아가 주인공으로 한정되기보다는 많은 영유아가 참여할 수 있도록 등장인물이 많은 것이 좋다. 음악극에 참여하는 영유아의 수가 등장인물보다 많을 경우에는 동일한 등장인물을 늘린다. '늑대와 일곱 마리 아기 양'이나 '브레멘 음악대'는 등장인물이 많고, 등장인물의 수를 많이 늘릴 수 있는 좋은 예이다.

⑥ 소극적인 영유아는 자연스럽게 참여를 유도한다. 내성적이거나 소극적인 영유아는 음악극에 강제로 참여시키지 않고, 친구와 동일한

역할을 주거나 소품의 한 역할을 하게 한다. 예를 들어, '브레멘 음악대'의 경우 말의 역할을 두 명으로 짝을 이루게 한다든지, 무대 위의 나무와 같은 소품의 역할을 하게 한다.

3 동작활동의 계획 및 평가

1) 동작활동의 계획 및 실행

교육적인 프로그램의 기본적인 요소는 계획이다. 교사의 치밀한 사전 계획이 없으면 바람직한 통합 교육의 효과는 얻을 수 없다.

동작활동을 계획할 때 수업은 하나의 단원으로 이루어지거나 좀 더 긴 시간 동안에 분산시켜 이루어질 수도 있다. 이는 유아의 연령 수준과 주제의 성격에 따라서 달라질 수 있다. 주제는 기본적으로 수업이나 학습 활동의 기초가 되는 구심점이 된다. 매일의 수업은 계획할 때 그 수업의 특정한 목표가 무엇인가를 결정하는 것이 중요하다. 일단 그 수업의 목표가 결정되면 수업 자체의 실제적 구성에 중점을 둘 필요가 있다.

또한 동작활동은 유아의 학습 형태, 개성, 발달 수준에 따라 개인차가 있기 때문에 다양한 내용으로 제공되어야 한다.

(1) 동작교육의 목표

그레이엄 외(Graham et al., 1993)는 활동 목표는 구체적으로 서술되어야 하고 평가가 가능하도록 세부적으로 설정해야 한다고 하였다. 예를 들어, 교사는 공 던지는 동작을 세부적으로 나누어 보고 발달에 맞는 동작 능력 수준을 목표로 설정할 수 있다.

가령 '공 던지기'를 할 때, '공 던지기를 학습하기'보다는 '공을 든 팔을 머리 뒤로 가져갈 수 있다', '한쪽 발을 앞으로 내딛는다', '몸을 앞으로 숙인다', '던지는 사람을 보고 공을 던진다' 등의 목표를 설정함으로써 동작이 끝난 후에 다른 목표에 의거하여 구체적인 평가를 할 수 있다.

또한 동작교육의 목표를 선정할 때는 연령과 발달에 따른 차이를 고려해야 한다. 동일한 기본적인 동작이라도 연령과 발달에 따라 목표는 다르게 기술되어야 한다. '공 던지기'의 경우 영아는 던지는 것을 마냥 즐기는 수준에 있기 때문에 목표물을 좁게 모아주고(◎) 던지기를 하기보다는 일렬로 목표물을 넓게 늘어놓고(○○○○○○) 맞추기를 하는 것이 적합하다. 유아는 목표물을 모아 놓고 맞추기를 하는 것이 좋고, 거리도 조절하면서 점점 멀리 해 주면 좋다.

표 4-4 동작활동의 목표와 평가 작성의 예

목표	• 신체를 흔들리게(sway and rock) 하는 동작과 구르는(rolling) 동작 기술을 나타낼 수 있다. • 여러 방향으로 움직일 수 있다. • 나뭇잎의 모습을 인식하고 움직인다(나뭇잎의 모양, 크기). • 창의적인 신체표현을 한다.
평가	• 흔들거리는 동작(비이동 동작), 가볍게 앙감질하고 구르는 동작(이동 동작)을 대부분 나타냄(빠른 걸음으로 걷는 동작만을 일관하는 유아도 있음) • 처음에는 앞으로 움직이는 이동 동작이 많았음. 공간 탐색 후에 오른쪽 왼쪽으로 움직임 • 두 손을 깍지 끼고 위로 뻗은 나뭇잎의 모습이 많았고, 크고 작은 모양을 만들어 낼 수 있었음 • 바람의 세기에 따라 흔들림을 강하게 약하게 동작하거나, 친구와 함께 커다란 나뭇잎을 표현하기도 하고, 나뭇잎이 날리는 모습을 다양하게 표현함

출처: 배인자 · 한규령(1996).

(2) 동작활동의 내용 선정

동작활동의 내용을 선정하기 위해서는 동작교육을 위한 내용 기준을 고려하여야 한다. 동작활동의 내용은 유아의 발달 수준에 근거하여 단순한 활동부터 시작하여 점점 복잡한 활동의 비중을 높여 간다. 유아교육 프로그램은 대개 주제 중심으로 교육 활동을 선정하고 운영하므로 생활 주제와 연결하여 동작활동 내용을 선정할 수 있다.

학기 초에는 충분한 신체 탐색이 일어나는 단순한 활동부터 시작한다. 특히 기본적인 동작활동(이동, 비이동, 조작적 동작)은 신체적 접근을 통해 또는 극적인 접근을 통해 경험할 수 있다. 그러나 극적인 접근도 처음에는 단순한 행동을 가장해 보는 활동(예: 뜨거운 모래 위를 걷는 것처럼 동작하기)에 비중을 두다가, 유아가 신체 조절을 익숙하게 하면, 보다 복잡한 극적인 접근(예: 동시 · 동화를 듣거나 음악을 들으며 극화하는 접근) 창의적 표현 활동의 비중을 높여 활동 내용을 선정하도록 한다.

(가) 수업계획안 작성

동작활동을 계획하기 위해 교사는 공간, 시간, 도구와 자료, 유아의 연령, 참여할 유아의 수, 사용 가능한 기자재 등을 고려하여야 하며, 이러한 점을 고려한 수업계획안을 구체적으로 작성하는 것이 도움이 될 것이다.

바일러, 마스, 너슬(Weiler, Maas & Nirschl, 1988)은 수업계획안을 1차시 분량의 계획된 학습 단원을 가르치기 위한 구체적인 교수 과정이며, 수업계획안 작성 방법은 교사들마다 다양할 것이라고 하였다. 수업계획안의 작성이 동작활동의 성공을 보장해 주는 것은 아니지만, 수업계획안의 작성을 통해 교사는 수업에 대한 전체적인 윤곽을 잡고, 발생할 수 있는 문제에 대한 예측을 할 수 있을 것이다.

교사가 수업계획안을 작성하기 위해 고려해야 할 사항은 다음과 같다(김은심 역, 2004).

첫째, 수업계획안을 융통성 있는 지침으로 간주한다(Kirchner, 1992). 그 이유는 똑같은 수업이 두 개 존재할 수 없기 때문이다. 같은 연령의 유아들조차 서로 다른 수준의 운동능력, 경험, 정서적 성숙을 이루고 있으므로, 교사는 이에 따라 수업을 융통성 있게 운영해야 한다. 또한 교사는 과외 수업(over time)이나 개별 수업(individual lesson)을 하면서 자신이 계획한 수업계획안에 변화가 생길 수 있다는 사실을 인식하여야 하며, 항상 염두에 두고 있어야 한다. 예를 들어 교사는 한 수업 시간 동안의 관찰을 준거로 특정 활동이나 기술을 심화·발전시켜야겠다는 결정을 내릴 수 있으며, 이러한 결정은 다음 수업계획에 변화를 일으킬 것이라는 것을 의미한다. 혹은 유아가 교사가 생각해 보지 않은 제안을 하거나 자신이 특히 좋아하는 것을 반복해서 하자고 교사에게 요청할 수도 있다.

둘째, 교사는 분명하고 실제적인 목표를 가지고 있어야 한다. 가장 바람직한 것은 교사가 한 해 동안 자신의 학생이 이루기를 바라는 목표를 세운 후 주간 계획이나 일일 계획의 목표로 세분화하는 것이다. 예를 들어, 유치원 유아에게 모든 기본적인 이동 기술과 비이동 기술을 성공하는 기회를 경험하게 하는 것이 교사의 목표라면 여기에서 성공이 의미하는 것을 먼저 정의해야 한다. 다음에 교사는 그에 따른 계획을 준비한다. 유아가 학기가 끝날 때까지 이 목표를 달성할 수 있도록 하기 위해 각 수업에 어떤 활동을 포함시킬 것인가? 각각의 수업마다 유아가 달성하기를 바라는 것은 무엇인가? 물론, 교사는 신체 영역뿐 아니라 인지 영역과 정서 영역의 목표를 포함하는 계획안 작성을 결정할 수 있다. 예를 들어, 유아가 공간에서의 세 수준을 이해할 수 있는가(인지영역)? 짝과 함께 활동하면서 효과적으로 협동할 수 있는가(정서 영역)?

그레이엄(Graham, 1995, p.24)은 교사들에게 현실적이고 구체적일 것을 조언하고 있다. 그는 유아가 60분짜리 수업 시간에 공을 바닥에 튕기지 않고 던지기(volley)와 같은 기술을 배울 수 있기를 기대하는 것과 같은 경우가 바로 비현실적이고 지나치게 막연한 목표 설정의 예라고 설명하면서, "공을 받아 던지면서 무릎 구부리기를 할 수 있다."와 같이 관찰과 평가에 지침을 제공하는 보다 구체적 목표를 설정하는 것을 제안했다.

(나) 수업계획안 구성

교사가 가르치는 것에 익숙해질수록 수업계획에 드는 시간과 상세한 사항은 줄어들 것이다. 처음으로 동작교육을 시작한다면 수업계획이 상세할수록 실제 수업은 쉬워질 수 있으며 수업계획안의 구성 요소에 대해 구체적으로 설명하면 다음과 같다.

❶ 활동의 목표를 명확히 설정한다

동작교육 활동은 융통성을 전제로 계획하지만 일련의 목표에 따라 계획하여야 한다. 즉, 정확한 활동의 목표에 따라 활동의 계획을 세워야 한다. 이를 위해 주간 활동 계획표를 작성하는 것은 도움이 된다. 목표 진술의 적절한 방법은 다음과 같다.

첫째, 동작교육 활동의 목표는 구체적 · 세부적으로 서술되어야 한다. 예를 들어, 기본 운동 동작활동으로 '장애물 뛰어넘기'를 계획한다면 목표는 '뛰어넘기를 학습한다.'로 기술하기보다 '5cm 장애물을 두 발로 뛰어넘을 수 있다'와 같이 구체적이고 세부적으로 기술해야 한다. 이러한 목표 설정은 교사에게 발달에 적합한 동작능력 수준을 알 수 있게 하고, 동작교육을 수행하고 난 후 목표에 근거한 평가를 할 수 있도록 돕는다.

둘째, 동작교육 활동의 목표는 연령과 발달에 따른 차이를 고려하여 선정해야 한다. 동일한 기본적인 동작활동이라도 연령과 발달에 따라 목표는 다르게 기술되어야 한다. 예를 들어, '장애물 뛰어넘기'를 계획한다면 목표는 '바닥에 그어진 선을 두 발로 뛰어넘을 수 있다', '5cm 장애물을 두 발로 뛰어넘을 수 있다', '10cm 장애물을 두 발로 뛰어넘을 수 있다'와 같이 영유아의 연령과 발달에 따라 수준에 차이를 두고 기술되어야 한다.

셋째, 주 주제(primary theme)는 동작의 구성 요소나 기술 혹은 생활 주제(classroom theme)와 같은 수업의 주 포커스를 나타내며 부 주제(secondary theme)는 부차적 핵심 사항을 가리킨다. 1차 주제가 점프하기라면 2차 주제는 힘(force)이라는 동작의 구성 요소가 될 수 있다. 즉, 가볍게 점프하기와 무겁게 점프하기가 수업계획에 포함될 수 있다는 의미이다. 수업 목표는 '발뒤꿈치를 구부리고 발끝-발의 앞부분-발뒤꿈치 순서로 바닥에 착지할 수 있다'와 '가벼운 점프와 무거운 점프의 차이점 인식하기'가 될 수 있다.

■ 목표 진술 시 유의할 점(박찬옥 외, 2017)

- 영유아 중심으로 기술한다. 주어 '영유아는'이 생략되어 있다.
  - 예 다양한 자료를 준비해주어 나비를 표현해 보게 한다(×).
    → (영유아는) 다양한 자료를 이용하여 나비를 표현해 본다(○).

- 목표 진술의 어미는 '~한다', '~수 있다' 등의 완성된 문장으로 기술한다.
  - 예 1~5까지 숫자를 순서대로 세어보아요(×).
    → 1~5까지 숫자를 순서대로 셀 수 있다(○).
  - 예 바른 자세로 동작 감상하기(×).
    → 바른 자세로 동작을 감상한다(○).

- 여러 가지 목표를 한 문장에 진술하지 않는다.
  - 예 마임의 의미에 대해 알고 신체를 이용하여 유치원의 일과를 창의적으로 표현해 본다(×).
    → 마임의 의미에 대해 안다 / 신체를 이용하여 유치원의 일과를 창의적으로 표현해 본다(○).

❷ 활동에 적절한 집단 구성의 방법을 결정한다

영유아 동작교육 활동을 위한 집단 구성은 활동 유형, 교사의 수와 공간에 따라 달라진다. 만약 교사가 계획한 동작활동을 교사 한 명이 대집단으로 전개하는 것이 가능하고 충분한 공간이 주어진다면 대집단 활동으로 전개할 수 있다. 그러나 보조교사나 자원봉사자의 도움을 받을 수 있거나 공간이 충분하지 않은 경우라면 소집단으로 나누어 지도할 수도 있다.

소집단으로 동작교육이 전개될 경우 개별 영유아의 반응을 보다 많이 수용하고 지원하기가 용이하여 보다 창의적이고 깊이 있게 표현을 하도록 도울 수 있다. 그러나 대부분 학급당 교사 1인이 배치된 현장의 여건상 소집단 활동이 어려운 실정이다. 따라서 자유선택 활동으로 계획하는 것이 대안이 될 수 있으며, 2세 미만 영아의 경우 특히 집단 활동보다는 자유선택활동으로 계획하여 자연스럽게 소집단 활동으로도 이루어질 수 있게 하여야 한다.

또한 각 활동에 필요한 대형을 계획안에 기록할 수 있다. 대형은 원형, 일렬종대, 흩어져서와 같이 활동을 할 때의 학습자들의 위치를 의미한다.

❸ 활동시간을 적절하게 계획한다

동작교육 활동의 시간 길이는 영유아의 연령이나 상황에 따라 융통성 있게 계획하여야 한다. 영아는 집중시간이 짧기 때문에 나이가 많은 영유아보다 시간을 짧게 계획한다. 일반적으로 3세는 15분이 넘지 않는 것이 좋고, 4, 5세는 20분 정도가 가장 적합하다(Sullivan, 1982). 하지만 활동의 전개 시에는 영유아의 활동에 대한 흥미, 지속성, 계속 하고자 하는 의지가 있다면 정해진 시간에 끝내기보다는 충분히 활동에 참여할 수 있도록 시간을 허용하는 것이 좋다. 동작교육은 하루 일과 중에 매일 계획되는 것이 가장 이상적이며 아침 시간보다는 오후 시간, 정적인 활동이 이루어진 다음 시간이 적합하고 계획된 활동뿐만 아니라 실내·외 자유선택활동 시간을 이용하는 것도 좋다.

❹ 활동에 필요한 교수 자료를 계획한다

효과적인 교수 자료의 활용은 음악과 동작교육 활동에 대한 영유아의 흥미뿐 아니라 참여도를 높일 수 있다. 교사가 활동을 전개하기 전에 교수 자료를 영역에 제공해 주면 활동에 대한 영유아의 동기 유발을 촉진하게 되고, 활동 후에 교수 자료를 영역에 제시하면 자유선택활동으로 연계될 수 있다.

■ 동작활동을 위한 자료

- 기본 운동 동작하기 자료: 훌라후프, 평균대, 공, 줄, 막대, 매트, 트렘폴린 등
- 표현 동작하기 자료: 동물 등의 머리띠, 리본 테이프, 스카프, 풍선, 탄력밴드, 한 종류의 포스터, 다양한 악기류, 무용가 그림 등
- 동작 감상하기 자료: 동작 그림이나 사진 자료, 녹음기, 녹음테이프, 음악 CD, 비디오, 동영상 자료 등

⑤ 관찰과 평가가 익숙해질 때까지 교사는 수업계획안에 주요 관찰 사항을 기록할 수 있다. 즉, 수업 주제와 목표를 준거로 동작을 분석할 때 스스로에게 질문하고 싶은 것이나 유아의 동작을 교정할 때 유용한 질문과 같은 것을 기록할 수 있을 것이다. 점프하기 활동의 주제와 목표를 예로 든다면 수업계획안에 나타날 수 있는 관찰 단서는 '무릎을 구부리고 착지하는가? 뒤꿈치로 착지하는가, 아니면 발의 앞부분만을 사용하여 착지하는가? 가벼운 점프와 무거운 점프를 확실하게 구분하여 수행하고 있는가? 무거운 점프와 가벼운 점프 각각에 사용되고 있는 근육 긴장의 정도를 식별할 수 있는가?'와 같은 것이 될 수 있다.

⑥ 마지막은 활동에 대한 평가, 유아의 수행, 교사의 교수방법에 대한 코멘트를 위한 항목으로 다음 시간에 바로 활용하기 위한 항목이라고 할 수 있다. 이 항목은 교사가 이미 한 번 수행한 수업계획안을 조정하여 다음 수업에 적용할 수 있도록 도와줄 것이다.

수업계획안의 양식은 교사마다 조금씩 다르게 만들 수 있다. 앞에서 제시한 활동의 과정이나 활동 방법의 개요 중심으로 작성하는 방법도 있지만, 교사는 조금 상세하게 활동계획안을 작성할 수도 있다. 활동계획안을 자세하게 기록한다는 것이 융통성을 배제함을 의미하는 것은 아

니다. 특히 초임 교사나 예비 교사의 경우, 활동계획안을 상세하게 기록해 본다는 것은 무척 중요한 일이다. 따라서 교사는 동작수업을 계획할 때 다음과 같은 발달 순서를 기억하고 계획안을 작성토록 한다.

첫째, 유아가 짝활동이나 그룹 활동으로 동작을 탐색하기 전에 개인 활동이 이루어져야 한다.

둘째, 처음에는 몸 전체를 사용하도록 하고 나서, 신체의 다른 부분은 움직이지 말고 양팔과 양다리를 각각 혹은 양팔과 양다리를 함께 움직여 보도록 한다. 그 다음 단계에서 좌·우 분리 동작(laterality, 측면화)이 나타나고, 이후에는 상·하체 분리 동작(the opposition of body halves)이 따라오게 된다. 유아는 상체를 쭉 펴는 것과 동시에 하체를 구부릴 수 있다는 사실을 발견하게 된다. 마지막 단계로 유아는 신체의 각 부위를 독립적·개별적으로 사용한다. 양손과 얼굴 같은 신체 부위의 사용은 초기에 소개될 수 있으나 머리, 엉덩이, 어깨와 같은 신체 부위만을 독립적으로 사용하는 데는 많은 경험이 필요하다.

셋째, 일반적으로 6세에서 5세 사이의 유아는 무엇인가를 하는 척 하기보다는 무엇인가가 된 척하기를 잘한다. 다시 말해서 이 연령의 유아는 비행기가 나는 것을 흉내 내기보다는 비행기 되기를 더 잘한다는 의미이다. 그리고 훨씬 후에야 그런 경험이 어떤 느낌일지 표현할 수 있을 것이다. 따라서 되기(being), 하기(doing), 느끼기(feeling)의 발달 순서를 따르게 된다(Pica, 2000a).

(3) 동작활동 시간의 구성

계획된 동작교육 활동을 효과적으로 전개하기 위해서는 수업과정을 구체적으로 계획하고 실행해야 한다. 일반적으로 활동의 전개는 도입-전개-평가 및 마무리의 과정으로 진행된다. 특히 계획된 동작활동의 경우 대부분 대집단으로 이루어지는데, 그 전개 과정에 따른 교사의 역할을 살펴보면 다음과 같다.

(가) 도입

도입 과정은 영유아에게 전개될 활동에 대한 학습 동기를 유발하여 자연스럽게 활동에 몰입할 수 있도록 이끄는 과정이다. 교사는 수업 시간마다 똑같은 활동으로 시작함으로써 수업에 예측의 요소를 첨가할 수 있다. 이와 반대로 유아가 그날의 수업 주제에 특히 집중할 수 있도록 하는 활동을 도입활동(opening activity)으로 선택할 수 있다. 어느 것을 도입활동으로 선택하든 간에 최초의 활동을 재미있게 함으로써 유아가 수업에 흥미를 느낄 수 있도록 해야 한다. 영유아가 이전의 경험과 연관지어 볼 수 있게 하거나 다양한 시청각 교수매체를 사용하는 것이 효과적이다. 도입 과정을 위한 방법을 구체적으로 제시하면 다음과 같다.

- 영유아의 이름을 부르거나 간단한 손유희, 익숙한 노래 부르기 등으로 시작한다. 짧은 이야기나 동화로 각색하여 들려줌으로써 동작활동 주제와 연결된 자료를 사용하여 유아의 흥미와 학습 동기 유발을 높일 수 있다.
- 다양한 방법으로 활동에 대해 추측해 보게 한다. 수수께끼를 내거나, 짧은 이야기 들려 주기, 간단한 손인형을 이용한 극화 놀이 등의 방법을 사용한다.
- 전개될 활동의 이름과 구체적 활동 내용을 간단히 소개한다. 활동명을 이야기하고, 유아가 동작활동에 대한 기대감을 갖도록 이끈다. 이야기의 시작은 유아의 구체적인 경험이 반영되도록 한다.
- 도입 과정은 3~5분 정도가 좋다. 도입 과정이 길면 오히려 동작활동에 대한 흥미를 잃을 수 있다.
- 동작활동에 도구가 사용되는 경우에는 도구에 대한 탐색이 먼저 이루어져야 하며 이 도구로 무엇을 해야 하는지 알려주어야 한다. 유아는 새로 접한 자료에 흥미를 갖게 되지만, 익숙해지면 자료의 사용법과는 관계없이 자료 활용에 방해를 하는 경우도 있다. 올바른 자료 사용이 되도록 유아와 토의할 수 있다.

- 동작교육에 필요한 약속을 정한다. 처음 동작활동에 들어가기 전에 약속을 정하면 보다 효과적으로 활동을 전개할 수 있다. 그러나 약속 수행만을 너무 강조하면 활동에 대한 영유아의 흥미가 감소될 수 있다. 이에 교사는 약속을 정할 경우 활동 시 꼭 지켜야 할 약속만을 최소한으로 정하여 영유아와 약속해야 한다.

(나) 전개

전개 과정은 계획된 대로 영유아를 실제 동작활동에 참여시키는 과정이다. 전개 과정에서 가장 중요한 것은 영유아가 즐겁고 자유롭게 활동을 충분히 경험할 수 있도록 하는 것이다. 교사는 미리 결정한 목표를 이루기 위해 고안된 활동으로 전개 안의 활동들은 각각의 활동이 서로를 기반으로 하여 한 활동에서 다른 활동으로 쉽게 전이될 수 있도록 구성되어야 한다. 수업계획안에 이러한 활동을 기록함으로써 교사는 항상 과제에 집중할 수 있고 수업 시간에 발생할 수 있는 소강 상태를 피할 수 있다(Graham, 1996; Sullivan, 1982). 중요한 것은 유아가 자유로운 신체 탐색을 충분히 경험할 수 있도록 교사는 영유아의 활동에 민감하게 반응해 주고, 언어적으로 지원하면서 적절한 상호작용을 제공해야 한다. 이러한 과정에서 고려해야 할 점은 다음과 같다.

❶ 영유아에게 적절하고 다양한 발산적 질문과 언어적 지원하기

교사의 질문과 언어적 지원은 영유아가 동작활동을 보다 충분히 탐색하고 확장하게 하는 기회를 제공할 뿐만 아니라 활동 참여가 어려운 영유아에게 다른 영유아의 표현을 관찰하고 탐색하는 기회를 제공하여 이를 기초로 보다 창의적으로 표현할 수 있도록 도울 수 있다. 전개 과정에서 영유아의 호기심을 유발하고 활동을 보다 심층적으로 전개할 수 있도록 하기 위해 교사의 질문과 언어적 지원은 매우 중요하다. 교사가 지시문 형태로 동작활동을 제안한다면 유아는 스스로 사고하여 표현하는 동작을 만들어 내지 못할 것이다. 예를 들어, 교사가 "개미는 더듬이도 있고 다리도 많이 있어. 그리고 다리를 움직이며 기어 다니지? 개미처럼 기어볼까?"하는 것은 발산적이 아니다. "개미를 볼까? 어떻게 생겼니? 어떻게 움직일까? 한쪽 방향으로만 움직일까? 더듬이로는 무엇을 할까? 개미는 기어 다니며 어떤 일을 할까? 본 적이 있니? 먹이를 옮길 때는 어떻게 움직일까?"하는 언어는 발산적인 질문이 된다. 물론, 이런 질문을 한꺼번에 묻게 되지는 않을 것이며, 유아가 동작 표현을 하는 상황에 맞게 질문을 할 수 있다.

❷ 자유로운 분위기 안에서 영유아 자신의 생각을 표현하도록 격려하기

교사는 가능한 한 유아가 자신의 생각이나 느낌을 나타내기에 편안하고 개방적인 분위기를 형성하는 것이 중요하다. 폐쇄적이며 긴장되어 있는 상태에서는 상상적인 표현이 어렵기 때문에 유아가 자유롭게 느끼고 잠재적인 능력을 발휘할 기회를 갖도록 해야 한다.

대부분의 영유아는 활동 중에 수시로 질문하고 자기만의 독특한 생각이나 느낌을 자유롭게 표현하는 특성이 있다. 이때 교사는 항상 친절하게 응해 주고, 영유아의 독창적인 사고나 표현을 격려한다. 반면에 영유아는 친구의 동작을 모방하려는 특성을 나타내기도 한다. 교사는 이러한 모방 심리를 수용해 주면서, 그 영유아 나름대로의 특징을 작은 점이라도 발견하여 자신의 독특한 동작 가능성을 격려해 주도록 한다. 모든 유아의 생각이 가치롭게 다루어지는 분위기 속에서 유아는 각자 다양한 방법으로 표현하게 된다.

❸ 시범 보이기의 적절한 사용

기본적 동작 유형(이동, 비이동, 조작)들은 정해진 동작 패턴을 갖고 있으므로 필요에 따라서는 시범과 설명을 통해 모델을 보이는 지시적 접근을 사용하기도 한다. 또는 이미 정해진 동작으로 율동(노랫말에 맞추는 율동)을 하는 경우도 있다.

만일 교사가 동작 시범을 보이게 될 때는 한 가지보다는 다양하게 보여주는 것이 유아에게 한 가지 방법만 있다는 인식에서 벗어나게 할 수 있다(이영, 1995). 또한 교사가 활동 시범을 보이며 유아가 따라하게 되는 경우에는 교사 혼자 동작을 지시하고, 유아는 단순히 따라하도록 활동을 진행하지 않도록 한다. 교사가 시범을 보였어도 유아가 교사의 동작을 보고 어떻게 움직였는지 발견해 보고 모방을 하게 하는 질문을 사용하여야 하고, 유아가 교사의 동작을 모방하는 것 이상으로 나름대로의 창의적 방법으로 표현했다면 이를 수용하고 격려해야 한다.

교사의 동작을 따라해 보는 모방 율동의 경우에도, 교사가 정해진 시범 동작을 보였다 해도 유아가 부분적으로 동작을 변화시켜 보도록 하여, 유아가 생각해 낸 동작으로 표현하는 활동이 되도록 할 수 있다. 창의적 표현 활동을 하는 경우에는 교사의 시범 동작이 거의 필요하지 않다. 교사의 시범 동작은 유아의 상상을 제한시키며, 성인의 동작을 모방하는 것이 어려울 수 있으므로 이 점을 인식하고 있어야 한다.

❹ 충돌 예방하기

유아가 신체 조절을 잘 하여도 공간이 좁은 경우에는 부딪힘이 일어날 수 있다. 공간이 좁거나 대집단으로 동작활동을 해야 하는 경우에는 소집단으로 여러 번 나누어 동작을 하도록 한다. 즉, 동작활동을 처음 시작할 때는 원하는 영유아 소수만(2~5명) 나와서 먼저 해 보고, 그 다음에는 소집단으로 점차 수를 늘려 동작할 수 있다. 교사는 동작 표현을 하고 있는 유아에게나 앉아서 바라보고 있는 유아에게나 모두 관심을 갖고 동작활동을 전개해야 한다.

❺ 발견과 탐색 격려하기

동작활동을 진행하면서 유아가 나타내는 다양한 방법의 동작 표현을 유아가 발견해 보도록 이끈다. 탐색과 발견을 이끌기 위해서는 교사 자신이 유아의 동작을 민감하고 세밀하게 관찰하는 능력이 있어야 한다. 유아가 비슷한 동작 표현을 한다 해도 교사는 독특함을 발견하는 능력이 있어야 하며, 이러한 발견을 교사가 일방적으로 알려주기보다는 유아가 찾도록 해야 한다. 가령 "다인이와 지우는 모두 두 팔을 흔들었는데 다른 점이 있었어. 혹시 어떻게 다르게 표현했는지 본 친구 있니?"하고 질문해 볼 수 있다. 영유아 나름대로의 동작 표현을 발견하여 인정해 주고 격려와 칭찬을 해 줌으로써 유아의 자기 성취감과 확신감을 증진시켜 줄 수 있다.

(다) 마무리 및 평가

마무리 활동은 매시간 똑같은 활동이 될 수도 있는데, 수업을 끝맺고 유아의 긴장을 풀어주는 활동이 되어야 한다. 동작활동 전개에 따라 유아가 참여하여 동작 경험을 하고 난 후에 마무리를 하면서 동작을 끝내게 된다. 이 마무리 과정에서는 동작활동에 참여하며 느낀 것을 잠깐 동안 회상해 보며 가능한 한 즐겁게 활동이 끝날 수 있도록 계획한다. 또한 다음 활동으로 연결 지어 전이하는 활동까지 계획하도록 한다.

종결 과정은 활동에 대한 느낌을 간단히 회상하는 과정을 이용하여 평가의 의미를 두기도 한다. 평가는 영유아의 연령에 따라 다르지만 가능한 한 짧게 하는 것이 좋다. 이미 동작활동에서 활동을 전개하는 중에 부분적인 평가를 하게 된다. 즉, 동작 탐색과 발견이 일어나도록 하기 위해 교사는 동작이 진행되는 중간 중간 유아가 표현한 동작의 특성을 찾아보며 유사한 점과 달랐던 점들을 비교하기도 하고 칭찬과 격려를 주는 평가의 기회를 갖는다. 따라서 종결 과정에서는 동작활동을 마무리하는 전체적인 평가와 다음 교육 활동과 자연스럽게 연결시키는 교사의 역할이 필요하다. 구체적으로 살펴보면 다음과 같다.

- 동작활동은 유아가 재미있고 즐거운 경험이 될 수 있도록 한다. 모든 유아가 자유롭게 동작을 하고 즐거움을 느낄 수 있도록 하기 위해서는 교사의 유능한 지도력이 필요하다. 동작은 움직이는 활동이므로 소란함을 유발할 수도 있고, 참여하지 않는 유아도 있을 것이다. 교사는 유아가 방해를 주지 않는 한 행동을 제한하지 말고, 참여하지 않는 유아에게 굳이 강요하지 않도록 한다.
- 영유아와 함께 동작활동을 하고 난 후의 느낌과 생각을 표현하고 동작활동의 수행에 대해 구체적으로 평가하는 기회를 갖게 한다. "~을 해 보고 나니까 어떤 느낌이 드니?' 등의 질문을 하여 단순히 "좋아요", "즐거워요"라는 반응으로 활동을 마무리할 수도 있겠으나 교사는 "무엇이 재미있었는지?", "왜 좋은 느낌이 들었는지?" 질문하여 구체적으로 유아의 생각을 표현하도록 돕는다. 그리고 교사는 영유아가 활동에 대해 평가해 볼 수 있도록 질문과 정보를 제공한다. 유아는 간혹 상황에 따라 어려웠거나 속상했던 경우도 이야기할 것이다. 이런 경우에도 유아가 자신의 생각을 충분히 표현하는 기회를 제공해야 하지만, 교사가 잘못된 점을 너무 강조한 나머지 유쾌하지 않은 분위기로 마무리한다면 동작활동의 즐거움은 감소할 것이다.
- 다음 활동으로 자연스럽게 전이하는 것으로 마무리한다. 신체의 움직임이 크고 활동의 양이 많은 동작을 하고 난 뒤라면, 근육의 긴장을 완화시키며 휴식을 취하는 활동으로 연결시킬 수 있다. 또는 동시나 짧은 동화를 듣는 정적인 활동으로 전이하기도 한다. 또한 교사는 활동 시 영유아 행동을 관찰, 기록, 정리해 두어 다음 활동 계획 시에 참고하는 것이 좋다.

2) 동작활동의 평가

교육에서 평가란 학습목표가 얼마나 잘 이루어지고 있는지, 영유아가 활동을 경험함으로써 어떻게 변화되었는지를 알아보기 위한 과정이다. 즉, 동작교육의 목표에 대한 성취 정도와 목표에 따른 영유아의 변화과정을 파악하여 궁극적인 성숙을 살펴보고 다음 활동의 교육계획과 교사와 부모 간의 의사소통을 원활하게 돕기 위한 기초 자료로 사용하기 위하여 교사는 평가를 실시하여야 한다. 따라서 평가는 학습 목표가 얼마나 잘 이루어지고 있는가를 점검하는 지속적인 과정으로서 활동을 계획하고 전개해 나가는 일련의 과정만큼이나 중요한 부분이 된다.

이러한 적절한 평가 결과를 바탕으로 각 영유아의 수준에 적합한 동작활동 프로그램을 행하도록 함으로써 영유아의 신체적·감정적·인지적 능력의 발달을 최대화할 수 있으며, 영유아의 성장과 발달에 종합적인 효과를 거둘 수 있을 것이다.

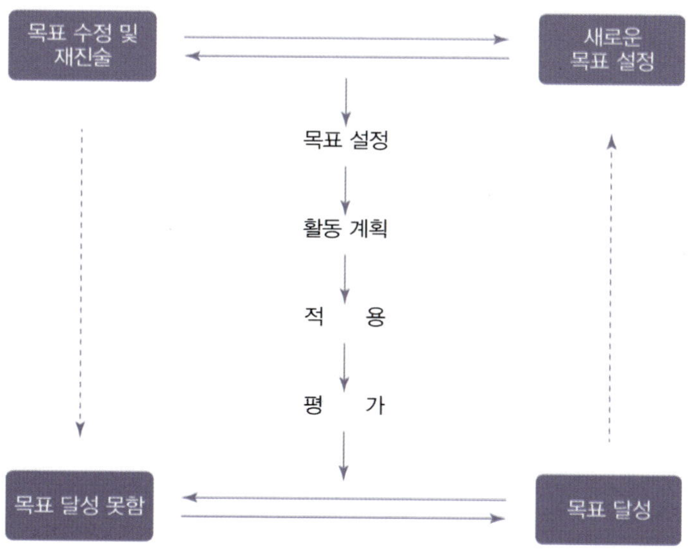

그림 4-2 동작활동 이행 순서

출처: 김은심(2004), Nichols(1989: 111).

동작교육의 평가방법은 동작교육이 실행되는 시간마다 규칙적이며 정기적인 관찰을 통해 비형식적이고 일상적으로 이루어져야 한다. 또한 평가는 단편적인 성취를 다루는 표준화된 검사가 아닌 학습에 있어서 개인차를 인정하고, 학습 방식과 속도와의 차이를 허용하는 것이어야 한다. 평가 내용을 기술함에 있어서는 영유아가 하지 못하는 것보다는 혼자서 할 수 있는 것과 도움을 받아 할 수 있는 것 그리고 진보한 내용을 가능한 한 상세하고 객관적으로 기술하여 영유아의 발달상황을 분명하게 인식할 수 있도록 하여야 한다.

영유아 동작교육의 평가는 동작교육활동 자체에 대한 평가와 영유아 개인에 대한 평가로 두 가지 측면에서 이루어질 수 있다. 즉, 활동 계획에서 설정하였던 목표를 성취하였는가에 대한 평가 기록, 활동 전개 과정에서 계획과 다르게 진행된 점의 평가 기록, 그리고 동작활동에 사용된 소도구나 자료가 유용하게 활용되었는지 등을 평가하는 것이며, 영유아 개인에 대한 평가는 동작활동 전개시 영유아의 동작 표현을 관찰하여 평가·기록하는 것과 영유아의 인지, 사회, 정서, 신체, 언어 발달영역, 즉 전체적인 발달 과정을 관찰하고 평가·기록하는 것을 의미한다.

특히 동작교육은 영유아의 전인적 발달을 돕는 것에 목적을 두므로, 교사는 신체적 능력만을 관찰하는 것이 아니라 개념이나 창의적 사고 등 언어·인지발달 외에도 여러 친구와 함께 활동하며 나타내는 사회성 발달 측면, 자아 성취와 자아 확신 등을 나타내는 정서발달 측면을 관찰하여 기록하는 것은 대단히 중요하다 하겠다. 평가는 다음 교육 계획을 구성할 때 중요한 역할을 한다. 그러나 우리나라의 경우 동작활동이 대부분 대그룹 활동으로 진행되므로 교사가 평가·기록하는 데 어려움이 있을 수 있다.

그러므로 교사가 관찰할 수 있는 소수의 인원을 계획하여 하루에 몇 명씩만이라도 간단한 관찰 기록을 하여야 한다. 또한 보조 교사나 교육 실습생을 적극 활용하여야 하며, 이를 위해 체크리스트를 작성해 두는 것도 도움이 될 것이다.

(1) 동작활동에 대한 평가

동작활동의 효과를 판단하기 위해서 교사 자신이 준비하고 실행한 수업이 영유아의 활동에 어떠한 영향을 주었는지를 평가하고자 하는 것으로 다음과 같은 내용을 포함시킬 수 있다.

- 동작활동의 학습 목표는 무엇인가?
- 영유아는 학습 목표에 어느 정도 도달했는가?
- 동작활동이 영유아의 운동 기능 발달에 영향을 주었는가?
- 동작의 구성 요소가 어떻게 학습되었는가?
- 다시 수정해야 할 부분이 있는가?
- 영유아가 흥미를 가지고 즐겁게 참여할 수 있었는가?
- 연령에 적합한 활동이었는가?
- 환경 구성에서 자료들이 적절히 배치되었는가?
- 도입활동이 영유아에게 흥미를 줄 수 있었는가?
- 도입활동이 본 활동의 움직임 확장에 도움을 주었는가?
- 교사의 언어적 상호작용이 영유아의 움직임을 확장할 수 있었는가?

표 4-5 동작활동 평가 모형의 예

활동명 :			
평가문항	아주 그렇다	그렇다	전혀 그렇지 않다
① 활동계획에서 설정한 목표를 성취하였는가?			
② 활동이 연령에 적합한 활동이었는가?			
③ 아동이 흥미롭게 참여할 수 있는 활동이었는가?			
④ 활동내용에 동작의 기본요소가 다양하게 구성되었는가?			
⑤ 활동내용에 기본 동작활동이 다양하게 구성되었는가?			
⑥ 활동 전개 과정에서 계획과 다르게 진행된 점이 있었는가? 있었다면 어떤 점이 다르게 진행되었는가?			
⑦ 아동이 소품에 흥미를 갖고 적절하게 사용하였는가?			
⑧ 소품 활용의 어떤 점을 흥미로워하였는가?			
⑨ 소품을 사용하기 어려워하는 점은 없었는가?			
⑩ 도입활동이 아동에게 흥미를 줄 수 있었는가?			
⑪ 도입활동이 본 활동의 움직임 확장에 도움을 주었는가?			
⑫ 교사의 역할이 아동의 움직임 표현을 확장하는 데 도움을 주었는가?			

출처: 심성경 외(2007) p.108 재인용.

(2) 영유아의 동작 발달 평가

영유아의 동작 발달에 대한 평가는 활동을 하기 전 발달에 대한 정보를 알기 위해서 활동이 끝난 후 발달의 변화를 알아보기 위해서 실시할 수 있다. 활동 전의 평가는 영유아의 발달적·개인적 차이를 알 수 있는 지침을 제공해 주고, 활동 후의 평가는 발달에 대한 영유아의 발달적 변화와 성숙을 통한 다음 활동 준비에 대한 정보를 제공해 준다.

영유아에 대한 평가는 영유아 개개인의 학습 정도를 평가하는 것으로 교사가 한 시간의 수업에서 또는 학기 전체를 통해서 영유아의 개별적인 수준을 관찰한다. 수업 중간마다 개별 영유아 혹은 영유아 전체를 관찰하며 기록하는 것은 어렵기 때문에 먼저 관찰한 것을 머릿속에 기억하고 있다가 수업이 끝난 뒤 기억한 내용을 적거나 보조 교사를 적극 활용할 수 있고, 미리 체크리스트를 작성해 두는 것이 도움이 될 수 있다. 이러한 관찰 기록은 영유아의 활동 수행 정도와 교사의 피드백에 대해 어떻게 반응했는지의 정도를 보여준다.

영유아가 과제를 어떻게 수행했는지 평가하는 교사의 태도에 따라 영유아에 대한 개별적인 피드백의 내용이 달라진다. 교사는 영유아와 개별적으로 상호작용하는 기회를 통해서 개개인의 활동 수행 능력에 대한 지식을 얻게 되고, 동시에 영유아는 교사의 조언을 통해 활동을 어떻게 수행해야 하는지를 알게 된다. 조언이 효과적이기 위해서는 “좋았어!”, “잘했어!”와 같은 조언보다는 “참 재미있는 움직임이구나!”라든가 “굽어진 모양으로 가볍게 움직이는 모습이 다른 사람과 다르구나!”와 같이 구체적이어야 한다. 영유아 개개인을 평가하기 위한 항목에는 다음과 같은 것을 포함시킬 수 있다.

- 흥미와 관심을 가지고 활동에 즐겁게 참여하는가?
- 특정 동작을 정확하게 표현하는가?
- 신체를 이용하여 창의적으로 표현하는가?
- 신체 각 부분의 움직임을 조절할 수 있는가?
- 동작의 구성 요소가 어떻게 학습되었는가?
- 다른 영유아의 움직임에 관심을 보이는가?
- 자신감을 가지고 적극적으로 표현하는가?
- 교사의 언어적 상호작용에 적합하게 반응하는가?

표 4-6 기본 동작능력발달 검사

분류요인	평가관점	Yes	No	비고
한 발로 균형 잡기	① 30초 동안 한 발로 균형을 잡을 수 있는가? ② 균형을 잡기 위해서 팔을 조정하는가? ③ 눈을 감고 10초 동안 한 발로 균형을 잡을 수 있는가? ④ 양팔을 머리 위로 쭉 뻗고, 돌린 발을 무릎에 대고 설 수 있는가? ⑤ 각 발로 설 수 있는가?			
건너뛰기	① 오른발을 사용하여 건너뛸 수 있는가? ② 왼발을 사용하여 건너뛸 수 있는가? ③ 쉽게 높이를 조절할 수 있는가? (높이/낮게 건너뛰기) ④ 쉽게 거리를 조절할 수 있는가? (멀리/가까이 건너뛰기) ⑤ 다리와 함께 팔을 적절히 사용하는가? (팔과 다리를 반대로 사용하는가?)			
점프하기	① 다리를 굽힐 때 팔을 뒤로 흔들고, 다리를 펼 때 앞으로 흔들 수 있는가? ② 점프할 때 두 발 모두 균형 있게 사용하는가? ③ 점프할 때 두 팔 모두 균형 있게 사용하는가? ④ 양팔을 동시에 사용해서 이륙하고 착륙하는가? ⑤ 유연하며, 리듬 있게 점프하는가? (지나치게 힘이 들어가거나, 경직되어 있지는 않는가?)			
앙감질 (hopping)	① 한 발에서 다른 발로 쉽게 교대하며 뛸 수 있는가? ② 오른쪽 발만 사용할 수 있는가? ③ 왼쪽 발만 사용할 수 있는가? ④ 양발을 동시에 사용해서 이륙하고 착륙할 때는 한 발로 할 수 있는가? ⑤ 신체의 양쪽 면을 부드럽게 바꾸며 할 수 있는가?			
말뛰기	① 오른발을 사용할 수 있는가? ② 왼발을 사용할 수 있는가? ③ 동작이 부드럽고 유연한가? ④ 앞에 가는 발뒤꿈치에 따라 가는 발의 앞꿈치를 대고 동작할 수 있는가? ⑤ 신체의 양쪽 턴을 부드럽게 바꾸며 할 수 있는가?			
미끄러지기	① 오른쪽 방향으로 똑같이 잘 미끄러지는가? ② 왼쪽 방향으로 똑같이 미끄러지는가? ③ 오른발을 앞으로 내밀면서 엇갈리며 미끄러지는가? ④ 왼발을 앞으로 내밀면서 엇갈리며 미끄러지는가? ⑤ 부드럽고 율동적으로 미끄러지는가?			
스킵	① 부드럽고 율동적으로 할 수 있는가? ② 신체의 오른쪽 발을 부드럽게 바꾸며 할 수 있는가? ③ 신체의 왼쪽 발을 부드럽게 바꾸며 할 수 있는가? ④ 충분히 무릎을 들어 올리는가? ⑤ 적절한 팔 동작을 하는가?			

표 4-7 지각 운동능력 검사

이름: 성별: 관찰일시: 관찰자:

영역		하위개념	평가항목	점수	검사시기		총점
					전	후	
신체 지각	신체 모양	둥근모양	1. 팔, 다리, 몸으로 동그라미 모양을 만들어 보자.	상(3)중(2)하(1)			
		곡선모양	2. 곡선 모양을 제시하여, 몸으로 이 모양을 만들어 보자.	상(3)중(2)하(1)			
		세모모양	3. 몸으로 세모 모양을 만들어 보자.	상(3)중(2)하(1)			
		네모모양	4. 몸으로 네모 모양을 만들어 보자.	상(3)중(2)하(1)			
	신체 범위	가까이	5. 귀와 무릎을 가깝게 해 보자.	상(3)중(2)하(1)			
		멀리	6. 손과 발을 멀리 떨어뜨려 보자.	상(3)중(2)하(1)			
공간 지각	공간 위치	높게	7. 서거나 눕거나 앉아서 두 발을 최고로 높이 올려 보자.	상(3)중(2)하(1)			
		낮게	8. 배꼽이 다른 부분보다 밑에 있게 만들어 보자.	상(3)중(2)하(1)			
	공간 범위	좁게	9. 목표물 주위를 걸어 다니다가 목표물과 가깝게 서 보자.	상(3)중(2)하(1)			
		넓게	10. 목표물 주위를 걸어 다니다가 목표물과 넓게 서 보자.	상(3)중(2)하(1)			
	공간 관계	옆에	11. 훌라후프에 몸이 닿지 않게 통과해 보자(30cm 간격 2개).	상(3)중(2)하(1)			
방향 지각	양측성	앞/뒤	12. 눈 감고 앞으로/뒤로, 앞으로/뒤로 가 보자.	상(3)중(2)하(1)			
		오른쪽/왼쪽	13. 눈 감고 오른쪽/왼쪽으로 가 보자.	상(3)중(2)하(1)			
		위/아래	14. 오른손은 위로 올리고, 왼손은 아래로 내려 보자.	상(3)중(2)하(1)			
	방향성	앞/뒤 오른쪽/왼쪽 대각선	15. 화살표 방향대로 걸어 보자.	상(3)중(2)하(1)			
시간 지각	속도	빠르게/느리게	16. 리듬 막대에 맞추어 손뼉을 쳐 보자.	상(3)중(2)하(1)			
	리듬	박자	17. 교사의 시범을 본 후 하나, 둘, 셋에 뛰어 보자(4회).	상(3)중(2)하(1)			
	동시성	눈-손 협응	18. 풍선 치기를 한 손으로 5번씩 해 보자.	상(3)중(2)하(1)			
		눈-발 협응	19. 2미터 앞에서 굴려 준 공을 발로 차보자.	상(3)중(2)하(1)			

출처: 황순각 역(2003).

05 영유아 동작활동의 실제

C·H·A·P·T·E·R

1 기본동작

<table>
<tr><td>활동명</td><td colspan="3">내 몸은 요술쟁이</td><td>생활주제</td><td colspan="2">즐거운 원생활</td></tr>
<tr><td>활동목표</td><td colspan="6">• 신체 여러 부분의 명칭을 안다.
• 신체 부분들이 독립적으로 또는 결합되어 움직일 수 있다는 것을 안다.
• 신체를 구부리고 뻗는 동작을 통해 유연성을 기른다.</td></tr>
<tr><td>대상연령</td><td>3세</td><td>집단유형</td><td>소집단</td><td>활동시간</td><td colspan="2">15~20분</td></tr>
<tr><td>교수자료</td><td colspan="6"></td></tr>
<tr><td>활동방법</td><td>도입</td><td colspan="5">① 활동을 소개한다.
- (팔을 구부렸다 펴 보이며) 자, 선생님이 한 동작을 함께 해 보자. 우리가 지금 어떤 동작을 했니?
- 팔뿐만 아니라 우리 몸에는 구부리고 펴 볼 수 있는 곳이 많이 있어.
- 오늘은 이렇게 우리 몸을 구부려보고 또 뻗어보는 활동을 할거야.
② 준비운동을 한다.
- 활동을 하기 전에 먼저 준비운동을 해 보자.
(호흡하기-신체 윗부분에서 아래로 내려오며 움직여주기-스트레칭하기-흔들기-호흡하기)</td></tr>
</table>

<table>
<tr><td rowspan="2">활동방법</td><td>전개</td><td>① 구부리고 뻗는 동작에 대하여 탐색해 본다.
- 너희는 아침에 일어나 기지개를 켤 때 팔을 어떻게 뻗니?
- 추울 때 몸을 어떻게 움츠리니?
- 고양이(강아지)가 너의 무릎 위에서 어떻게 움츠리니?
- 우리 몸에서 구부러지는 부분은 또 어디일까?
② 구부리고 뻗는 동작을 해 본다.
- 신체의 여러 부분을 뻗어 본다.
- 우리 몸을 최대로 크게 뻗어 보자.
- 천장이 아래로 내려오고 있네. 천장을 향해 두 팔을 힘껏 뻗어 보자. 다리도 힘껏 뻗어 보자.
- 이번에는 옆에서 양쪽 벽이 다가오고 있네. 팔을 뻗어 보자.
③ 신체의 여러 부분을 구부려 본다.
- 우리 몸에서 구부릴 수 있는 곳을 찾아보자.
(허리, 손목, 손가락, 팔, 다리, 발목, 목 등)
- 앞(뒤, 옆)으로 구부려 보자.
- 허리와 다리(손가락과 발가락)를 구부려 보자.
- 손목과 손가락 그리고 다리(목과 허리 그리고 손목)을 구부려 보자.
④ 구부리고 뻗기를 동시에 해본다.
- 한 발을 구부리고 다른 발은 뻗어 보자.
- 두 팔을 뻗고 두 다리는 구부려 보자.
- 두 발을 가능한 한 낮게 구부리고 두 팔은 가능한 한 넓게 뻗어 보자.</td></tr>
<tr><td>평가 및 마무리</td><td>① 활동에 대한 생각이나 느낌을 이야기한다.
- 구부리고 펼 때 어려운 부분은 어떤 것이니?
- 구부리고 펴는 동작을 하면서 어떤 점이 재미있었니?</td></tr>
</table>

출처: 심성경 외(2012).

2 기구와 동작

활동명		폴짝 뛰어넘는 훌라후프
활동목표		① 말리듬에 맞춰 뛰어넘기와 점프동작을 익히고 표현한다. ② 기구를 활용한 게임을 통해 성취감을 느끼고 즐긴다.
누리과정 관련요소		① 예술경험 영역: 예술적으로 표현하기 - 움직임과 춤으로 표현하기 ② 자연탐구 영역: 수학적 탐구하기 - 공간과 도형의 기초 개념 알아보기
교수자료		훌라후프(4개), 공, 핸드드럼, 말리듬 - '배고픈 생쥐'
활동방법	도입	① 손유희로 유아들의 주의를 집중시킨다. ② 훌라후프를 가지고 할 수 있는 활동을 말해본다. - 훌라후프로 어떤 놀이를 할 수 있을까? - 훌라후프로 어떤 놀이를 해 보았니? ③ 폴짝 뛰어넘는 훌라후프 활동에 대해 소개한다.
	전개	① 교사는 준비한 훌라후프 4개를 바닥에 일정한 간격으로 놓는다. 예: 시작 시점으로부터 훌라후프 2개를 바닥에 놓은 후 약간 거리를 두고 나머지 훌라후프 2개를 바닥에 놓는다. ② 교사는 자신이 부르는 말리듬에 맞추어 바닥에 놓여진 훌라후프 건너뛰기와 점프동작의 시범을 보인다. ③ 유아들도 교사처럼 말리듬의 박자에 맞춰 훌라후프를 차례대로 건너뛰기 하면서 마지막 '점프' 부분에서는 높이뛰기 하여 교사의 손에 있는 공을 낚아채는 동작을 한다. ④ 교사는 유아들 각자의 점프뛰기 능력을 고려해 공의 높이를 조절하여 제공하는 것을 통해 유아들로 하여금 목표의식을 갖게 하고 성취감을 느끼도록 돕는다.
	평가 및 마무리	① 훌라후프를 뛰어넘어 본 느낌에 대해 이야기 나눈 후 활동을 마무리한다.

활동명		리본체조
활동목표		- 리본 체조에 필요한 도구와 복장 등을 이해한다. - 감상 후의 느낌을 다양한 방법으로 표현할 수 있다.
교수자료		'리본 체조' 동영상 자료, 리본 테이프, 녹음기, 경쾌한 음악
활동방법	도입	① 리본 테이프를 보여 주며 활동을 소개한다. - 리본 테이프를 이용하여 체조를 하는 리본 체조를 본 적이 있니? - 오늘은 '리본 체조'에 대한 동영상을 보도록 하자.
	전개	② 리본 체조 동영상 자료를 보여 준다. - 리본 테이프를 가지고 어떻게 움직이는지 그리고 음악의 속도에 따라 어떻게 움직이는 생각하며 보도록 하자. ③ 리본 체조를 본 느낌을 이야기한다. - 음악의 속도에 따라 리본 막대를 어떻게 움직였나? - 리본 체조를 보니 어떤 느낌이 드니? ④ 리본 테이프를 이용해 다양한 동작을 표현해 본다. - 우리도 음악에 맞추어 리본 체조를 해 보자.
	평가 및 마무리	⑤ 활동에 대한 생각이나 느낌을 이야기한다. - 리본 테이프를 가지고 체조를 하는 모습이 어떻게 보이니? - 리본 테이프를 이용해서 동작을 해보니 어떤 느낌이 들었니?

3 음악과 동작

<table>
<tr><th colspan="2">활동명</th><td colspan="3">코스모스</td><th>생활주제</th><td colspan="2">가을</td></tr>
<tr><th colspan="2">활동목표</th><td colspan="6">• 노랫말에 맞춰 동작을 창의적으로 만들 수 있다.</td></tr>
<tr><th colspan="2">대상연령</th><td>4세</td><th>집단유형</th><td>대집단</td><th>활동시간</th><td colspan="2">15~20분</td></tr>
<tr><th colspan="2">교수자료</th><td colspan="6">코스모스 음악, 노랫말 판</td></tr>
<tr><th rowspan="3">활동방법</th><th>도입</th><td colspan="6">① 코스모스 꽃과 길가에 핀 코스모스 사진을 제시하며 활동을 소개한다.
- 선생님이 오늘은 가을에 많이 피는 꽃을 가져왔는데 어떤 꽃을 가져왔을까?
- 여러 가지 꽃을 생각했구나. 선생님이 가져온 꽃은 무엇인지 보자기를 열어 볼게. 잘 보자.
- 오늘은 어제 배운 '코스모스'라는 노래에 맞춰 동작 만들기를 해 볼거야.</td></tr>
<tr><th>전개</th><td colspan="6">① 노랫말 판을 제시하며 노래를 아동과 함께 불러 본다.
- 어제 배운 '코스모스' 노래에 어떻게 동작을 만들면 좋을지 생각하면서 선생님과 함께 '코스모스' 노래를 불러보자.

빨개졌대요 빨개졌대요 길가에 코스모스 얼굴
빨개졌대요 빨개졌대요 길가에 코스모스 얼굴
달님이 살짝 입맞췄더니 달님이 살짝 입맞췄더니
빨개졌대요 빨개졌대요 길가에 코스모스 얼굴

② 노랫말에 동작을 만들어 본다.
- '빨개졌대요' 부분에는 어떻게 동작을 만들면 좋을까?
- '길가에 코스모스 얼굴' 부분은 어떻게 동작을 만들면 좋을까?
③ 아동들과 협의하여 동작을 정한다.
- 친구들이 여러 가지 동작을 만들었는데 어떤 동작으로 결정하면 좋을지 생각해 보자.
- 우리 친구들이 결정한 동작을 노랫말 아래에 그림으로 그려 줄게.
④ 협의하여 만든 동작을 노랫말 판을 보며 표현해 본다.</td></tr>
<tr><th>평가 및 마무리</th><td colspan="6">① 활동에 대한 느낌을 이야기한다.
- 오늘 '코스모스' 노래에 맞춰 동작 만들기를 했는데 어떤 느낌이 들었니?
- 어떤 점이 재미있었니?
- ㅇㅇ는 다른 동작으로 만들고 싶었구나.</td></tr>
</table>

출처: 심성경 외(2012).

<table>
<tr><td colspan="2">활동명</td><td colspan="3">탈춤 감상</td><td>생활주제</td><td>우리나라</td></tr>
<tr><td colspan="2">활동목표</td><td colspan="5">• 우리 민족 고유의 춤에 탈춤이 있음을 안다.
• 탈춤의 종류에 따라 춤사위나 탈, 의상 등이 서로 다르다는 것을 안다.
• 감상 후의 느낌을 다양한 방법으로 표현할 수 있다.</td></tr>
<tr><td colspan="2">대상연령</td><td>5세</td><td>집단유형</td><td>대집단</td><td>활동시간</td><td>20분</td></tr>
<tr><td colspan="2">교수자료</td><td colspan="5">탈춤 동영상 자료, 탈</td></tr>
<tr><td rowspan="3">활동방법</td><td>도입</td><td colspan="5">① 행동을 소개한다.
- 선생님이 탈춤에 대한 동영상 자료를 준비했어.
- 탈춤을 본 친구가 있니? 어떻게 추는 것일까?
- (사진 자료를 보여 주며) 탈춤 추는 모습을 찍은 사진이야.
- 오늘은 탈춤을 어떻게 추는지 감상해 보는 활동을 할 거야.</td></tr>
<tr><td>전개</td><td colspan="5">① 탈춤 동영상 자료를 보여 준다.
- 선생님이 탈춤 비디오를 보여 줄 테니까 어떤 탈을 썼는지, 어떤 옷을 입었는지 잘 살펴보자. 그리고 몸의 움직임이 어떤지 잘 생각하면서 보도록 하자.
② 탈춤을 본 느낌을 이야기해 본다.
- 탈춤을 출 때 팔의 움직임이 어땠니?
- 탈춤을 출 때 다리의 움직임이 어땠니?
- 생각나는 춤 동작은 무엇이었니?
③ 탈춤을 몸으로 표현해 본다.
- 선생님이 준비한 탈을 너희들이 본 탈춤 중에서 기억나는 동작을 표현해 보자.
- 또 다른 방법으로 탈춤을 춰볼 수 있겠니?</td></tr>
<tr><td>평가 및 마무리</td><td colspan="5">① 활동에 대한 생각과 느낌을 이야기한다.
- 오늘 탈춤에 대한 동영상을 보았는데 어떤 생각이 들었니?
- 탈춤을 직접 춰보니까 느낌이 어땠니?
② 다음 활동을 소개한다.</td></tr>
</table>

출처: 심성경 외(2012).

4 창의적 동작활동

1) 음악적 요소에 따른 창의적 표현 동작하기

<table>
<tr><th colspan="2">활동명</th><td colspan="2">리데츠키 행진곡</td><th colspan="2">생활주제</th><td>특별한 날들(국군의 날)</td></tr>
<tr><th colspan="2">활동목표</th><td colspan="5">• 음의 고저에 따라 신체를 창의적으로 표현해 볼 수 있다.
• 음의 강약에 따라 신체를 창의적으로 표현해 볼 수 있다.</td></tr>
<tr><th colspan="2">대상연령</th><td>4세</td><th>집단유형</th><td>대집단</td><th>활동시간</th><td>15~20분</td></tr>
<tr><th colspan="2">교수자료</th><td colspan="5">음악 테이프, 녹음기, 캐스터네츠, 우드블록, 트라이앵글, 리본 테이프, 깃털</td></tr>
<tr><th rowspan="3">활동방법</th><th>도입</th><td colspan="5">① 행동을 소개한다.
- 오늘은 선생님이 준비한 음악 '리데츠키 행진곡'을 들으면서 너희들의 느낌을 표현해 보는 활동을 할거야.
- 잘 들어보도록 하자.</td></tr>
<tr><th>전개</th><td colspan="5">① 음악을 감상한다.
- 음악을 들어보도록 하자. 눈을 감고 들으면 더 많은 소리들을 들을 수 있어. 눈을 감고 음악에 맞추어 몸을 자연스럽게 움직여 보자.
② 음악적 요소와 관련지어 이야기 나눈다.
- 어느 부분에서 빠르게 들리니?
- 어느 부분에서 부드럽게 들리니?
- 어느 부분에서 큰 소리로 쾅쾅 울리니?
- 어느 부분에서 예쁜 소리가 들리니?
- 음악을 들어보면서 큰 소리(작은 소리)가 날 때 우리 몸으로 어떻게 표현할 수 있니?
- 또 다른 방법으로 표현할 수 있겠니?
③ 준비된 자료를 가지고 음악에 맞추어 동작으로 표현해 본다.
- 선생님이 캐스터네츠와 우드블록을 준비했어. 또한 바람에 날리는 부드러운 깃털과 트라이앵글, 리본 테이프를 등을 준비했단다.
- 이 중에서 한 가지를 골라 음악에 가장 적절한 악기를 연주하거나 리본 테이프 또는 깃털을 이용하여 '리데츠키 행진곡'에 맞추어 표현해 보자.</td></tr>
<tr><th>평가 및 마무리</th><td colspan="5">① 활동에 대한 생각과 느낌을 이야기한다.
- 음악을 들어보고 몸을 움직일 때 어렵거나 힘든 점을 없었니?
- 높은(낮은) 소리가 날 때는 어떻게 움직였었니?
- 큰(작은) 소리가 날 때는 어떻게 움직였었니?
② 다음 활동을 소개한다.</td></tr>
</table>

출처: 심성경 외(2012).

2) 주제에 따른 창의적 표현 동작하기

<table>
<tr><th colspan="2">활동명</th><td colspan="3">로봇처럼 움직이기</td><th>생활주제</th><td>지구와 우주</td></tr>
<tr><th colspan="2">활동목표</th><td colspan="5">• 신체를 이용하여 로봇의 움직임을 창의적으로 표현한다.
• 음악에 맞추어 로봇의 움직임을 표현해 본다.</td></tr>
<tr><th colspan="2">대상연령</th><td>5세</td><th>집단유형</th><td>대집단</td><th>활동시간</th><td>15~20분</td></tr>
<tr><th colspan="2">교수자료</th><td colspan="5">로봇, 장난감(건전지로 움직이는 것), 로봇의 움직임을 나타내는 비디오, 음악</td></tr>
<tr><th rowspan="3">활동방법</th><th>도입</th><td colspan="5">① 상자 안에 로봇을 보이지 않게 준비해 온다.
② 선생님이 혹은 아동이 수수께끼를 낸다.
- 선생님이 상자 안에 있는 물건이 무엇인지 수수께끼를 낼 거야. 잘 들어보도록 하자.
- 친구 중 누가 나와서 상자 안에 있는 물건을 보고 수수께끼를 내볼까?
- 다른 친구들은 수수께끼를 잘 듣고 알아맞히도록 하자.</td></tr>
<tr><th>전개</th><td colspan="5">① 로봇 장난감을 보면서 로봇의 모양과 움직임을 탐색해 본다.
- 로봇의 모양은 어떠니?
- 로봇이 어떻게 움직일까? 선생님이 움직여 볼테니까 잘 보도록 하자.
- 사람들의 움직임과 어떻게 다르다고 생각하니?
② 다양한 로봇의 움직임을 비디오를 보면서 알아본다.
- 로봇은 어떻게 걸어 다닐까?
- 로봇은 어떻게 뛸까?
- 로봇은 어떻게 날아다닐까?
- 로봇이 쉴 때는 어떨까?
③ 로봇처럼 동작을 표현해 본다.
- 우리 로봇이 되어보자.
④ 로봇의 움직임을 도울 수 있는 음악을 들려준다.
- 음악을 들려줄 테니까 로봇이 움직이는 모양을 잘 생각해서 들어보도록 하자.
- 이 음악은 로봇이 어떻게 움직이는 것 같니?
⑤ 음악에 맞추어 로봇을 표현한다.</td></tr>
<tr><th>평가 및 마무리</th><td colspan="5">① 재미있었던 부분과 어려웠던 부분에 대해 이야기한다.
- 로봇이 되어보니까 어땠니?
- 무엇이 재미있었니? 무엇이 어려웠니?
② 다음 활동을 소개한다.
- 다음을 실외놀이를 할거야.
- 나는 걸어 다니는 로봇이 좋아요 하는 친구 먼저 로봇처럼 걸어서 실외놀이터로 나가도록 하자.</td></tr>
</table>

출처: 심성경 외(2012).

3) 이야기를 듣고 상상하여 창의적 표현 동작하기

<table>
<tr><th>활동명</th><td colspan="3">숲속 동물들의 소풍</td><th colspan="2">생활주제</th><td colspan="2">소풍</td></tr>
<tr><th>활동목표</th><td colspan="7">• 동물의 특징을 창의적으로 표현한다.
• 다양한 상황에 대한 문제해결력을 기른다.</td></tr>
<tr><th>대상연령</th><td colspan="2">5세</td><th>집단유형</th><td>대집단</td><th colspan="2">활동시간</th><td>15~20분</td></tr>
<tr><th>교수자료</th><td colspan="7">아들들이 지은 '숲속 동물들의 소풍' 동화, 동물의 소품</td></tr>
<tr><th rowspan="3">활동방법</th><th>도입</th><td colspan="6">① 활동을 소개한다.
- 오늘은 너희들이 지은 '숲속 동물들의 소풍' 동화를 들으며 너희들이 표현하고 싶은 동작을 표현해 보는 활동을 할 거야.
② 준비운동을 한다.
- 활동을 하기 전에 먼저 준비운동을 해 보자. (호흡하기-신체 윗부분에서 아래로 내려오며 움직여주기-스트레칭하기-움츠리기, 펴기-호흡하기)</td></tr>
<tr><th>전개</th><td colspan="6">① '숲속 동물들의 소풍' 동화를 들려준다.
- '숲속 동물들의 소풍' 동화를 다시 들려줄게. 어떻게 움직일 수 있을지 생각하면서 잘 들어보자.
- 동물들의 움직임을 어떻게 표현할 수 있을까?
② 교사가 들려주는 동화를 들으면서 표현해 본다.
- 선생님이 들려주는 동화를 들으면서 너희들이 표현해 보고 싶은 숲속의 동물이 되어 동물의 움직임을 몸으로 표현해 보자.

지금은 숲속의 밤이에요. 어제 ㅇㅇ반 친구들은 모두 숲속의 동물이 되어 잠을 자고 있어요. ㅇㅇ반 친구들이 생각하는 동물은 어떻게 잠을 자나요. 웅크리고 자는 동물, 서서 자는 동물, 물위를 떠다니며 자는 동물…. 모두 다른 모습으로 잠을 자고 있어요. 이제 숲속에 아침이 왔어요. 이제 모두 일어나 기지개를 크게 켜보세요. 동물들은 어떻게 기지개를 켤까요. 이제 산꼭대기에 있는 옹달샘으로 세수를 하러 가야 해요. 옹달샘까지는 좁을 길, 넓은 길, 곧은 길, 굽은 길, 진흙길, 징검다리 등을 건너야 해요. 어? 앞에 낭떠러지가 있는 좁은 길이 나타났어요. 아주아주 좁을 길이에요. 조심조심 걸어봐요. 동물들은 어떻게 걸어야 할까요?

③ 교사는 다양한 상황을 이야기하여 아동들의 창의적 표현을 이끈다.
- 다양한 비 내리는 모습, 다양한 길 걷는 모습, 무서운 동물을 만났을 때, 숲속에 동물 축제가 열렸을 때 등을 이야기한다.
④ 두 집단으로 나누어 동작으로 표현해 보고 감상해 보는 경험을 제공한다.
- 우리 친구들이 동작을 표현하는 것을 서로 감상해 보자.
- 오늘은 어떤 방법으로 팀을 나눌까?
- 어떤 팀 먼저 해 볼까?
- 자, 이제 선생님이 다시 한 번 '숲속 동물들의 소풍' 동화를 들려줄 테니까 너희들이 표현하고 싶은 동작을 표현해 보자.
⑤ 마무리 운동을 한다.
- 다 함께 마무리 운동을 하자(호흡하기-신체 윗부분에서 아래로 내려오며 움직여주기-스트레칭하기-움츠리기, 펴기-호흡하기)</td></tr>
<tr><th>평가 및 마무리</th><td colspan="6">① 활동에 대한 생각이나 느낌을 이야기한다.
- 오늘 '숲속 동물들의 소풍' 동화에 맞춰 신체표현을 해 보았는데 어떤 느낌이 들었니?
- 어떤 동작이 제일 재미있었니?</td></tr>
</table>

출처: 심성경 외(2012).

PART

II

영유아 동작교육의 실제

CHAPTER 06 동작교육의 실제

CHAPTER 07 음악극의 실제

06

C·H·A·P·T·E·R

동작교육의 실제

1 즐거운 원생활

생활주제 **즐거운 원생활**

활 동 명 **꾹 참았네**

활동목표 친구와 사이좋게 지내는 방법을 알 수 있다.

활동자료 가사판, 꾹 참았네 노래파일

활동방법

1. 노래에 관련된 이야기를 나눈다.
   - 친구와 놀이를 하다가 속상했던 적이 있니?
   - 언제 그랬니?
2. 가사판을 보여주며 읽어본 후 노래를 들려준다.
3. 다함께 노래를 불러본 후 율동을 하며 노래를 불러본다.
4. 활동에 대한 생각이나 느낌을 이야기한다.
   - 노래와 율동을 같이 해 봤는데, 느낌이 어땠니?
   - 어느 부분이 가장 생각나니?
5. 노래가 끝난 뒤 아이들에게 다음시간 활동을 말해 주며 마무리한다.

2 나와 가족 (1)

생활주제 **나의 몸**

활 동 명 **널 잡고 말테야**

활동목표
- 기본적인 이동 동작을 익힌다.
- 지시에 따라 몸을 움직일 수 있다.
- 신체 조절 능력을 기른다.

활동자료 동화 그림자료, 제시카드(살금살금 걷기, 깡충깡충 뛰기, 엉금엉금 기어가기, 성큼성큼 걸어가기, 빨리빨리 쫓아가기, 팔을 쭉 뻗기)

활동방법

1. 동화 '널 꼭 잡고 말테야'를 들려주고 이야기 나눈다.
   - 여우는 누구를 잡으려고 했나요, 토끼는 누구를 잡으려고 했나요?
   - 잡으려고 어떻게 쫓아갔지요?
2. 이야기를 나눠보고, 유아가 나와서 표현해 보도록 한다.
   - 살금살금 걸으려면 어떻게 해야 할까?
   - 깡충깡충 뛰려면 어떻게 해야 할까?
   - 엉금엉금 기려면 어떻게 해야 할까?
   - 성큼성큼 걸으려면 어떻게 해야 할까?
   - 빨리빨리 쫓아가려면 어떻게 해야 할까?
   - 팔을 쭉 뻗으려면 어떻게 해야 할까?
3. 다함께 표현해 보도록 한다.
4. 순서를 섞어놓고 카드를 제시하여 유아가 신체로 표현해 보도록 한다.
   - 나와 있지 않은 것 중에 쫓아갈 수 있는 표현에는 뭐가 있을까?
5. 선생님이 들려주는 동화를 듣고 한번 몸으로 표현해 보자.
   - 세 그룹으로 나누어 나비, 토끼, 여우를 역할분담하고 동화내용처럼 구성해 본다.
6. 활동 마무리하기
   - 동화에서처럼 우리 몸을 움직여 보았는데 어땠니?
   - 뭐가 제일 재미있었고, 기억에 남니?
   - 다음에 할 때는 어떻게 했으면 좋겠니?

참고사항 다양한 리듬이 있는 음악을 들려주며 활동해 볼 수 있다.

3 나와 가족 (2)

생활주제 **가족**

활 동 명 **우리 가족 걸음걸이**

활동목표
- 가족에 대해 관심을 가져본다.
- 창의적인 신체표현 활동을 한다.
- 동작을 통해 사회성을 발달시킬 수 있다.

활동자료 그림 자료, 가족 주사위

활동방법 1. 우리 가족에 대해 이야기한다.
- 우리 친구들은 누구와 함께 살아요?
- 그래요. 엄마랑 아빠랑 동생이랑 언니랑 함께 살아요.
- 또 다른 친구들은 할머니나 할아버지, 삼촌이나 이모랑 함께 사는 친구들도 있어요.

- 우리 친구들과 함께 살고 있는 사람들을 우리는 가족이라고 한답니다.
- 우리 친구들의 가족에 대해서 이야기해 보도록 해요.
  (유아의 가족 이야기를 들어보면서 가족에 대한 흥미를 이끌어 낸다.)
- 오늘은 선생님과 함께 우리가족의 걸음걸이를 표현해 보는 활동을 할 거예요.

2. 교사가 놀이에 대하여 설명한다.
   - 이건 가족 주사위예요. 이걸 던져서 나온 가족의 걸음걸이를 표현해 보는 거예요.
   - 한 친구가 나와서 주사위를 던지고 흉내를 내면 다른 친구들도 같이 흉내 내는 거예요.
3. 유아가 직접 활동하도록 한다.
4. 게임 활동에 대해 평가한다.
   - 우리친구들 오늘은 우리가족의 걸음걸이를 표현해 보았어요. 어땠나요?
   - 누구의 걸음걸이가 제일 생각나요?
   - 또 어떤 걸음걸이가 있을까요?

참고사항 가족과 관련된 활동으로 유아가 가족 구성원들에 대해 충분히 경험한 상태에서 활동한다.

4 나와 가족 (3)

생활주제 **나와 가족**

활 동 명 **우리 가족을 표현해 보아요**

활동목표 가족들의 특징을 표현할 수 있다.

활동자료 '소꿉동무 집' 음원, '소꿉동무 집' 가사판, 가족들이 그려진 스케치북.

활동방법 1. 유아의 관심을 환기시킨다.
- 오늘은 선생님이랑 가족에 대해 생각해 보는 시간을 가질 거예요.
- 우리 가족이 되어볼 수 있는 재미있는 노래가 있대요, 한번 들어볼까?

2. 동요에 맞는 동작을 유도한다.
- 노래를 들어 본다.
- 친구들 그런데 이렇게 재미있는 노래에 멋진 율동이 없대요. 우리 친구들이 한번 만들어 볼까요?
- '나는 엄마'라는 부분은 어떻게 하면 좋겠어요?

3. 율동을 다 만든 후 노래에 맞춰 율동을 해 본다.
4. 게임하기
   - 가족그림을 보여 주면 동시에 각자 가족하면 생각나는 동작을 해 보는 거예요.
5. 유아와 게임에 대한 이야기를 나누어보고 마무리해 본다.
   - 노래에 멋있는 율동도 만들어보고 가족을 표현해 보니까 어땠나요?

유의사항
- 게임을 할 때 유아가 자유롭게 가족들을 표현해 볼 수 있도록 격려한다.
- 유아가 승부에 연연하지 않고 게임을 즐기도록 유도한다.

확장활동
- 우리 가족 그려보기
- 역할 놀이해 보기(소꿉놀이)

5 나와 가족 (4)

- 생활주제 **가족**
- 활 동 명 **아빠는 엄마를 좋아해**
- 활동목표
  - 동요를 통해 가족의 사랑을 알 수 있다.
  - 동작을 할 수 있다.
- 활동자료 가사판, 엄마 · 아빠 머리띠

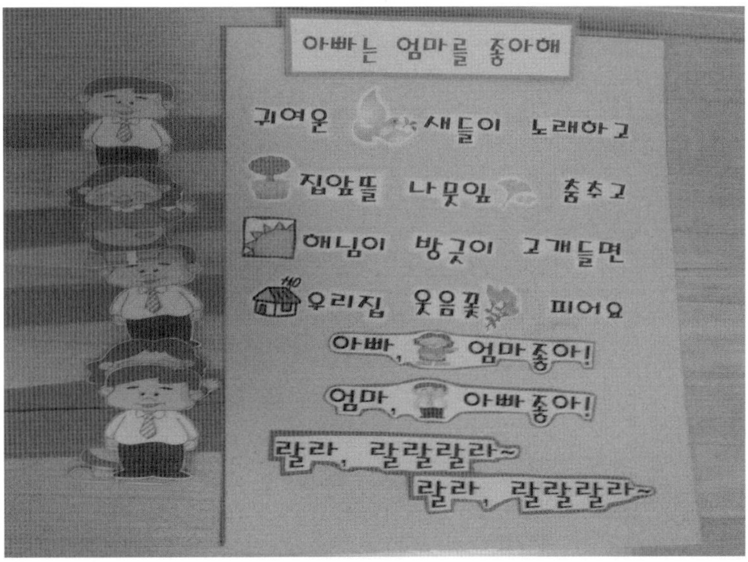

- 활동방법
  1. 엄마 아빠와 관련된 노래가 있음을 알려준다.
  2. 노랫말 판을 제시하며 노래를 들려준다.
     - 음악을 듣는다.
  3. 노래의 제목을 추측해 본다.
  4. 노랫말에 맞는 동작을 함께 만들어 보고 같이 해 본다.
     - 유아와 함께 동작을 만든다.
     - 엄마, 아빠 머리띠를 쓰고 율동을 한다.
  5. 활동 후 자신의 생각이나 느낌 이야기하기

6 나와 가족 (5)

생활주제 가족

활 동 명 우리 가족 악기 연주하기

활동목표
- 악기를 연주하는 것에 탐색하며 즐긴다.
- 음악에 맞추어 폐품 악기를 연주해 본다.

활동자료 폐품을 이용하여 만든 악기(마라카스), 노랫말 판

활동내용
1. 폐품을 이용하여 만든 악기를 소개한다.
   - 이 악기의 이름이 무엇일까요?
   - 북에 붙어 있는 얼굴들이 있는데 누구의 얼굴일까요?
   - 악기를 어떻게 하면 소리가 낼 수 있는지 생각해 보도록 할게요.
2. 소리낼 수 있는 방법을 생각해 보고 나와서 해 보게 한다.
   - 어떻게 하면 소리가 날까요?
   - 또 다른 방법으로 소리를 내볼까요?
3. ‘뽀뽀뽀’ 노래를 들려주고 가사와 제목을 알아본다.
4. 노래를 부르면서 폐품 악기를 연주해 본다.
5. 활동을 평가한다.
   - 오늘 마라카스라는 악기를 연주해 보니 느낌이 어땠나요?
   - 마라카스란 악기엔 어떤 소리가 났나요?
   - 어떤 방법으로 소리를 냈나요?
6. 활동자료와 확장활동의 방법을 소개하고 진행한다.

주의사항
- 아이들과 동작활동을 할 때 다치지 않고 안전하게 진행한다.
- 앞서 나오는 유아와 그러지 않는 유아를 동등하게 서로 격려해 준다.
- 스스로 자발적으로 앞으로 나와서 할 수 있게 동기유발을 넣는다.

활동평가
- 동작을 배우기 위해서 아이들에게 흥밋거리를 제공했는가?
- 스스로 자발적인 참여가 이루어졌는가?
- 수업의 흐름이 끊기지 않고 순조롭게 이루어졌는가?

7 우리 동네

생활주제 **우리 동네**

활 동 명 **우리 동네**

활동목표
- 우리 이웃에 무엇이 있는지 알아본다.
- 이웃에 대한 고마움과 소중함을 느낀다.

활동자료 가사판, 수수께끼 판, 그림카드, 음악파일

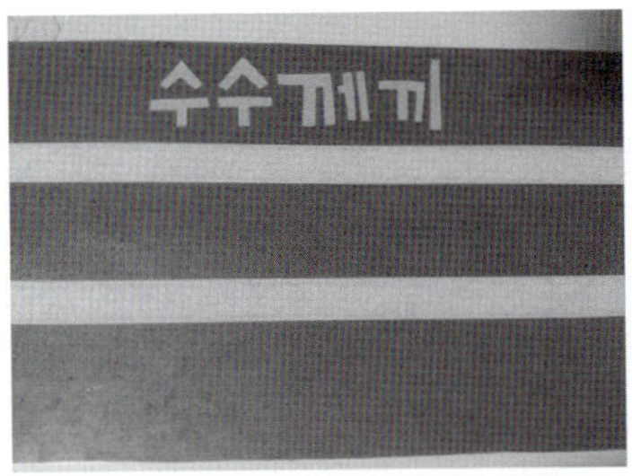

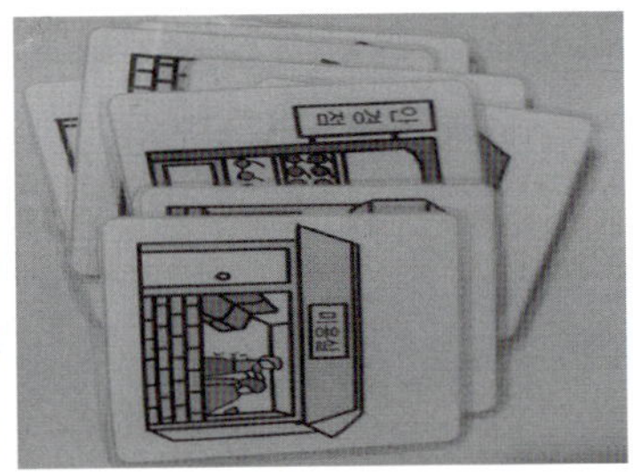

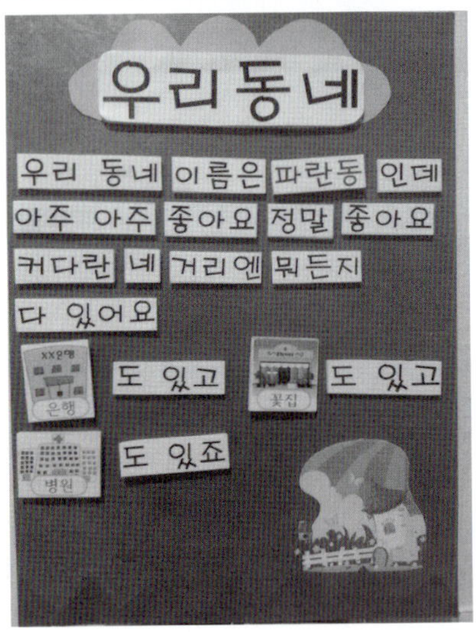

활동방법 1. 수수께끼판을 이용하여 아이들에게 우리 이웃에 무엇이 있는지 알려준다.
- 선생님이 지금부터 수수께끼를 낼 거예요. 맞춰볼까요?
- 여기는 우리들이 아플 때 의사선생님에게 진료를 받는 곳이에요.

- 여기는 우리가 사용하는 돈이 많이 있는 곳이에요. 여기는 어디일까요?
- 여기는 여러 가지 인형들이 많이 있는 곳이에요. 곰 인형도 있고 사자인형도 있어요.
- 여기는 여러 가지 꽃이 많이 있는 곳이에요. 꽃을 사러갈 때 여기를 가면 되요.
- 여기는 많은 사람이 필요한 물건이나 맛있는 음식을 사는 곳이에요. 여기는 어디일까요?

2. 노래 '우리 동네'를 들려준다.
   - 우리 동네라는 동요를 들려 줄 거예요. 잘들어봐요!
3. '우리 동네' 동작을 만들어본다.
   - 우리 동작을 같이 만들어볼까요?
   - 이 구절에는 어떻게 하면 좋을까?
4. 만든 동작을 하며 노래를 들어본다.
5. '우리 동네'에 있는 기관 찾아보고 기관 명칭을 바꾸어 불러본다.
   - 우리 동네에는 어떤 기관이 있을까?
     (그림카드를 펼쳐 놓는다.)
   - 다시 동요를 틀어 줄건데 가사판에 붙여보고 싶은 친구 있나요?
6. 바뀐 기관 명칭도 동작을 정하고, 다시 동작을 하며 동요를 들어본다.
7. 오늘 활동에 대한 느낌에 대해 이야기를 나누어본다.
   - '우리 동네'라는 동요를 불러보았는데 어땠나요?
   - 어느 부분이 재미있었나요?
   - 다음 시간에는 어떤 활동을 하는 것이 더 좋을까?

8 동물

생활주제 동물

활 동 명 한 시골 농가에

활동목표
- 노랫말에 나오는 순서에 맞게 스킵(skip) 동작을 해 본다.
- 농촌 풍경과 농가의 동물 등을 접해 보는 경험을 한다.
- 동화의 내용과 음악에 따라서 다양한 방법으로 활동해 본다.
- 기본적인 걷기 이동 동작을 익힌다.

활동자료
- 교수매체: 노랫말을 응용한 자석 동화 자료(시골농가 배경 그림/농부, 농부 부인, 아기, 강아지, 고양이, 생쥐, 고구마 등의 그림 자료)
- '한 시골농가에' 가사
- 동작활동을 위한 역할 이름표
- 원 그리기
- 동작 카드

활동방법
1. 간단한 손유희로 주의집중
2. '한 시골 농가에' 노랫말을 응용한 동화 자료를 들려준다.

동화내용 한 시골농가에서 농부아저씨는 가족들과 맛있는 고구마를 먹기 위해서 고구마를 캐러 들로 나왔어요. "어디 한번 고구마가 얼마나 컸는지 캐 볼까?" 농부 아저씨는 고구마를 캐려고 힘을 냈어요. "으쌰! 으쌰!" 그런데 이상했어요. 고구마가 움직이질 않는 거예요. 그래서 농부아저씨는 집으로 가서 농부 부인을 불렀어요. "여보! 나 좀 도와주구려!" "으쌰! 으쌰!" 농부 부인도 함께 힘을 내 보았지만 고구마는 꿈쩍도 하지 않았어요. 곤히 잠을 자던 아기가 우는 소리가 들리자 농부 부인은 아기를 등에 업고 다시 나왔어요. "으쌰! 으쌰!" 열심히 고구마를 캐어 보았지만 도무지 움직이질 않았어요. 아기를 따라오던 강아지도 들에 나와 도왔어요. "으쌰!" 강아지는 지나가는 고양이 한 마리에게 도와달라고 부탁했어요. "우리 좀 도와주렴" 모두가 힘을 합쳐 보았지만 고구마는 그래도 움직이질 않았어요. 고양이를 피해 다니던 생쥐 한 마리도 농부 가족을 보고 와서 도와 줬어요. 생쥐 힘이 센 것은 아니었지만 농부 가족과 동물들이 힘을 합하니깐 드디어 고구마를 캘 수 있었어요.

3. 동화와 같은 이야기의 노래가 있음을 알리고 융판 위의 그림을 이용해 노래를 들려준다.
4. 악보를 보고 노래를 다함께 불러 본다.
   - 동화에 등장하는 사람이나 동물이 무엇이 있었는지 이야기 나누기
   - 노랫말 속에 등장하는 등장인물의 순서를 다시 한번 기억해 본다.
   - 우리가 농가의 사람이나 동물이 되어 움직이는 모습을 표현해 보는 건 어떠니?
5. 어떻게 동작으로 표현할 수 있는지 생각하기
   - 우리가 기억한 노랫말 순서대로 어떻게 동작활동을 할 수 있는지 이야기 나누기
   - 교사가 '스킵'을 유도한다.
     (느리게 걷기, 빨리 걷기, 펄쩍펄쩍 뛰며 걷기, 종종 걷기)
   - 노랫말 순서대로 등장인물들이 어떻게 나오면 좋을지 이야기 나누기
     (농부 아저씨가 부인을 데리고 나오는 것은 어떻게 하면 좋을까?)
6. 동작으로 표현해 보기
   - 등장인물을 정하여 이름표 하기
     (농부 아저씨는 누가 해 보겠니?)
   - 반주에 맞추어서 농부 아저씨가 → 부인을 선택하고 → 부인이 아기를 선택 → 아기가 강아지를 → 강아지가 고양이를 → 고양이가 생쥐를 생쥐가 → 고구마를 선택한다. 스키핑을 하면서 움직일 때에 점점 원이 되도록 하면서 시계 방향으로 돈다.
   - 마지막 7절에서는 유아가 원대형으로 서서 스키핑하면서 시계 반대 방향으로 돈다.
     (느리게 걷기, 빨리 걷기, 펄쩍펄쩍 뛰며 걷기, 종종 걷기)
     동작카드를 제시한다.
   - 노래를 다시 한번 부르면서 이번에는 순서를 바꾸어서 고구마부터 거꾸로 하나씩 떨어져 나가면서 제자리에 앉는다.
     (노랫말 바꾸어서 부르기)
7. 회상하기
   - 한 시골 농가의 사람이나 동물이 되어본 느낌에 대해서 이야기하기
   - 활동하고 난 느낌을 이야기하고 재미있었던 동작을 이야기해 보기
     (움직이면서 무엇을 할 때 재미있었니? 힘들었던 점은 없었니?)

9 봄 여름 가을 겨울 (1)

생활주제 **봄**

활 동 명 **나비가 되기까지**

활동목표
- 신체를 이용하여 나비의 성장과정을 창의적으로 표현할 수 있다.
- 나비의 성장과정에 대하여 알 수 있다.

활동자료 담요, 나비의 성장과정 사진, '나비가 되는 과정' 판

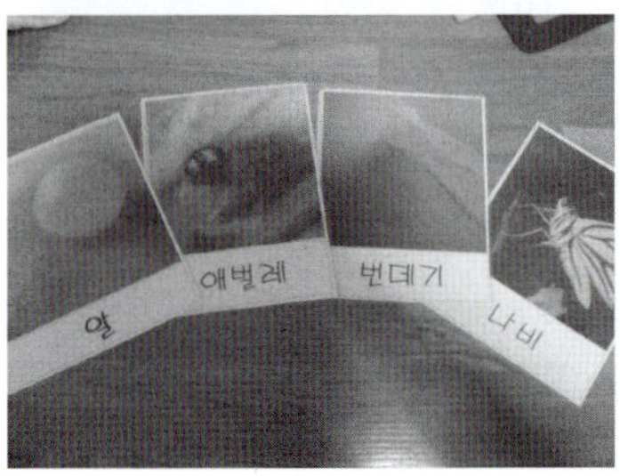

활동방법
1. 오늘의 주제를 자연스럽게 얘기하면서 이끌어낸다.
   - 담요를 이용하여 나비의 성장과정을 설명해 준다.
   - 알, 애벌레, 번데기, 나비의 진짜 사진을 보여주면서 성장과정을 확인시켜 준다.
2. 교사의 이야기에 맞추어 유아는 창의적 표현 활동을 한다.
   나는 동그란 알이에요.
   이제 알에서 나올 거예요. 머리로 톡톡 알을 깨요.
   꿈틀꿈틀 애벌레가 되었어요.
   맛있는 잎을 아삭아삭 먹어요.
   아이 졸려, 배가 부른 애벌레는 번데기가 되었어요.
   번데기에서 나와요, 영차 영차!

멋진 나비가 되었어요.
예쁜 꽃을 찾아다녀요.

3. 평가
   - 오늘 활동이 전체적으로 어땠는지 물어본다.
   - 어느 부분을 할 때 재미있었는지 물어본다.

확장활동 교실에 가서 나비 책을 만들어 보는 활동을 한다.

10 봄 여름 가을 겨울 (2)

생활주제 **봄**

활 동 명 **꽃이 피기까지**

활동목표
- 봄에 피는 꽃을 안다.
- 씨앗에서부터 꽃이 피기까지의 과정을 안다.
- 친구들과 함께 협력하여 꽃이 피는 과정을 몸으로 표현해 봄으로써, 유대감을 쌓는다.
- 전신을 이용하여 비이동 동작과 이동 동작을 적절히 결합하여 표현해 본다.
- 창의적으로 신체표현을 해 본다.

활동자료 여러 가지 꽃이 핀 그림 자료(개나리, 진달래, 철쭉, 민들레, 목련, 수선화, 금낭화), 씨앗에서 꽃이 피는 과정 그림 책, 물뿌리개 머리띠, 해님 머리띠, 바람(스카프), 음악('씨앗'), 철쭉/진달래 생화

활동방법

1. 봄에 피는 꽃 그림 자료를 제시한다.
   - 선생님이 보여 줄 꽃들은 봄에 피는 꽃이에요.
   - 봄에 무슨 꽃이 피는지 아는 친구 있나요?
2. 씨를 뿌리면 예쁜 꽃이 피는 과정 그림을 보여주며 이야기를 나눈다.
   - 그럼 지금까지 봄의 꽃을 알아봤으니, 씨앗이 꽃이 피는 과정을 알아볼까요? (씨앗에서 꽃이 피는 과정 그림 책 제시)
     ① 꽃씨가 점점 자라 꽃이 피는 과정을 몸으로 표현해 볼 것이라고 말하고, 역할을 정한다.
        • 꽃씨, 물, 해님, 나비, 바람의 역할을 정한다.
   - 물의 역할 유아에게는 물뿌리개 머리띠를 주고, 해님 유아는 해 그림 머리띠를 주고, 바람 역할 유아는 스카프를 사용한다.
     ② 교사의 이야기에 반응하면서 신체표현을 한다.
        "따뜻한 봄이 되자 깜깜한 땅 속에 꽃씨를 뿌렸어요.
        (꽃씨 유아에게 꽃씨라면 몸으로 어떻게 표현해 볼까?)

꽃씨에 물도 주고 해님도 비추어 주니까
(물, 해님 유아는 꽃씨가 된 유아에게 물도 주고 해님이 비추도록 표현하도록 한다. 꽃씨에 물을 주는 것을 어떻게 표현해 볼까? 꽃씨에 해님이 비추어 주는 것을 어떻게 표현해 볼까?)
꽃씨는 점점 자라 보드득 보드득 새싹이 나기 시작했어요.
(새싹이 나는 모습을 어떻게 몸으로 표현해 볼까?)
새싹은 점점 자라서 뽀로롱 뽀로롱 예쁜 꽃이 피었어요.
(새싹이 예쁜 꽃으로 변하는 과정을 어떻게 표현해 볼까?)
(예쁜 꽃을 각자 표현해 본다.)
예쁜 꽃에 나비가 찾아와서 이 꽃 저 꽃을 다니며 꿀을 쪽쪽 빨고 있어요.
(나비를 어떻게 표현해 볼까? 꿀을 쭉쭉 빨고 자는 것을 어떻게 표현해 볼까?)
(나비 역할 유아는 나비 춤추며 이 꽃 저 꽃에 앉아 꿀을 빤다.)
그런데 바람이 불자
(비 역할 유아는 스카프를 가지고 여러 방향으로 빠르게 흔든다./ 바람이 부는 것을 어떻게 표현해 볼까?)
예쁜 꽃잎이 뱅글뱅글 흔들흔들 다시 뱅글뱅글 흔들흔들 거리다 톡 떨어졌어요.(꽃잎이 뱅글뱅글 흔들흔들 떨어지는 모습을 표현해 볼까?)

3. 활동 후의 느낌을 이야기한다.
   - 꽃이 피기까지 과정을 신체표현으로 해 본 느낌이 어땠니?
   - 그럼, 봄의 꽃과 씨앗이 피는 과정을 알 수 있겠니?
   - 오늘 활동과 관련된 음악을 들어볼까?(동요-'씨앗'을 틀어준다.)

추후활동 봄과 관련된 동요를 배운다.

11 봄 여름 가을 겨울 (3)

생활주제 **봄**

활 동 명 **친구가 되고 싶어요**

활동목표
- 공간의 개념을 알 수 있다.
- 다양한 표현을 통해 창의성을 발달시킬 수 있다.
- 동작을 통해 사회성을 발달시킬 수 있다.

활동자료 봄과 관련된 동물 그림 자료 10장(나비, 개구리, 다람쥐, 닭, 호랑이, 병아리, 소, 오리, 뱀, 토끼, 곰)

활동방법
1. "싹 싹 싹이 났어요."노래를 부르고 그림카드를 보며 이야기한다.
   - 요즘처럼 따뜻하고 새싹이 나는 계절을 무슨 계절이라고 하나요?
   - 봄 하면 생각나는 동물들이 있었나요?
   - 여기 그림카드에 어떤 동물이 있나요?
2. 빈 의자에 대해서 유아와 함께 이야기 나눈다.
   (교사 옆자리에 빈 의자 1개를 더 놓아둔다.)
   - 빈 의자는 어떤 생각을 하고 있을까요?
   - 너희들은 빈 의자에게 어떤 이야기를 해주고 싶어요?
   - 이 의자에 어떤 친구들을 초대한다고 할까?
3. 교사가 놀이에 대한 시범을 보인다.
   - 친구가 필요해요. 봄에 만날 수 있는 친구 어디 있니?
   - ○○가 생각하고 있는 동물은 무엇이니?
   - ○○가 여기로 앉으러 올 때 어떻게 움직여서 오면 좋을까?
   - 빈 의자에 친구가 와서 앉으면 처음 있던 친구는 악수를 하고 자기 자리로 돌아가면 어떨까? 다른 좋은 방법 있니?
     (예: "반갑다. 나비야."할 때 나비가 맞으면 제자리로 돌아감)
4. 동작활동에 대한 주의할 점에 대해 이야기 한다.
   - 어떤 동물인지 알아맞히는 것은 누구라고 했었지?
   - 다른 친구들이 말하면 어떻게 될까?
   - 친구가 2명이 나오지 않게 하려면 어떤 약속을 해야 할까?
   - 친구가 어떤 동물할지 생각할 때 불러줄 노래 없을까?
     (예: "친구 찾아" 노래 부르고 "친구야, 나와라."라고 하기)

5. 유아가 직접 활동하도록 한다.
   - 선생님이 먼저 해도 되겠니?
   - ◇◇가 친구가 되었으면 좋겠어. 노래를 부르는 동안 어떤 동물이 될지 생각해 볼까?
   - ◇◇는 자신이 생각한 동물처럼 움직이면서 나올 수 있니?
6. 옆의 짝과 동물 흉내 내기 놀이를 한다.
   - 이번에는 옆의 짝과 같이 동물 이름 맞추기를 해 볼까요?
   - 두 친구가 짝이 되어 한 명은 문제를 내고 한 명은 맞춰보는 거예요?
7. 활동을 회상해 본다.
   - 놀이를 하면서 가장 기억에 남는 동물은 무엇인가요?
   - 친구에게 "친구가 되고 싶어요."라는 말을 들었을 때 느낌이 어땠어요?
   - 놀이하면서 속상하거나 어려웠던 점은 없었나요?
   - 친구한테 듣고 싶거나 하고 싶은 말은 무엇이 있어요?

참고사항
- 봄에 관련된 통합 활동으로 유아가 봄과 관련된 동물들에 대한 지식이 충분한 상태에서 활동한다.
- "작은 동물원" 노래를 부를 수 있다고 가정한다.

12 봄 여름 가을 겨울 (4)

생활주제 **봄**

활 동 명 **민들레 홀씨의 여행**

활동목표
- 기본적인 이동 동작(점핑, 엎드려 기어가기, 앙감질, 걷기)을 익힌다.
- 기본적인 비이동 동작(구부리기, 회전하기, 흔들기, 흔들거리기, 떨어지기)을 익힌다.
- (위, 아래, 앞, 뒤) 방향 감각을 높인다.
- 속도, 높이, 힘에 따른 다양한 동작을 경험한다.

활동자료 그림 동화, 글씨카드 18장(솔솔, 위, 아래, 동동, 가까이, 쭉, 멀리, 점점, 휙, 텀벙, 다가오다, 건지다, 뱅글뱅글, 살포시, 펄럭, 피다, 높이, 천천히), 음악테이프(봄의 왈츠)
동작소품(휴지, 보자기, 쌀자루, 부채, 비눗방울, 드라이기, 머리띠)

활동방법
1. "올라간 머리" 노래로 주의 집중을 시킨다.
   - 노래 속에는 어떤 동작들이 있었나요?
   - 지금 부른 노래에 정말 여러 가지 움직임이 있었네요.
2. 오늘 함께 할 동작에 대한 글씨 카드를 보여주고 어떻게 표현할지 이야기 나누고 표현해 본다.
   - 이 글자카드에는 어떤 움직임이 들어 있니?
   - "솔솔"은 무슨 의미일까? "살포시"는 어떤 뜻 같니?
   - 머리카락으로 "동동"의 움직임을 나타낼 수 있겠니?
3. "민들레 홀씨" 동화를 들려준다(동화내용은 별첨).
   - 이 동화를 들으면서 글자카드에 나온 움직임이 있는지 찾아볼 수 있을까?
4. 동화의 내용을 회상하고 재미있었던 부분에 대해 이야기한다.
   - 이야기 속에 누가 등장하나요?
   - 어느 부분이 가장 기억에 남나요?
   - 글자카드에 있었던 움직임을 찾았나요?
5. 동화에서 나왔던 동작들과 글자카드를 연결해 보고 움직임을 표현해 본다.
   - 어느 부분에서 "동동"이라는 움직임이 나왔을까?

- 민들레 홀씨가 동동 떠다니는 모습을 손으로 표현해 볼 수 있니?

6. 준비된 소품을 탐색하며 상황과 등장인물의 표현에 대해 이야기 한다.
   - 여기에 어떤 것들이 있나?
   - 이것들로 동화이야기를 표현해 보려고 하는데 어떤 것을 어디에 쓰면 좋을까?
   - 바람은 무엇으로 표현하면 더 좋을까?
   - "쌀포대"를 사용하면 무엇을 표현할 수 있을까?
7. 역할을 정하고 소품을 가지고 등장 장소에 앉는다.
   - 어디서 기다린다고 하면 좋을까? 자기역할이 끝나면 어디로 갈까?
   - 앉아 있는 친구들은 어떻게 해야 할까?
8. 배경음악을 들으며 이야기 전개 순서대로 각각의 움직임을 자유롭게 표현한다.

   어느 따스한 봄 날, 바람이 솔솔 불어 왔어요.
   민들레 홀씨가 하늘 위로 아래로 동동 떠다녔어요.
   바람이 살랑살랑 불었어요.
   민들레 홀씨는 놀이터를 향해 점점 아래로 천천히 내려왔어요.
   아기 똥이 팔을 쭉 위로 뻗었어요.
   민들레 홀씨는 춤을 추듯이 날았어요.
   연못가에서 헤엄을 치는 개구리를 만났어요.
   개구리가 민들레 홀씨를 먹으려고 혀를 내밀었어요
   "휙"하고 센 바람이 불었어요.
   민들레 홀씨가 개울가에 "풍덩" 빠졌어요.
   물고기들이 민들레 홀씨를 먹으려고 다가왔어요.
   새가 커다란 날개를 펄럭이며 물 위로 다가와 "휙"하고 민들레홀씨를 건졌어요.
   높이 올라간 민들레 홀씨는 너무 무서웠어요.
   구름님이 "휙"하고 또 바람을 일으켰어요.
   민들레 홀씨는 뱅글뱅글 돌았어요.
   민들레 홀씨는 다시 동동 떠다녔어요.
   민들레 홀씨는 지쳐서 쉬고 싶어 했어요.
   아기 똥 머리 위에는 예쁜 민들레가 활짝 피었어요.
   민들레 홀씨는 아기 똥 머리 위로 살포시 앉았어요.
   아기 똥 머리 위에는 예쁜 민들레가 활짝 피었어요.

9. 활동한 내용을 회상해 본다.
   - 제일 재미있었던 것은 무엇이었니?
   - 놀이할 때 힘든 점은 없었니?
   - 민들레 홀씨(바람, 개구리, 물고기, 새, 아기 똥)를 표현해 보니 어땠니?
   - 앉아 있던 친구들은 어떻게 느꼈니?
   - 어떤 동작을 더 재미있게 바꾸어 보면 좋을까?
   - 친구들 서로 잘 했다고 박수 쳐주면 어떨까?
10. 후속 활동을 소개한다.
    - 화장실 다녀와서 동작활동 중에서 나왔던 움직임을 그림으로도 그려보도록 하자.

참고사항
- 등장인물 전체를 표현하기보다는 "민들레 홀씨" 하나로 지시대로 움직이기보다는 자신들 마음대로 다양하게 표현하도록 한다.
- 만 3,4세는 활동 전 실물자료나 동영상 자료를 사용하여 각 사물의 움직임을 직접 관찰하고 충분히 인지한 후 표현할 수 있도록 한다.
- 교실 한 영역에 봄 동산 배경을 꾸며 봄 곤충들의 움직임을 표현하게 한다.
- 동작멘트를 유아 직접 제시할 수도 있다.
- 전체 음악에 음악효과음을 부분에 삽입해서 준비해서 들려줄 수도 있다.
- 활동에 익숙해지면 유아와 동작을 바꾸어 새롭게 표현할 수도 있다.

13 봄 여름 가을 겨울 (5)

생활주제 **가을**

활 동 명 **낙엽의 여행**

활동목표
- 낙엽의 여러 가지 움직임을 창의적으로 표현한다.
- 동작의 요소인 힘에 대해 안다.

활동자료
- 음악테이프: 비발디의 사계 중 가을
- 동영상(낙엽 떨어지는 소리, 낙엽 쓰는 소리, 낙엽 밟는 소리, 바람에 낙엽 구르는 소리)

활동방법

1. 동영상과 낙엽의 여러 가지의 소리를 들려주면서 유아들과 이야기한다.
   - 가을 하면 생각나는 것이 무엇일까요?
   - 낙엽을 밟을 때 어떤 소리가 나는지 아는 친구 있니?
   - 이 소리는 어떤 소리일까요?
2. 여러 가지로 떨어지는 낙엽의 모습에 대해 이야기를 나눈다.
   - 나무에 달린 나뭇잎의 모습은 어떠니?
   - 바람이 불어올 때 나뭇잎의 움직임은 어떠니?
   - 나뭇가지에 매달려 있다가 떨어지는 나뭇잎은 어떤 모습이니?
   - 바람이 세게 불 때는 나뭇잎은 어떻게 떨어질까?
   - 바람이 불면 땅에 떨어진 나뭇잎는 어떻게 될까?
   - 나무에서 낙엽이 떨어질 때 어떤 소리가 나니?
3. 다양한 상황의 낙엽을 몸으로 표현해 본다.
   - 누가 나무와 나뭇잎이 되어볼까? ○○이가 나무가 되어보자.
   - ○○, □□, △△이가 나뭇잎이 되어 표현해 보자.
   - 나무에 달린 나뭇잎이 되어보자.
   - 살랑살랑 떨어지는 나뭇잎이 되어 표현해 보자.
   - 떨어져서 굴러가는 나뭇잎이 되어 표현해 보자.
4. 녹음된 음악을 듣고, 느낌에 대해 이야기를 나눈다.
   - 어떤 느낌이 드니?

5. 음악에 맞추어 낙엽의 다양한 모습을 표현한다.
   - 바람이 불어오면 낙엽이 어떻게 될까 표현해 보자.
   - 땅 위를 굴러가는 낙엽이 되어보자.
   - 세찬 바람이 불어 올 때 낙엽이 굴러가는 모습을 표현해 보자.
   - 나뭇가지에 매달려 있는 낙엽이 흔들리는 모습을 표현해 보자.
6. 유아가 표현한 재미있는 생각과 움직임에 대해서 평가하도록 한다.
   - 낙엽을 표현하면서 재미있게 표현한 친구는 누구였니?
   - 다르게 표현할 수 있는 친구 있니?

참고사항

- 5세 이상의 경우 낙엽의 표현과 더불어 나무에 대한 표현도 강조할 수 있다. 한 명 혹은 두서너 명이 나무나 나뭇가지가 되어 바람의 세기에 따라 다양하게 움직여보도록 유도한다.
- 감상하는 유아가 바람 소리를 내어주고 그 소리에 맞춰 움직여보기도 한다.

14 교통기관 (1)

생활주제 교통기관

활 동 명 비행기

활동목표
- 비행기의 움직임을 보고 활동해 보며 관찰 능력을 기른다.
- 규칙을 지켜 신체 활동에 즐겁게 참여할 수 있다.
- 비행기의 모양과 움직임을 신체로 다양하게 표현할 수 있다.

활동자료 항공교통기관 사진자료, 비행기의 움직임 사진자료, 비행기 머리띠, 출발선 테이프, 종이비행기

활동방법

1. 항공교통기관 사진을 살펴본다.
   - 이 사진은 어떤 교통 기관 일까요?
   - 사진의 대한 교통기관을 간단하게 이야기해 준다.
2. 비행 장면을 상상해 보도록 한다.
   - 비행기를 본 적이 있나요?
   - 비행기를 어디에서 보았나요?
3. 비행기를 타본 경험에 대해 이야기를 나눈다.
   - 비행기를 타본 적이 있나요?
   - 비행기를 타고 어디를 갔었나요?
   - 가고 싶은 나라가 있나요?
   - 그곳에 가고 싶은 이유는 무엇이에요?
4. 교사가 비행기의 움직임을 사진을 보여주며 유아가 동작으로 표현한다.
   - 오늘은 하늘 높이 나는 비행기가 되어볼 거예요.
   - 비행기에는 날개가 있어요. 몸의 어떤 부분으로 날개를 표현할 수 있을까?
   - 아래쪽에 바퀴도 있어요. 어떻게 표현하면 좋을까요?
   - 비행기가 하늘 높이 날았어요, 어떻게 표현해 볼까요?
   - 비행기가 도착하려고 해요, 어떻게 표현하면 좋을까요?
5. 교사가 상황을 이야기하며 유아는 자유롭게 여러 가지 상황을 표현해 본다.
   - 나는 비행기랍니다.

- 나는 하늘을 날아다닐 수 있어요.
- 나는 낮게 날 수도 있고
- 또 높게 날고 있어요.
- 왼쪽으로 날 수도 있고
- 오른쪽으로 날 수도 있어요.
- 나는 빠르게 날아갈 수도 있어요.

6. 미술 활동 시간에 미리 만들어 놓은 종이비행기를 자유롭게 날려 본다.
   - 비행기를 날려봅시다.
   - 윙~ 비행기가 잘 날아가는구나.
7. 종이비행기 날리기 게임을 한다.
   - 출발선에 서서 누구 비행기가 제일 멀리 나는지 함께 해 볼까요?
   - 자, 하나, 둘, 셋! 에 날려보아요.
   - 어떤 친구가 제일 멀리 나갔나요?

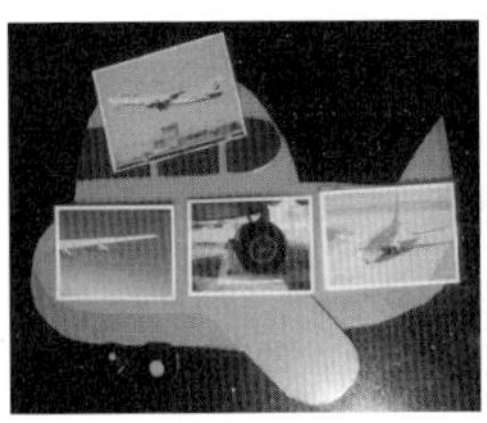
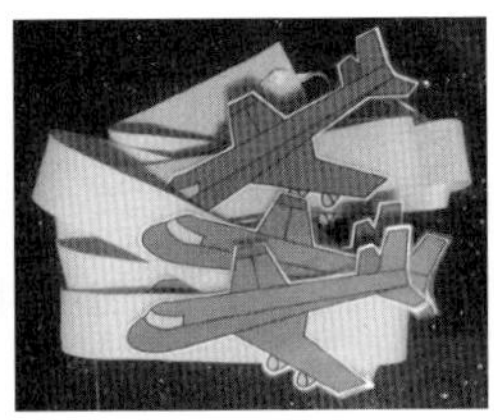

8. 유아의 움직임에 대해 평가한다.
   - 우리가 비행기가 되어 봤는데 어땠어요?
   - 비행기를 몸으로 표현했을 때 어떻게 움직일 때가 재미있었나요?
   - 힘들거나 어려웠던 점은 무엇이었나요?
   - 몸으로만 움직일 때랑 종이비행기로 날려볼 때와 어떤 점이 달랐나요?

확장활동 스카프를 사용하여 비행기 표현해 보기

유 의 점
- 비행기의 날아가는 모습을 잘 관찰할 수 있도록 높은 쪽에서 낮은 쪽으로 날려보는 활동을 해 보도록 한다.
- 교사는 영아가 비행기의 모습을 다양하게 표현할 수 있도록 관심을 갖고 상호작용을 한다.

활동평가
- 비행기의 모양과 움직임을 신체로 다양하게 표현할 수 있는가?
- 규칙을 지켜 신체 활동에 즐겁게 참여하였는가?

15 교통기관 (2)

생활주제 **교통기관**

활 동 명 **여행을 해요**

활동목표
- 빠르고 느린 속도를 알 수 있다.
- 기차라는 (줄로 여러 명을 묶는 것) 활동을 통하여 협동심을 기른다.
- 여러 가지 탈것들의 움직임을 표현해 보는 활동을 통하여 교통기관의 움직임을 알고 종류를 알 수 있다.
- 움직이는 경로를 통해 공간에 대한 경험을 한다.

활동자료 여러 가지 교통기관의 움직이는 플래시, 사진, 북
(밧줄, 의자, 보자기, 막대, 역을 알려주는 표지판)

활동방법
1. "더 빠른 것 더 느린 것"노래를 부르고 그림 자료를 보며 이야기 한다.
   - 우리가 알고 있는 교통기관에는 어떤 것이 있을까?
     (수수께끼 식으로 퀴즈를 풀어본다.)
   - 교통기관들의 빠르기에 대해서 이야기 나눈다.
2. 소품을 소개하며 여러 가지 탈것에 대해 이야기 나눈다.
   - 타 본적 있니?, 타보니 어떻게 움직였니?
   - 이것으로 어떤 탈것의 움직임을 표현할 수 있니?
3. 기차여행놀이에 대해 이야기한다.
   - 활동 시 유아와의 주의사항 또는 약속사항을 이야기한다.
4. 북소리로 박자치기를 하며 기차여행놀이를 한다.
   - 점점점 북소리가 빨라지면 어떻게 해야 할까?
   - 밧줄을 가지고 기차가 되려면 어떻게 해야 할까?
   - 어떤 것을 지켜야 할까? (밧줄 놓지 말기, 밀지말기)
   - 기차를 타고 내릴 때 어떻게 해야 할까?
5. 활동을 되새겨 본다.
   - 여러 가지 활동을 통하여 배운 교통기관에는 무엇이 있었으며 어떠한 움직임을 가지고 있었는지 되새겨 본다.
   - 북소리가 빨라질 때는 어떻게 몸이 움직였니?
   - 직선길과 구불구불한 길을 가보니 어떻게 달랐니?

- 놀이를 하면서 어려웠던 점이 무엇이었니?
- 즐거웠던 점은 무엇이며 아쉬웠던 점은 무엇이었니?
- 아쉬웠던 점을 재미있게 고쳐서 다음시간에 더욱 재미있는 기차놀이를 해 보자.

16 교통기관 (3)

생활주제 **교통기관**

활 동 명 **여러 종류의 자동차**

활동목표
- 자동차가 하는 일에 관심을 가진다.
- 자동차 움직임을 통하여 기본적인 이동 동작을 익힌다.
- 속도와 방향감각을 익힌다.

활동자료 자동차 그림 자료 2장씩(크레인, 불도저, 덤프트럭, 포크레인, 롤러, 레미콘)

활동방법

1. 유아와 자동차에 종류에 대해서 이야기한다.
   - 자동차에는 어떤 것들이 있지?
   - 어떻게 움직이는 걸까?
2. 동작요소를 교사와 같이 탐색해 본다.
   - 크레인(불도저, 포크레인, 덤프트럭, 롤러, 레미콘)은 어떤 일을 할까?
3. 게임 방법에 대해 이야기한다.
   - 유아가 그림카드를 하나씩 뽑는다.
   - 같은 그림을 뽑은 친구를 찾아 짝을 한다.
   - 짝끼리 카드에 그려진 차가 한 일을 몸으로 어떻게 표현할지 의논해 보고, 동작을 만든다.
4. 유아의 동작을 보고 신체표현을 안 한 유아가 어떤 자동차인지 맞춰본다.
   - □□와 △△가 만든 것이 어떤 자동차 같니?
   - 어떤 부분이 그렇게 생각되니?
5. 앞에 나온 유아 전체가 한 가지의 자동차를 만들어 본다.
   - 여러 가지 자동차 중에 어떤 자동차가 가장 마음에 들었는지 이야기해 볼까?
   - 우리 친구들 모두가 같이 만들 수 있는 자동차는 어떤 것이 좋을까?

6. 활동한 내용을 회상해 본다.
   - 신체표현 중 어떤 것이 가장 기억에 남니?
   - 가장 재미있었던 것은 무엇이었니?
   - 어떻게 하면 더 재미있게 할 수 있을까?
   - 다음에는 그 방법으로 해 보자.

참고사항
- 유아가 잘 모르는 자동차의 종류도 있을 수 있기 때문에 자료에 대한 충분한 탐색이 이루어진 후에 활동을 해야 한다.
- 유아에게 친숙한 자동차부터 표현해 보도록 한다.

17 도구와 기계 (1)

생활주제 **도구와 기계**

활 동 명 **멈추어버린 시계**

활동목표
- 시계는 독특한 소리를 내며 규칙적으로 움직이지만 멈출 수도 있다는 것을 안다.
- 움직이다가 멈추어버린 시계의 마음을 파악하며 이해한다.
- 지시에 맞추어 움직임을 멈출 수 있다.

활동자료 가사판, 시계인형, 시계얼굴모형, '시계' 음원, '할아버지의 시계' 음원, 스피커

활동방법
1. 사전에 배운 노래 '시계'를 듣고 시계에 대해 이야기를 나누어본다.
   - 노래에 나오는 시계는 어떤지 한번 말해 볼까요?
2. 멈추어버린 시계에 대한 경험에 대해 이야기를 나누어본다.
   - 멈추어버린 시계를 본 적이 있나요? 어떤 느낌이 드나요?
3. 노래 '할아버지의 시계'를 들려준다.
   - 녹음된 '할아버지의 시계'를 들어본다.
   - 가사판에 가사를 붙이며 읽어본다.
   - 반주에 맞추어 따라 불러 본다.
4. 할아버지 시계 요정이 등장해서 게임을 제안한다.

5. '멈추어버린 시계' 게임을 진행한다.
   - 유아를 두 팀으로 나눈다.
   - 한 사람씩 반환점을 걸어서 돌되 '시계소리'가 나면 그 자리에 멈추어 시계를 몸으로 표현한다.
   - 유아가 들어오면 다음 유아가 차례로 간다.
6. 오늘 활동에 대한 느낌에 대해 이야기를 나누어본다.
   - 오늘 멈추어버린 시계에 대해서 배워보았는데 어떤 점이 재미있었나요?
   - 어떤 점이 힘이 들었나요?
   - 시계는 멈추더라도 시간은 흘러간다는 것을 알려준다.

확장활동
- 시계의 얼굴을 그려보고 시곗바늘을 달아 시계모형을 만들어본다.
- 시계 보는 법을 배워본다.

참고사항
- 사전에 커다란 시계를 눈에 보이는 장소에 놓고 시계에 익숙해지게 한다.
- 시계 테두리에 분표시를 해서 더 쉽게 인식할 수 있게 한다.
- 게임 중 동작 표현을 자유롭게 하기 위해 '시계소리'가 유지되는 시간을 늘린다.

18 도구와 기계 (2)

생활주제 **도구와 기계**

활 동 명 **종이악기 연주하기**

활동목표
- 종이로 다양한 소리를 만들 수 있다.
- 지시카드에 따라 종이로 소리를 낼 수 있다.
- 다양한 장르의 음악에 따라 동작을 표현할 수 있다.

활동자료 신문지나 습자지 같은 종이들, 지시카드, 종이 악기 교구, 노래 음원 (로보카폴리 주제가, 림스키 코르사코프-왕벌의 비행, 평조회상-군악)

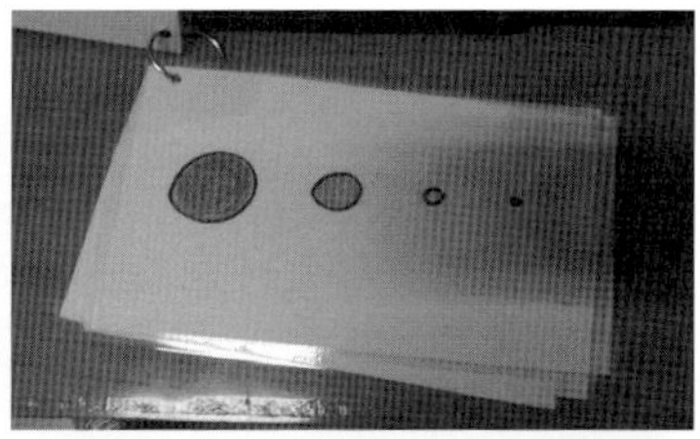

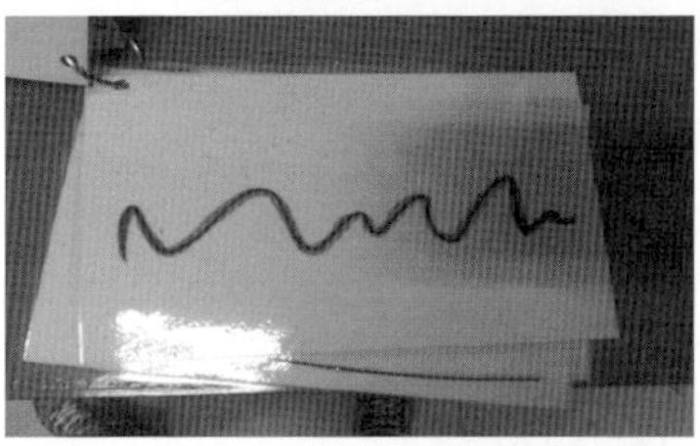

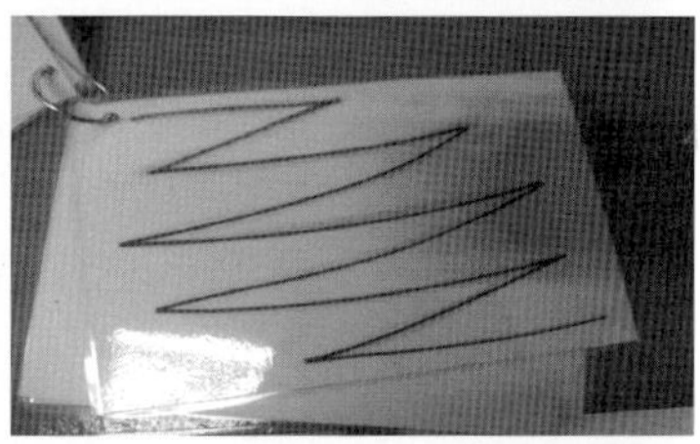

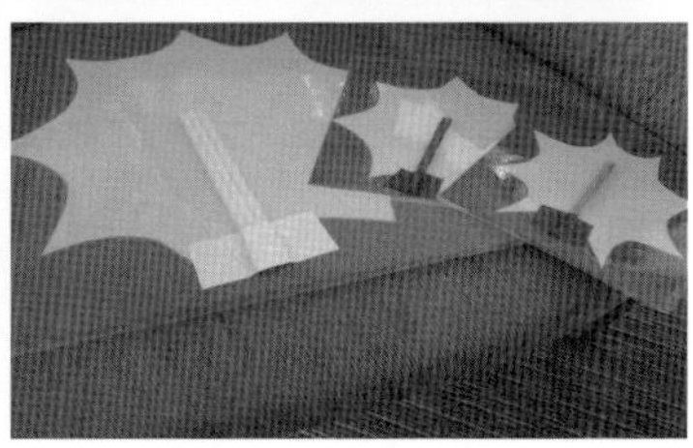

활동방법

1. 손유희를 한다.
2. 활동을 소개한다.
   - 우리 종이를 가지고 뭘 할 수 있나요?
   - 이 종이로 연주를 하는 활동을 할 거에요.
3. 소리에 관심을 갖게 한다.
   - (종이를 뒤로 숨기고 치며 소리를 낸다.) 이게 무슨 소리일까요? 어디서 나는 소리일까요?
4. 종이를 탐색하고 종이로 소리를 내는 방법에 대하여 생각해 본다.
   - 종이를 이용해서 소리를 만들어 볼 수 있을까요?
   - 종이를 손가락으로 튕기며 쳤을 때 어떤 소리가 날까요?
   - 종이를 구겼을 때 어떤 소리가 날까요?
   - 종이를 손바닥으로 비볐을 때 어떤 소리가 날까요?
   - 종이를 찢었을 때 어떤 소리가 날까요?
5. 종이악기를 연주해 본다.
   - 지시카드에 따라 아이들이 자유롭게 표현 · 연주해 보아요. (지시카드에 얽매이지 않도록 지도한다.)
   - 이번엔 음악에 맞춰서 연주해 보아요.
   - 동요(로보카폴리 주제가), 클래식(림스키 코르사코프-왕벌의 비행, 전통 음악(평조회상-군악) 한곡 씩 30~40초씩 짧게 들려주고 표현해 보도록 한다.
6. 소리 나는 교구를 이용한 연주
   - 우리 친구들을 위해 만든 소리 나는 종이 교구예요. 이렇게 빨대를 튕기면 소리가 나지요!
   - 마지막으로 이 교구를 이용해서 자유롭게 연주를 해 볼게요~. (로보카폴리 주제가를 들려주며 자유롭게 표현하도록 한다.)
7. 활동에 대한 생각이나 느낌을 이야기한다.
   - 종이 악기로 연주를 해 본 느낌이 어땠나요?
   - 종이가 어떻게 소리를 내는 것이 제일 재밌었나요?

19 도구와 기계 (3)

생활주제 **도구와 기계**

활 동 명 **자석 놀이**

활동목표
- 신체 부위를 붙여보면서 협동의 의미를 깨닫는다.
- 자석의 특성을 게임 활동을 통해 알아본다.

활동자료 자석 그림, 자석 머리띠, 반환점, 출발선

활동방법

1. 자석에 대해 관심을 가져본다.
   - 나는 누구일까요?
   - 나는 나랑 같은 친구하고는 붙어 있는 것이 싫어요. 나랑 다른 친구하고는 꼭 붙어 있고 싶어요.
   - 나는 여러 가지 모양으로 되어 있어요. 막대모양도 있고 말굽모양도 있답니다.
   - 나는 쇠를 너무 좋아해서 쇠 친구들과 꼭 붙어 있고 싶어요.
2. 자석의 특징에 대해 이야기 나눈다.
   - 자석은 어떤 모양으로 생겼어요?
   - 자석은 어떠한 성질을 가지고 있어요?
   - 자석은 쇠로 만들어진 물건이 붙는 성질을 가지고 있답니다. 그래서 자석으로 쇠로 만들어진 물건을 움직이게 할 수 있답니다.
   - 자석은 같은 친구들끼리는 서로 싫어하고 다른 친구들끼리 붙어 있으려고 하는 같은 극끼리 밀어내고 다른 극끼리 붙는 성질을 갖고 있답니다.
3. 유아가 신체를 활용하여 자석의 성질을 표현해 본다.
   - 오늘은 우리 친구들이 직접 자석이 되어서 행동해보도록 할 거예요.
   - 몸이 실제로 막대자석처럼 뻣뻣해졌다고 상상해 보도록 해요.
   - 두 친구가 나와서 자석이 되어 봐요. 우리 두 친구는 서로 같은 극의 자석이랍니다. 붙어 있어야 할까요? 떨어져야 할까요?
   - 서로 같은 극끼리는 떨어져 있고 다른 극끼리는 붙어 있어야 한답니다.

4. 유아에게'내 몸은 자석'게임 활동방법을 소개한다.
   ① 출발선과 반환점을 표시한다.
   ② 유아를 두 팀으로 나눈다.
   ③ 각 팀에서 두 명씩 유아가 준비한다.
   ④ 출발신호와 함께 같은 팀 유아 두 명이서 자석처럼 꼭 붙어서 걸어가 반환점을 통과하고 들어온다.
   ⑤ 릴레이식으로 같은 방식으로 게임을 해서 먼저 모든 유아가 들어오는 팀이 승리한다.
5. 유아와 함께 '내 몸은 자석' 활동을 해 본다.
6. 활동 후 평가의 시간을 가진다.
   - 게임 활동은 어땠어요?
   - 자석처럼 움직여 보니까 어때요?

유의사항
- 자석을 어떻게 표현해야 하는지 신체로 표현해 본다.
- 출발선과 반환점 길이를 유아의 연령에 맞게 설정한다.
- 유아가 서로 협동하여 활동할 수 있도록 한다.

활동평가
- 놀이에 적극적으로 참여했는지에 대해 평가한다.
- 자석의 성질에 대해 이해하고 신체 활동을 했는지에 대해 평가한다.

확장활동 자석에 붙는 것과 붙지 않는 물건을 알아본다.

20 우리나라 (1)

생활주제 **우리나라**

활 동 명 **제기차기**

활동목표
- 제기차기를 경험한다.
- 속도, 높이, 힘에 따른 다양한 동작을 한다.
- 신체 부분과 기구와의 협응력을 기른다.

활동자료 제기, 책받침, 얇은 책, 배드민턴 라켓 등 제기차기를 할 수 있는 물건

활동방법
1. 제기를 보여주며 제기의 특징과 제기차기의 경험에 대해 이야기를 나눈다.
   - 이것은 무엇일까?
   - 어떻게 생겼니?
   - 제기를 가지고 놀아본 적 있니?
   - 어떻게 가지고 놀았었니?
2. 발 이외에 우리 몸의 어느 부분을 이용하여 제기차기를 할 수 있겠는지 생각해 본다.
   - 손, 손등, 무릎 등~
3. 우리 주위의 어떤 사물을 이용하여 제기차기를 쉽게 할 수 있는지 생각해 보고 교사가 준비해온 사물을 이용하여 제기차기를 해 본다.
4. 신체 여러 부위나 사물을 이용하여 제기차기를 하면서, 튀어 오르고 떨어지는 제기의 모습을 주의 깊게 관찰하고 관찰한 것을 신체로 표현한다.
   - 자신이 제기라고 생각하고 표현해 보자.
5. 활동을 회상해 본다.
   - 어떻게 했던 부분이 가장 재미있었니?

참고사항
- 실내 신체 활동실이나 실외 영역에서 제기차기를 한다.
- 작업 시간에 제기를 만드는 활동과 연결하여 자기가 만든 제기로 제기차기를 해 보게 한다.

21 우리나라 (2)

생활주제 **우리나라**

활 동 명 **내가 만약 팽이라면**

활동목표
- 팽이의 모양과 움직임에 관심을 갖는다.
- 팽이의 움직임을 신체를 이용하여 창의적으로 표현해 본다.

활동자료 빈상자, 여러 종류의 팽이(불빛이 나는 팽이, 전통 팽이, 자동팽이), 팽이채, 목도리, 팽이 치는 영상, 그림카드 3장, 음악-'팽이'

활동방법

1. 상자를 보여주고 그 안에 무엇이 들어 있는지 상상해 보게 한다. (모양 이야기해 주기, 소리 들려주기, 부분만 공개하기)
   - 상상한 내용을 이야기해 본다.
   - 한 사람이 나와서 상자를 들여다보고 다른 친구들에게 설명하게 한다(몸으로 표현해 보기).
   - 상자를 열고 팽이를 보여준다.
2. 유아를 두 그룹으로 나누어 팽이와 팽이채가 되어 다양한 팽이의 모습을 표현해 보게 한다.
   - 전통 팽이를 팽이채로 쳐서 빨리빨리 도는 팽이는 어떤 모습일까?
   - 점점 멈춰지는 팽이가 되어보자.
   - 지쳐서 잠을 자는 팽이는 어떤 모습일까?
   - 쓰려지려고 하는 팽이가 다시 일어나 돌고 있어.
   - 그림카드를 설명한다(설명대로 몸으로 표현해 본다).
3. 음악을 들으면서 유아 자신이 되어보고 싶은 팽이가 되어본다(교사가 팽이에 대한 상황 설정을 말로 이야기해 주고 그림카드를 제시해 본다).
   - 줄에 감긴 팽이는 어떤 모습일까?
   - 줄을 풀었을 때 팽이는 어떻게 될까?
   - 아주 작고 작은 팽이가 도는 모습은 어떨까?
4. 다양한 종류의 팽이를 몸으로 표현해 본다(다양한 팽이를 관찰한 후 몸으로 표현한다).

5. 동작활동을 마치고 팽이들을 쉬게 한다.
   - 동작활동에 대한 평가를 한다.
   - 동작활동 전에 주의사항이 잘 지켜졌는지 이야기해 본다.
   - 팽이의 움직임을 리듬에 맞추어 다양한 방법으로 표현할 수 있었는지 이야기한다.

참고사항 지나치게 돌거나 다른 유아와 충돌이 일어나지 않게 활동을 잘 조절하여 활동한다.

22 세계 여러 나라

생활주제 **세계 여러 나라**

활 동 명 **세계 여러 나라의 춤**

활동목표
- 리듬감을 높여준다.
- 세계 각기 여러 나라 춤의 특징을 안다.
- 음악의 특성에 맞게 몸으로 표현할 줄 안다.
- 친구와의 협동동작을 통해 협동심을 키울 수 있다.

활동자료
- 여러 나라의 음악(오 스잔나, 꼬마 인디언, 호두까기인형, 아리랑, 캉캉)
- 인디언 모자, 왈츠왕관, 앞치마와 두건
- 불이 들어오는 버섯 전등

활동방법

1. "꼬마인디언" 간단한 손유희로 주의집중시킨다.
   - 인디언들은 어떤 춤을 추니?
   - 우리나라 춤에는 어떤 것들이 있니?
   - 다른 여러 나라에는 어떤 춤들이 있을까?
2. 그동안 배웠던 노래 중 세계 여러 나라의 춤을 대표할 수 있는 음악을 듣고 이야기 나눈다.
   - 꼬마 인디언에 나오는 인디언들은 어떻게 춤을 출까?
   - 오 스잔나 노래는 어떤 춤이니? 둘이 추는 춤이었니?
   - 호두까기인형은 어떤 느낌이니?
   - 아리랑은 어느 나라 음악이지? 우리나라의 춤은 무엇이 있을까?
   - 캉캉 음악을 들어본 적 있니?
3. 버섯 전등을 소개하고 동작 시간 활동 시작을 알린다.
   - 버섯과 함께 여러 나라를 여행하면서 조금 전에 들었던 음악에 맞춰 춤을 추어 보도록 하자.
   - 버섯에 불이 들어오면 모두 동작을 멈추고 다른 나라에 갈 준비를 해야 해.
4. 인디언을 흉내 내보고 음악에 맞추어 인디언 춤추기
   - 모두 인디언 어린이가 되어 신나게 춤추어 보자.
   - 무릎은 많이 굽히면서 껑충껑충 걸어가 볼까?

- 꼬마사냥꾼이 되어볼까? 멋있게 창을 두고 걸어가 보자.
- 저기 악어 떼가 있어, 창을 던져보자.

5. 오 스잔나 음악에 맞추어 짝지어 춤추기
   - 애들아 여기는 미국이야. 오 스잔나 음악은 미국 벤조를 잘 타는 어떤 총각이 아리따운 스잔나라는 처녀를 찾으러 가면서 부른 노래란다, 모두 서로 짝끼리 처녀 총각이 되어 춤을 춰보자.
6. 호두까기인형에 맞추어 왈츠 추기
   - 여기는 영국이야. 왈츠는 남자 친구랑 여자 친구가 함께 추는 춤이란다.
   - 우리 모두 영국의 왕자, 공주가 되어 춤을 추어보자.
   - 서로 손을 잡고 부드럽게 왈츠를 추자.
   - 허리를 펴고, 손도잡고, 어깨를 짚고, 허리를 가볍게 잡고 살짝 살짝 왈츠를 추어보자.
7. 캉캉음악에 맞추어 캉캉춤 추기
   - 여기는 프랑스야. 아까 우리친구들이 말한 것처럼 캉캉춤을 추어보자.
   - 친구들과 나란히 서서 어깨동무를 하고 춰볼까.
   - 손을 잡고 동그랗게 원을 그리고 추어보자.
8. 아리랑 음악에 맞추어 우리나라 전통춤 추기
   - 와 다시 우리나라에 왔다. 아리 아리랑~ 춤을 추어보자.
   - 양팔을 벌리고 덩실덩실 춤을 추어보자.
9. 활동한 내용을 회상하기
   - 활동하고 난 느낌을 이야기 하고 재미있었던 동작을 이야기해 보기
   - 어느 나라에 다녀왔었지?
   - 어떤 춤이 가장 재미있었니?
   - 또 어떤 춤들이 있을까?
   - 다음에 신기한 버섯친구와 함께 춤을 추러 또 다른 나라에 가보도록 하자.

참고사항
- 각기 다른 음악의 특성을 잘 살려서 동작을 할 수 있도록 유도한다.
- 버섯이라는 매개체를 사용하여 각 나라를 여행하는 느낌이 들도록 해야 한다.
- 리듬이나 템포를 살려 표현할 수 있도록 지도한다.

07

C·H·A·P·T·E·R

음악극의 실제

1 나는 군것질이 좋아요

해　　설　안녕하세요. 친구들! 혹시 친구들은 군것질 많이 하고 밥은 골고루 안 먹나요? 글쎄, 여기 골고루 밥 먹기는 싫어하고 군것질만 좋아하는 공주가 살았는데요~

〈 상어가족 〉

♬나는 왕 뚜루루뚜루　나는 왕비 뚜루루뚜루
우리는 뚜루루뚜루　튼튼 하지!
나는 언니 뚜루루뚜루　공주야 뚜루루뚜루
용감하고 뚜루루뚜루　튼튼 하지!
나는 막내 뚜루루뚜루　공주야 뚜루루뚜루
햄버거 뚜루루뚜루　콜라 좋아!

여기는 뚜루루뚜루　튼튼하고 뚜루루뚜루
건강한 뚜루루뚜루　튼튼 마을♬

(양파와 피망이 양쪽에서 한명씩 등장)

왕 (양파와 피망을 가리키며) 우리 호위무사들이 있어 정말 듬직하군!

왕 비 그러게 말이에요~ 튼튼한 기운이 넘치는 느낌이야! 오호호.

양 파 저희가 책임지고 /
피 망 튼튼마을을 지킬게요!

언니공주 그래그래!

막내공주 (혼잣말 하듯이 퉁명스럽게) 양파랑 피망은 맛도 없는데 왜이렇게 좋아하는거야!

<u>효과음 - 시계소리</u>

왕 흠, 벌써 시간이 이렇게 되었군. 슬슬 밥을 먹어야겠어!

왕 비 어머, 벌써 저녁시간이네요. 여봐라~ 거기 누구 없느냐.

하 인 (허리를 숙이며 들어오며) 네. 왕비님.

왕 비 어서 맛있는 저녁을 만들어 오거라!

언니공주 건강하고 몸에 좋은 밥상으로 부탁해!

하 인 네. 알겠습니다요. 금방 대령하겠습니다요.

막내공주 (의자에서 일어나 옆으로 나오며 혼잣말하듯이) 이게 뭐야! 또 이상하고 맛없는 나물반찬만 가득 나오게 생겼잖아! 나는 밥 먹기 싫단 말이야. 콜라랑 햄버거를 먹을 수 있다면 얼마나 좋을까! 피자도 맛있겠는걸….

하 인 여기 맛있고 건강한 밥상 대령입니다요~

언니공주 우와~~ 엄마 여기 내가 제일 좋아하는 두부에요!

왕 나는 이 된장찌개가 정말 마음에 드는구나.

왕비 자 어서 맛있게 먹자! 막내공주 너도 어서 이리오렴.

막내공주 (삐친 듯 투정부리는 목소리로) 싫어, 싫어! 나는 이런 밥 먹기 싫단 말이야! 나는 과자가 먹고 싶다고! 흥흥흥

〈 우유송 〉

♬피망 싫어싫어 양파 싫어싫어
맛없는 당근 오우 노우
당근 싫어싫어 오이도 싫어싫어
짭짤한 과자 오우 예스
과자는 주스랑 먹어-야 제맛
짭짤한 내 입맛엔 과자가 최고야
달콤한 사탕은 정말 맛있어
달달한 내 입맛엔 사탕이 최고야
과자 좋아 사탕 좋아 많이 주세요 더 주세요
과자 좋아 사탕이 좋아 세상에서 제일 좋아♬

막내공주 난 밥 안 먹을거야! 엄마, 아빠나 많이 먹어!

왕 (책상을 박차고 일어나며) 뭐라고? 절대 안 된다! 밥을 안 먹겠다면 오늘 저녁은 굶거라!

왕비 이 맛있고 몸에도 좋은 밥을 안 먹겠다니…. 당장 방으로 들어가!

언니공주 (왕비의 팔을 잡고 머뭇거리며) 그래도….

왕비 (언니공주의 손목을 잡고 화난목소리로) 너도 어서 나오렴!

효과음 - 문 닫는 소리 (쾅)
(막내공주 빼고 퇴장)

효과음 - 꼬르륵 소리

막 내 공 주 흑흑…. 배고파. 아무것도 못 먹고 나는 밥 말고 군것질이 하고 싶단 말이야!

해 설 어떡하죠? 밥을 안 먹고 군것질만 하고 싶다고 떼쓰던 공주는 결국 아무것도 먹지 못한 채 방으로 들어가게 되었어요. (마녀 등장) 그런데 이 모습을 보고 있는 이웃마을의 마녀가 있었어요.

BGM: 으스스한 분위기 노래

마 녀 (손거울을 보며) 거울아, 거울아, 이 세상에서 군것질을 제~일 좋아하는 사람이 누구니?

거 울 튼튼 나라의 막내공주입니다. (녹음으로만)

마 녀 오호호호. 튼튼 마을의 막내공주는 군것질 하기를 좋아한단 말이지! 그럼 당장 달콤짭짤 마을로 데려와야겠어! (퇴장하며) 이얍!

효과음 - 마법 효과음1

마 녀 공주야~ 공주야~ 달콤짭짤 마을로 오렴~ 네가 좋아하는 사탕, 과자, 마음껏 먹을 수 있단다~!(녹음으로만)

막 내 공 주 (두리번거리며) 아니? 이게 무슨 소리지? 어디서 나는 소리야! 거기 누구에요! 근데 뭐라고? 달콤짭짤 마을로 가면 마음껏 군것질도 할 수 있고, 햄버거도 피자도 마음껏 먹을 수 있다는 거야? 그럼 바로 당장 가야겠어! (가방이랑 인형을 챙긴다.)

(신나는 모습으로 막내공주 퇴장하고 반대 방향에서 언니공주 등장)

언니공주 막내가 저녁도 안 먹고 배고플 텐데…. 혼자 뭐하고 있나 가봐야겠어!

〈언니가 막내공주방으로 간다.〉
효과음 - 똑똑 & 문 여는 소리

언니공주 (격양된 목소리로) 아니! 이게 뭐야! 막내공주가 없어졌어!

〈막내공주가 없어진 걸 확인한 언니공주는 하인을 부른다.〉

언니공주 (울먹이면서) 거기 누구 없니? 빨리 와보렴.

하인 (다급한 목소리로) 공주님, 무슨 일이세요!

언니공주 (울면서) 막내공주가 사라졌어! 어디로 갔을까? 흑흑

하인 공주님, 울지 마세요. 우리 힘을 합쳐서 막내공주님을 찾아봐요! 어? 저기 튼튼 마을 친구들이 많이 모여 있는데 막내공주님이 어디로 가셨는지 봤을지도 몰라요! 어서 물어봐요!

언니공주 그럴까? (울음을 멈추고 유아에게 물어보며) 친구들~ 막내공주가 사라졌어요. 어디로 갔는지 본 사람 있나요?

언니공주 네? 뭐라고요? 달콤짭잘 마을로 갔다고요? (혼잣말 처럼) 거기는 몸에 안 좋은 음식이 가득한 마을인데 큰일났다! 군것질을 좋아하더니 결국 그 마을로 간 거였어. 친구들 고마워요. 친구들 덕분에 이제 막내공주를 찾으러 갈 수 있어요!

하인 공주님, 어서 가시죠!

〈언니공주와 하인이 퇴장하고 달콤이와 짭짤이가 걸어 나온다.〉

BGM - 밝은 분위기의 등장곡

달　　　콤　우리가 누구냐고?

짭　　　짤　누구냐고?

달　　　콤　난 달콤달콤 나~달콤~!

짭　　　짤　난 짭짤짭짤 나~짭짤~!

막 내 공 주　우와~~여기가 내가 들었던 그 마을인가 봐!

달　　　콤　우리 마을에 어떻게 오셨나요?

짭　　　짤　오셨나요?

막 내 공 주　이곳에 오면 밥을 안 먹고 마음껏 군것질은 할 수 있다고 해서 왔어요!

짭　　　짤　오! 그럼 잘 찾아오셨어요. 환영해요 달콤짭짤 마을이에요. 제가 마을 구경을 시켜 줄게요.

달　　　콤　줄게요!

〈 파란나라 〉

♬달콤짭짤 마을을 보았니 치킨 피자 가득한
달콤짭짤 마을을 보았니 초콜릿이 넘치는
달콤짭짤 마을을 보았니 시원한 콜라가 흐르는
달콤짭짤 마을을 보았니 정말 정말 맛있는 나라♬

막 내 공 주　우와! 정~말 멋진 마을이야. 이 사탕도 저 초콜릿도 내가 다 먹어야지!

〈달콤, 짭짤이와 막내공주는 군것질 하고 있다.〉

효과음 - 먹는 소리1 (바사삭)

막내공주 아, 너무 맛있어! 우리 튼튼 마을에도 이런 음식들이 많으면 좋을텐데!

달콤 공주님, 근데 그거 알아요?

짭짤 알아요?

막내공주 뭔데?

달콤 근처에 군것질 마녀가 사는데, 그 마녀한테 가면 더 많은 과자와 사탕을 먹을 수 있어요!

짭짤 있어요!

막내공주 진짜?

짭짤 (주머니에서 초콜릿을 꺼내며) 이 초콜릿도 군것질 마녀가 줬는걸요!

달콤 (주머니에서 사탕을 꺼내며) 이 사탕도요!

막내공주 우와~ 그럼 당장 가야겠어!

짭짤 제가 마녀가 있는 곳을 알아요! 절 따라오세요!

(막내공주와 달콤, 짭짤이가 가는 반대방향에서 마녀가 등장)

<u>밤이 좋아 간주 시작</u>

군것질 마녀 (군것질 자루를 들고 나오며) 어디선가 날 부르는 소리가 들리는 것 같은데~?

〈달콤, 짭짤, 막내공주가 마녀를 발견한다.〉

〈 밤이 좋아 〉

♬나는야 마녀 군것질 마녀
모든 과자를 줄 수 있지
과자로 너희들을 유혹해
먹고 싶지 않니?
사람들의 건강을 해치지
계획대로야!
자, 이번엔 어떤 손님일까 으하하하하♬

막 내 공 주 와! 군것질 마녀다! 마녀님, 더 많~은 군것질을 하고 싶어서 왔어요!

달콤, 짭짤 왔어요! (끄덕끄덕 하면서)

군것질 마녀 그렇다면 잘 오셨군요~ 오호호 더 많은 군것질을 하게 해 줄게요. 이얏! (군것질 자루주머니를 던져주고 혼잣말하듯이) 이게 몸에 안 좋다는 사실을 모르겠지! (원래 목소리 크기로 돌아와서 사람들을 보며) 어서 맛있게 먹어요~

막 내 공 주 (맛있게 먹다가 공주는 이상한 느낌을 느낀다. 힘이 빠진다.) 어? 몸이 갑자기 왜 그러지? 배도 아프고 머리도 아프고 이도 아픈거 같아…. 몸에 힘도 안 들어가….

짭 짤 공주님, 저도 배가 아파요!

달 콤 나도, 나도!

<u>효과음(선) - 번개 치는 소리</u> <u>BGM(후) - 박진감 넘치는 어두운 분위기의 노래</u>

군것질 마녀 음하하하~ 사실 내가 좋아하는 이 음식들은 아주 맛있지만 몸에는 정~말 안 좋거든! 너희들은 이 맛있는 맛에만 빠져 계속 먹기만 했지! 그래서 결국 몸이 안 좋아진거라고! 계속 더 많은 사람들의 건강을 해~칠거야!

효과음 - 충격 받는 소리

막 내 공 주 (힘이 빠지는 목소리로) 뭐라고? 이 맛있는 것이 몸에 안 좋다고? 말도 안돼. 이 나쁜 마녀! 그걸 알면서도 우리에게 이 음식을 줬단 말이야?

달콤, 짭짤 (마녀를 쳐다보며) 그랬단 말이야?

군것질 마녀 그래~ 그래~ 사실 이 마을도 예전에는 건~강한 마을이었지! 바로 군것질도 안 하고 건강한 밥상이 넘치는 튼튼 마을처럼 말이야! 하지만 내가 다~ 바꿔놨지~ 이제 곧 튼튼 마을도 이렇게 될 거야!

달 콤 어떻게 해! /

짭 짤 어떻게 해!

〈 하얀나라 〉

♬ 나는 밥이 싫어서 군것질을 했더니
배도 아프고 머리도 아프고 이도 썩어버렸네
사탕 먹었죠 과자 먹었죠 짜고 단 음식만 계속 먹었죠
나는 밥이 싫어서 군것질을 했더니
배도 아프고 머리도 아프고 이도 썩어버렸네 ♬

막 내 공 주 (힘이 없는 것처럼) 이 나쁜 마녀를 무찔러야 해! (뒷걸음질 치며) 어? 몸에 힘이 안 들어가잖아…. 살려줘. 으으윽 (쓰러진다)

효과음 - 쓰러지는 소리

달콤, 짭짤 으아아아악! (쓰러진다) (공주와 달콤, 짭짤이 뒷걸음질치며 무대 구석으로 가서 쓰러짐)

해 설 아니! 이게 무슨 일이죠? 아하! 밥을 잘 먹지 않고 군것질만 하던 공주와 사람들은 결국 몸이 안 좋아져서 힘도 쓰지 못하고 쓰러졌네요.

군것질 마녀 (무대중앙으로 이동하며) 하하하~ 너희들은 군것질만 해서 힘도 없고 건강도 안 좋아져서 날 무찌르지 못 할 거야!
(마녀가 막내공주를 밟으며 승리했다는 행동을 한다.)

(언니공주와 하인 등장)

언 니 공 주 어…. 이쪽에서 막내공주 소리가 들린 것 같았는데?

하 인 어!!! 저기 막내공주님이!!

언 니 공 주 꺅! 막내공주야!! 어! 이 나쁜 마녀, 그만 두지 못해!!!

<u>효과음 - 마법 효과음2</u>

군것질 마녀 (귀찮고 가소롭다는 듯이) 뭐야! 이 것들은…. 에잇!!! (언니를 공격함)

언 니 공 주 (휘청거리면서) 으악…. 어떻게 하면 막내공주를 마녀로부터 구할 수 있을까? 아!! 우리 튼튼 마을에 있는 양파와 피망에게 도움을 청해야겠어! 친구들~ 양파와 피망이가 여기로 올 수 있게 하나 둘 셋 하면 양파야 피망아 하고 큰소리로 불러줄래? 하나 둘 셋! (양파야~피망아~) 목소리가 작아서 잘 안 들리나 봐요. 다시 한번 불러볼까요? (양파와 피망 등장)

〈 짱가노래 〉

♬어디선가 누군가에 무슨 일이 생기면
짜짜짜짜짜짜짜 엄청난 기운이♬

양 파 공주님 부르셨나요??
피 망 친구들이 우리를 불렀니? 무슨 일이야??

언 니 공 주 얘들아 큰일났어! 막내공주가 달콤짭짤 마을에 가서 달고 짠 음식만 먹다가 힘도 약해지고 마녀한테 잡혀버렸어! 나쁜 마녀를 물리칠 수 있도록 도와줘 양파야, 피망아.

양　　파　뭐라고? 이 나쁜 군것질마녀!

피　　망　우리 막내공주님을 잡아가다니…. 가만두지 않겠어!

양　　파　우리들이!!
피　　망　힘을 합쳐!!

양파, 피망　혼내줄게.

군것질 마녀　아니 저게 뭐야! 튼튼한 음식이잖아?? 난 튼튼한 음식들이 싫다고!!!

〈마녀가 양파와 피망을 공격함〉

효과음 - 마법 효과음3

군것질 마녀　이거나 받아라! 콜라폭탄!!

효과음 - 튕겨내는 소리1

(양파가 튕겨내는 포즈를 취한다)

효과음 - 마법 효과음4

군것질 마녀　이번엔 이거다. 캔디슬래쉬!!

효과음 - 튕겨내는 소리2

(피망이 튕겨내는 포즈를 취한다)

효과음 - 마법 효과음5

군것질 마녀　(발을 한번 구루며) 에잇! 이건 못 막겠지?!?!
초코초코 사탕사탕 햄버거~!!

효과음 - 튕겨내는 소리3

(양파와 피망이 세 번을 각기 다른 포즈로 막는 포즈를 취한다)

피　　망 어림도 없지! /
양　　파 그 정도로는 끄떡없다고!!

〈마녀는 공격을 모두 막은 양파와 피망 때문에 분해한다.〉

효과음 - 장풍 날리는 소리

양파, 피망 (기운을 모으는 행동을 하며) 튼튼~파워~!!!!

군것질 마녀 으으으으악! 튼튼한 기운 너무 싫어~! 마녀 살려~!

(마녀가 무대 밖으로 나간다.)

언 니 공 주 양파야 피망아 저기 쓰러져 있는 내 동생과 달콤, 짭짤이에게 너희의 튼튼한 기운을 나눠줄 수 있겠니?

양파, 피망 물론이죠!!

BGM: PPAP

양파, 피망 튼튼파워~!!!

막내공주와 마을사람 1,2가 깨어난다.

언 니 공 주 막내야!! 괜찮아?? 정신이 들어?!?!

(언니공주와 하인이 막내공주를 부축해 일으킨다.)

하　　인 공주님 괜찮으세요?

막 내 공 주 으음…. 언니! 난 분명 마녀 때문에 쓰러졌었는데?

(양파와 피망이 달콤이와 짭짤이를 부축해 일으킨다.)

막 내 공 주 어? 양파야! 피망아! 너희들이 날 구해 준거야? 난 너희들을 싫어했는데…. 너희들은 날 구해 주었구나!

양 파 그러니까 이제 저희들 싫어하시지 말고 골고루 먹어야 해요!

막 내 공 주 응. 알겠어.

양 파 그럼 다시 튼튼마을로 가서 건강하고 몸에 좋은 음식을 먹으러가요!

피 망 당장 가죠. 여러분!

달콤, 짭잘 좋아요! 좋아!

(양파, 피망, 달콤, 짭짤 퇴장)

<u>BGM – 짱구 배경음악(슬픈 분위기)</u>

언 니 공 주 너 언니가 얼마나 놀랬는지 알아?

막 내 공 주 언니 미안해…. 나는 이 맛있는 음식들이 몸에 안 좋은 줄 몰랐어….

하 인 맞아요. 언니공주님이 걱정 많이 하셨어요.

막 내 공 주 언니 미안해. 나는 그냥 과자랑 사탕이 너무 먹고 싶어서 그랬어. 그런데 달콤 짭짤한 음식들을 계속 먹으니까 배도 아프고 머리도 아프고 이도 아프지 뭐야! 다음부터는 달콤하고 짭짤한 음식 말고 몸이 튼튼해지는 음식을 먹을 거야.

언 니 공 주 그래그래. 잘 생각했어! 건강한 밥 잘 챙겨먹고 우리 튼튼해지자!

막내공주 응!

해설 우아~ 다행히도 막내공주를 무사히 구할 수 있었네요. 마을사람들도 군것질마녀 때문에 군것질만 좋아하게 된 것이었어요. 군것질만 좋아하던 막내공주는 이제 밥을 잘 먹고 튼튼해지겠죠?
(왕, 왕비, 언니공주, 막내공주등장) 이제 튼튼 마을로 간 공주를 보러 갈까요?

왕 막내공주야 이제 피자, 사탕, 과자 같은 음식 말고 몸에도 좋은 맛~ 있는 밥을 먹자구나!

막내공주 응~! 아빠!

왕비 여봐라~~ 어서 맛있고 몸에도 좋은 밥상을 차려오너라~~

양파, 피망, 하인 네~ 왕비마마~

<u>BGM - 행복한 분위기의 노래</u>

언니공주 (의자에서 일어서서) 친구들~ 이제 내 동생은 군것질은 안 좋아하고 맛있고 몸에도 좋은 밥상을 제일 좋아해요! 우리 친구들도 맛있고 몸에 좋은 밥 많이 먹어야 해요? 약속!

해설 이렇게 해서 밥을 싫어하고 군것질만 좋아하던 막내공주는 편식하지 않고 골고루 밥을 먹어서 키도 크고 얼굴도 예뻐지고 행복하게 살았다고 해요. 우리 친구들도 언니공주랑 약속한 것처럼 밥 많이 먹어요~ 그럼 안녕~

(등장인물 전부 무대로 올라와서 골고루 송 다 같이 부르기)

〈 골고루 송 〉

♫잘 먹겠습니다!
꼬꼬꼬 · 꼬꼬꼬 꼭꼭 씹어 냠냠냠
꼬꼬꼬 꼬꼬꼬 골고루 먹어요 냠냠
편식 안 돼요 안 돼 투정 안 돼요 안 돼
제자리에 앉아서 맛있게 먹어요 ok
브로콜리 꿀꺽 토마토 꿀꺽 양파 피망 검은콩까지
냠냠냠냠냠 골고루
시금치 꿀꺽 버섯도 꿀꺽 당근 감자 초록 파까지
몸이 튼튼해져요 키가 쑥쑥 자라요
내 몸이 좋아해요 맛있게 먹어요 ok♫
꼬꼬꼬 · 꼬꼬꼬 꼭꼭 씹어 냠냠냠
꼬꼬꼬 꼬꼬고 골고루 먹어요 꿀꺽♫

2 피노키오

옛날에 나무를 깎아 인형을 만드는 착한 할머니가 있었어요.
할머니는 솜씨가 너무 좋아서 금방 인형을 만드실 수 있었는데 이번에도 아주 예쁜 인형을 만들었대요. 우리 다 같이 구경하러 가볼까요?

조명-암전 → 밝아짐
BGM - 피노키오

할 머 니 (인형을 쓰다듬으며) 나에게도 이런 아이가 있다면 얼마나 좋을까?

해 설 아이가 없는 할머니는 아이 대신 인형을 쓰다듬어 주다가 밤이 되어 잠이 들었어요. 그런데 이게 무슨 소리죠? 저기 누가 오나 봐요!

(요정 등장음악-)

요 정 (인형에게 생명을 불어넣어 준다.)

효과음 - 뾰로롱

피 노 키 오 (깜짝 놀라 자신의 모습을 보며) 우와! 이게 무슨 일이야! 내 몸이 움직여!

요 정 안녕 나무인형아? 나는 착한마을 요정이야. 내가 너에게 생명을 줬으니 넌 한 가지 약속을 꼭 지켜야 해.

피 노 키 오 약속이요?

요 정 그래. 그 한 가지 약속은 거짓말을 하지 않는 거야.

피 노 키 오 네, 요정님! 약속 꼭 지킬게요!

해 설 아침이 오고 생명을 가지게 된 나무인형과 할머니가 만났어요.

피 노 키 오 (할머니를 깨우며) 할머니! 할머니!!

할 머 니 (깜짝 놀라며) 어머나 세상에! 내가 만든 나무인형이 말을 다 하네! 오 신기해라! 어떻게 된 일이야?

피 노 키 오 (신이 나서 설명을 한다.) 밤 동안 착한마을 요정이 저에게 생명을 주셨어요!

할 머 니 세상에나! 나에게도 이런 일이 생기다니! 너무 반갑구나. (인형을 껴안으며) 아차차 이름을 지어줘야 하는데 어떤 이름이 좋을까? 흠, 그래 피노키오가 좋겠다! 자, 따라해 봐, 피노키오!

피 노 키 오 자 따라해 봐, 피노키오!

<u>효과음 – 빰빰빰빠</u>

할 머 니 아니, 그건 따라하지 말고, 피노키오!

피 노 키 오 아니, 그건 따라하지 말고, 피노키오!

<u>효과음 – 빰빰빰빠</u>

할 머 니 음~(고개를 저으며) 피노키오!

피 노 키 오 아! 피노키오!

〈 뽀로로 〉

♫나는야 피노키오 친구들 모여라
언제나 즐거워 개구쟁이 피노키오
착한마을 요정이 생명을 주었지
거짓말 안 할거야 오늘은 또 무슨일이 생길까♫

<u>조명 - 암전</u>

해 설 외로웠던 할머니는 피노키오가 생명을 가진 뒤로 더 이상 외롭지 않게 되었어요. 피노키오도 무럭무럭 커서 이제 학교에 갈 나이가 되었어요.

<u>조명 - 밝아짐</u>

할 머 니 피노키오야 너도 이제 벌써 학교에 갈 나이가 되었구나.

피 노 키 오 우와~학교요? 저 빨리 가고 싶어요!

할 머 니 그래 할머니가 돈을 줄테니 저기 문구점에 가서 책과 공책을 사와. 돈은 절대 다른 곳에 쓰면 안 된다!

피 노 키 오 네~!!

<u>조명 - 암전</u>

해 설 피노키오는 신나는 발걸음으로 문구점을 향했어요. 그런데 이런이런 이 동네에서 못됐다고 소문난 여우와 고양이가 저기 피노키오에게 다가가고 있어요! 피노키오에게 무슨 일이 생기는 건 아니겠죠?

<u>조명 - 밝아짐</u>

〈 바라밤 〉

♬우리는 골목대장 여우와 고양이(야옹!)
누구를 괴롭힐까 항상 고민하죠
모두모두 다같이 우리 함께해요
놀아보자 신나게♬

피 노 키 오 (흥얼거리며) 랄랄라~

여우, 고양이 (피노키오에게 다가간다)

고양이 어이! 나무인형!

피노키오 안녕! 고양아 여우야~ 난 이제 나무인형이 아니라 피노키오야.

여우, 고양이 피노키오? 그럼 거꾸로 하면 오키노피!

피노키오 아니, 피노키오~

고양이 알겠어. 오키노피 근데 어디가는 길이었어?

피노키오 나? 이제 학교다녀! 그래서 문구점에 가는 길이야.

여우 학교? 근데 그 손에 가지고 있는 건 뭐야?

피노키오 돈이야!

여우, 고양이 (마주보며) 돈?

피노키오 응!

여우 (고양이를 끌어당기며) 얘, 고양아 우리 저 돈 뺐어서 우리끼리 맛있는 거 사먹자.

고양이 맛있는 거?? 생선? 통조림? 아 맛있겠다.

여우 아이 그건 이따 생각하고.

피노키오 (기웃거리며) 둘이 뭐해?

여우 (피노키오를 보며) 아~ 피노키오야! 너 그거 알아? 저기 저 나무 밑에 돈을 묻으면 돈이 주렁주렁 열려서 더 많은 돈을 가져가 수 있어!

피 노 키 오 정말? 그런데 할머니가 다른 곳에 돈을 쓰면 절대 안 된다고 하셨는데.

여 우 아이, 괜찮아. 책과 공책은 더 많은 돈이 생기면 그때 사면 되지!

고 양 이 맞아 그때 사면 되지~

피 노 키 오 그래? 그럼 여기에 묻어야겠다.

여우, 고양이 그래 우리 같이 묻어보자.

피 노 키 오 (나무 아래에 돈을 묻는다) 돈아 많이 많이 열려라. 나 맛있는 거 많이 사먹을 수 있게~

고 양 이 다했다.

피 노 키 오 그럼 나 먼저 가볼게~

여우, 고양이 응, 안녕~ (다시 나무 밑으로 간다)

여 우 (커튼에서 나오면서) 고양아?

고 양 이 응?

여 우 (비웃으면서) 이제 우리 저 돈 훔쳐가자.

고 양 이 그래, 이 돈으로 뭘 사먹지?

여우, 고양이 (노래를 부르면 돈을 가지고 나간다) 피노키오는 바보래요. 바보래요.

<u>조명 – 암전</u>

해 설 친구들 어떡해요 피노키오가 고양이와 여우의 꾀에 넘어가고 말았아요.
집에 가면 할머니께서 화를 많이 내실텐데. 어쩌면 좋아요.
피노키오는 잘 해결할 수 있을까요?

조명 – 밝아짐

피 노 키 오 할머니~ 저 왔어요.

할 머 니 (집으로 온 피노키오를 반기며) 피노키오 책 잘 사고 왔니? (손에 아무것도 없는 피노키오를 보며) 왜 손에 아무것도 들려 있지 않는거니?

피 노 키 오 (당황해하며) 그게 책을 사고 집으로 돌아오다가 길에다가 떨어트리고 왔나봐요.

조명 – 깜박깜박
효과음 – 뾰로롱

할 머 니 (놀라며) 얘, 피노키오야. 왜 코가 길어지는 거지? 무슨 일이 생긴 거니?

효과음 – 요정 등장소리

요 정 에휴, 피노키오 너 나와의 약속을 잊었니? 거짓말 하지 않기로 약속했잖아.

할 머 니 (궁금해 하며) 그럼 피노키오야 책 사는 돈은 어떻게 했어?

피 노 키 오 사실…. 나무 밑에 묻고 왔어요.

할 머 니 그걸 왜 묻었는데?

피 노 키 오 (풀죽은 목소리로) 고양이랑 여우가 나무 밑에 묻으면 돈이 많이 열린다고 했어요.

요 정 고양이와 여우의 꾀에 넘어갔구나. 약속을 어긴건 괘씸하지만 이번 한번만 용서해 줄테니 다음부터는 이런일이 없어야 해!

조명 – 깜박깜박

<u>효과음 - 뾰로롱</u>

피 노 키 오 (인사하며) 감사합니다~

할 머 니 정말 다행이야 피노키오. 요정이 아니었으면 코가 길어진 채로 살아야 했어. 이제부터는 거짓말 하지 말고, 여우와 고양이의 꾀에 속아 넘어가지 않도록 조심해 피노키오.

피 노 키 오 네, 죄송해요. 할머니.

<u>조명 - 암전 → 밝아짐</u>

해 설 다음날이 되었어요. 어? 피노키오가 아침 일찍부터 어딜 가는 걸까요?

피 노 키 오 (효과음) 흠 어디 맛있는 거 없나. 아 배고파.

여 우 아이, 심심해. 뭐 재미있는 일 없으려나.

고 양 이 그러게 배도 고프다옹.

피 노 키 오 어? 야 니들 잘 만났다. 저번에 나 속였지! 이리와 봐. 아주 혼 좀 나야 해. (고양이와 여우에게 달려가며)

여우, 고양이 (도망다니며) 어어 미안 장난이었는데, 정말 미안해.

여 우 대신 내가 좋은 거 알려줄게.

고 양 이 (여우에게 귓속말하며) 뭔데 뭔데? 나도 알려줘.

여 우 (고양이를 잡아끌며) 이리와 봐. 우리 심심한데 또 피노키오 속일까?

고 양 이 (비웃으며) 아이 참 심심했는데. 그래그래.

피 노 키 오 (기웃거리며) 너네 또 뭐해?

여 우 아, 아니야 피노키오야. 너 근데 배고프지 않아? 저기 수박밭에 수박이 그렇게 맛있대! 하나만 따와서 같이 먹자.

고 양 이 맞아, 내가 먹어본 수박 중에서 제일 맛있던데?!

피 노 키 오 그래? 농부아저씨 허락도 안 받고 먹으면 안 될텐데.

여 우 괜찮아 농부아저씨 지금 밭에서 주무시고 계셔.

고 양 이 그래 너가 하나 쯤 먹는다고 농부아저씨가 아시겠어? 얼른 가서 따와 봐.

피 노 키 오 그런가? 그럼 하나 먹어볼까? (조심히 수박 밭으로 가서 수박을 딴다)

<u>효과음 – 죠스</u>

농 부 어? 거기 누구야! 누가 내 수박을 훔쳐 가려고 하는 거야?

여우, 고양이 농부아저씨다! 도망가자! (도망간다)

피 노 키 오 (무대 뒤로 들어갔다가 잡혀 나온다.)

농 부 이리와, 피노키오. 너 지금 우리 밭 수박을 훔친거야?

피 노 키 오 (버벅거리며) 아니에요. 그냥 지나가는 길이었어요.

<u>조명 – 깜박깜박</u>
<u>효과음 – 띠용!</u>

농 부 어? 코가 길어지네? 잠깐, (생각하며) 피노키오는 코가 길어지는 신기한 아이니까 사람들이 좋아하겠어. 극단에다가 갖다 팔면 돈 좀 벌겠는걸?

피 노 키 오 아저씨 잘못했어요.

농 부 (피노키오를 잡아서 철장에 가두며) 조용히 해! 내 수박을 훔치려 했으니 오늘 밤 동안 여기에 묶여 있어!

농 부 (밭을 떠나며) 어느 극단이 돈을 많이줄까?

피 노 키 오 (울면서) 아저씨….

피 노 키 오 (지난날을 회상하면서) 할머니와 있는게 좋았어. 거짓말을 하면 이렇게 되는 구나. 할머니 보고 싶어요.

〈 섬집아기 〉

♬내가 거짓말해서 할머니 못 보네 제가 잘할게요
할머니 죄송해요 함께한 모든 시간 너무 그리워
이제는 거짓말을 절대 안 할거야♬

<u>조명 - 암전</u>

해 설 아이구! 친구들, 피노키오가 또 거짓말을 해서 코가 길어졌어요. 뿐만 아니라 이번엔 철창에 갇혔네요. 이를 어쩌죠. 할머니가 피노키오를 찾고 계실텐데.

<u>조명 - 객석 할머니</u>

할 머 니 (관객석에서 나오면서) 아이고 비도 오고 천둥도 치고, 이 늦은 밤에 피노키오는 어딜 간거야. 감기 걸릴텐데, 여러분 피노키오 못 봤나요? 친구들 피노키오 못봤어요? 피노키오야 피노키오야! 몸이 으슬으슬 떨리네 왜 이렇게 춥지 아이고. (쓰러진다)

피 노 키 오 (울먹거리며 놀란듯이) 할머니! 누구 없어요?
우리 할머니 좀 살려주세요! 할머니 할머니!

<u>효과음 - 요정 등장소리</u>

요 정 (혼내는 듯이) 피노키오야! 또 거짓말을 했구나, 너! 난 더 이상 널 도와줄 수 없어.

피노키오 (울먹이며) 저한테 큰 벌을 주셔도 좋아요. 하지만 할머니를 도와줄 수 있게 해 주세요.

요 정 그럼 애들아. 우리 피노키오에게 한 번의 기회를 더 줄까?

요 정 음, 목소리가 너무 작은거 같은데? (친구들의 소리를 들은 뒤) 휴 어쩔 수 없지 피노키오 친구들 덕분인 줄 알아.

<u>효과음 - 뾰로롱</u>

요 정 어서 빨리 할머니를 모셔서 따듯하게 해드리렴

피노키오 흑흑, 감사합니다! 정말 감사합니다!

<u>조명 - 암전</u>

해 설 요정과 함께 할머니를 모시고 간 피노키오는 할머니를 침대에 눕히고 이불을 덮어 따듯하게 해드렸어요.

<u>조명 - 밝아짐</u>

피노키오 할머니 얼른 일어나세요. (울먹이며) 할머니….

할 머 니 (깨어나서 피노키오의 얼굴을 어루만지며) 피노키오야.

피노키오 (놀란 듯이) 할머니!! 할머니가 안 깨어나실 줄 알고 걱정했어요. 저 이제는 거짓말도 안 하고 할머니랑 행복하게 오래오래 살고 싶어요!

할 머 니 (기특하다는 듯이) 아이고, 우리 피노키오가 철이 들었구나~ 이 할머니도 아프지 않고 피노키오랑 오래오래 행복하게 살고 싶구나~

피 노 키 오 할머니 이제 아프지 마세요. 제가 잘할게요!

할 머 니 그래그래, 피노키오야 우리 이제 행복하게 살자~.

요 정 피노키오야. 이제 거짓말이 정말 나쁜거라는거 잘 알았니?

피 노 키 오 네! 친구들 친구들도 잘 알았죠?

<u>조명 - 암전</u>

해 설 친구들~ 피노키오가 이제 정말 거짓말을 안 하기로 마음 먹었나 봐요. 정말 잘됐죠? 그나저나 짖궂은 여우와 고양이는 어떻게 되었을까요?

<u>조명 - 밝아짐</u>

여 우 (숨 차하면서) 어휴 하마터면 잡힐 뻔했네.

고 양 이 (숨차하면서) 그러게 전속력으로 달렸댜옹~.

여 우 우리 여기서 좀 만 쉬었다가자.

고 양 이 그러쟈옹!

요 정 (살금살금 다가와서 혼잣말 하듯이) 이 그물로 못된 고양이와 여우를 잡아야 겠어! (여우와 고양이를 그물로 잡았다.)

<u>효과음 - 죠스</u>

여우, 고양이 으앗! 이게 뭐야!

요 정 (뿌듯해 하며) 잡았다! 너희가 못된 짓을 하고도 벌을 안 받을 거라고 생각했어? 너희에게 큰 벌을 줄테야! 어디 한번 이 그물에 계속 갇혀 있어 봐!

여우, 고양이 으앙, 이제 거짓말 안 할래~

조명 - 암전

해　　　설 어린이 여러분~ 여러분도 거짓말을 하는 것이 나쁜 짓이라는 것을 잘 알았죠? 거짓말을 다신 하지 않겠다는 피노키오처럼 여러분도 거짓말을 하지 않는 착한 어린이가 되어야 해요~. 알겠죠?

조명 - 밝아짐

〈 짱구는 못말려 〉

♬전체-천방지축 얼렁뚱땅 빙글빙글 돌아가는 피노키오의 하루
　　우리의 피노키오 정말 못말려
여우, 고양이-짓궂은 장난은 우리에게 맡기세요
　　이 세상 누구보다 자신이 있다구요
농부-이리모여 모두모여 수박을 먹어보렴
요정-거짓말을 하면은 내가 벌을 주지
　　어린이 친구들 거짓말은 안 돼요
피노키오-나는야 피노키오 나무인형이었지 이제는 아냐
할머니-거짓말은 안 돼요 거짓말은 나빠요
전체-즐거운 피노키오 이야기♬

3 현아의 입 속 탐험기

S#1.

〈 퐁당퐁당 〉

♬나는 현아 양치를 안 하지
우리 엄마 매일 잔소리
현아야 양치해 우리 딸이 걱정돼
과자만 좋아하는 고집쟁이 딸
현아는 양치를 제일 싫어해♬

무대 중앙에 앉아 현아는 유치원 갈 준비를 한다, 엄마는 청소를 하고 있다.

엄 마 (청소를 하다 현아를 보고) 현아야, 양치하고 유치원 가야지~
현 아 (앉아 과자를 먹으며 뒹굴 거리다 대충 대답한다) 응~
(볼을 감싸며) 아! 이가 왜 아프지…?
엄 마 (꾸짓듯이) 어제도 양치 안 하고 자니깐 아프지! 빨리 양치하고 와!
현 아 양치했어! 그리고 하~나도 안 아픈데? (당당하게)
엄 마 거짓말 하면 안 돼~!
현 아 (급하게 가방을 메며) 했다고! 나 유…우…치…원 갔다 올게~!
(후다닥 뛰어가는 효과음)

(신발 한 짝을 들고 무대 뒤로 현아가 나간다)

엄 마 (현아를 쫓아 가면서) 현아야~ 양치 하고 가야지!! 쟤는 왜 맨날 양치를 안 하는거야!
그런데 나는 했나…? (손바닥으로 냄새 맡으면서) 어머! 나도 안 했네! (까마귀 효과음)

S#2. 배경: 유치원 아침시간

〈 코끼리와 거미줄 〉

♬현아와 친구들이 유치원에 왔다네
신나게 웃으며 왔다네
너무너무 반가워 좋아 좋아 랄라라
현아와 친구들이 만났네
Bgm - 교실 내 왁자지껄한 소리♬

친구들이 가위바위보하면서 놀다가 친구1이 지고 친구2와 현아가 때리려고 함

친 구 1 (갑자기 떠오르듯이) 아 맞다 ! 나 어제 엄마랑 치과 갔었다!?

BGM: 치과 소리
현아와 친구2가 소리가 나면 위를 올려다보면 상상하는 동작하기

현 아 (놀라며) 치과?
친 구 2 (상상하며) 으으… 왜?
친 구 1 (시무룩하게) 이빨이 썩어서… 의사 선생님이 양치질을 열심히 안 해서 그렇데….
친 구 2 (눈을 크게 뜨며 놀란 듯이) 어?! 나도 가끔씩 양치질 까먹고 안 하는데….
친 구 1 (놀라며 안 된다는 손짓을 함께하며) 안 돼! 그럼 너도 치과 간다!
현 아 (무서워하는 티를 내지 않으면서) 에이, 그게 뭐가 무서워~
친 구 2 (신기해 하며) 어? 현아 너는 안 무서워?
현 아 (무서워하지 않으며 위풍당당한 포즈를 취한다) 나는 치과 갈 일 없어서 안 무서워!
친 구 1 현아 너는 치과 한번도 안 가 봤어?
친 구 2 현아 이는 되~게 깨끗한가 봐!
현 아 응, 맞아. 나 이 되게~되게 깨끗한데~(입을 벌리며 친구들에게 보여주듯이) 이것 봐, 아~.
친 구 1 (코를 틀어 막으며) 잠깐 이거 무슨 냄새야? 누가 방구 꼈지?

현 아 (손 사래 치면서) 나 아니야.
친 구 2 (손 사래 치면서) 나도 아니야.
친 구 1 (고개를 갸웃거리며) 나도 아닌데…. 그럼 우리 이 냄새가 어디서 나는지 쫓아가보자!

<u>효과음 - 죠스</u>
현아와 친구 1,2가 계속 킁킁거리며 현아의 입 앞에서 멈춘다.

친 구 1, 2 (띠용) 어! 여기다. 현아 입 냄새였어!
(현아를 가르치며) 얼레리 꼴레리~. 현아 입에서 냄새 난대요~. 똥 냄새~.

(친구1과 현아가 다투는 식으로)

현 아 아니야! 나 냄새 안 나!
친 구 1 아니야! 난다고!!
현 아 안 난다니까!!
친 구 1 아니야!
선생님(해설) 여러분~ 점심 시간이에요. 손 씻고 점심 먹으러 모이세요 ○○반 친구들~ 이제 맛있는 점심시간이에요~
친 구 2 (둘 사이를 갈라 놓으며) 야아~ 그만 싸우고 점심 먹으러 가자~
친 구 1 (인심 쓰듯이) 흥, 현아 냄새 나는데 내가 같이 먹어준다!
현 아 흥! 웃기시네!!

S#3. 배경: 유치원 점심 시간 (테이블과 의자, 세팅)

현아와 친구들이 다 같이 앉아서 점심을 먹고 있는다.

현 아 (자신의 점심을 다 먹고 옆 친구의 간식을 보며) 어~? 내 반찬 다 먹었네~?! 더 먹고 싶은데~. 어, ○○이는 소시지 반찬이 아직 남아있네, (○○이의 관심을 다른 곳으로 돌리며) 어어! 저게 뭐지? (옆 친구의 반찬을 뺏는다.)

친 구 1 응? 어디~ 아무 것도 없잖아~. (없어진 반찬을 들여다 보며) 어 내 소시지 반찬이 어디갔지? 현아, 너~~~ 너가 내 소시지 반찬 먹었지! 선생님~ 현아가 내 소시지 뺐어 먹었어요!!

현 아 (볼을 손으로 감싸며) 메롱~약 오르지 까꿍~ (뺏은 소시지를 먹다) 아야! 이가 또 아프네.

친 구 1 쌤통이다!

현 아 (친구 1을 째려보며) 흥!

친 구 2 야 그만 싸워! 우리 밥 다 먹었으니깐 양치하러 가자!

현아, 친구1 그래!

친구 1, 2와 현아가 같이 오른쪽으로 나가다가 충치대장과 현아가 만난다.
충치대장 현아의 주변을 한바퀴 돌며 등장한다.

〈 겨울왕국, 나랑 눈사람 만들래? 〉

♬안녕? 나는 충치대장이야 현아를 꼬시러 왔어
현아가 양치 하지 못하게 방해를 하려고 왔어
현아가 양치하면 정말 힘들어 양치하러 가지마
양치 안 했음 좋겠어 하지마
[충치대장과 현아에게만 단독 조명] ♬

충 치 대 장 (현아의 귀에 속삭이고, 현아 주위를 맴돌며 말한다.) 현아야 양치 하려고? 하지마~
(반대편으로 이동하여) 안 귀찮아? 하지 말자~

현 아 (약간 망설이며) 어? 그럴까? 근데 내 이가 너무 아픈데?

충 치 대 장 조금만 있으면 다 나을 거야~

현 아 그래? 좋아! 그냥 양치 안 할래!

충 치 대 장 그래 좋은 생각이야!

충치대장은 왼쪽으로 빠지고 동시에 오른쪽에서 친구 1, 2가 들어온다.

현아는 의자에 혼자 앉아서 쳐다보고, 친구 1, 2가 칫솔을 들고 노래를 부른다.

친 구 1 우리 다같이 양치하자~ (친구 1, 2가 같이 앞으로 칫솔을 내민다.)

〈 호키포키 〉

♬다 같이 칫솔을 손에 들고 칫솔에 치약 짜고 칫솔을 입에 넣고
양치질을 해 다같이 치카포카 하며 칫솔을 들고 즐겁게 양치해♬

친 구 1 어! 현아 양치 안 했지?
친 구 2 (손으로 냄새 나는 걸 표현) 아까 현아 입에서 냄새 났는데?
현 아 (일어나면서) 나 냄새 안 난다니까!

〈 도깨비 빤스 〉

♬현아에 입에서 냄새나요 더러워요
이 천 년 동안이나 안 닦았데요♬

현 아 너네 나한테 혼날래!!
친 구 1, 2 으악~~. 냄새 난대요~~~

친구 1, 2가 무대를 한바퀴 돌고 오른쪽으로 나가고 현아가 그 뒤를 쫓아간다.

S#4. 배경: 집 안

저녁 식사 후, 엄마는 빨래를 개고 현아는 과자를 먹는다.

엄 마 우리 현아, 오늘 유치원에서, 어땠어~?
현 아 (모르겠다는 표정으로) 아니 글쎄. 나한테 입 냄새 안 나는데 친구들이 냄새 난다고 놀리잖아.
엄 마 오늘 유치원에서 양치했어?
현 아 (귓구멍을 후비며) 아 몰라~기억이 안 나네~! 엄마 잘자~ (무대 뒤로 빠지기)

엄　　　마 얘가~! 양치는 하고 자야지!
(혼잣말 하듯이) 어휴…. 계속 저렇게 양치 안 하면 충치 생길 텐데….

엄마가 무대 뒤로 들어간다.

S#5 배경: 현아의 방안

<u>BGM: 책 넘기는 소리</u>
현아가 방 안에서 동화책을 읽고 있다
<u>BGM: 시계 자명종 소리</u>

현　　　아 아 맞다! 양치해야 하는데….

충치대장이 나타난다.

〈 당근송 〉

♬현아야 양치하니! (싫어) 양치 안 해도 돼 (좋아)
네 입 속을 한번 봐봐 안 해도 깨끗하지
그냥 자러 가자
양치 필요 없어♬

〈 겨울왕국, 나랑 눈사람 만들래? 〉

♬안녕? 나는 충치대장이야 현아를 꼬시러 왔어
현아가 양치 하지 못하게 방해를 하려고 왔어
현아가 양치하면 정말 힘들어 양치하러 가지마
양치 안 했음 좋겠어 하지마♬

충 치 대 장 어차피 내일 또 먹을 건데 양치 하지 말자~
현　　　아 그런가? 안 그래도 귀찮긴 한데….
충 치 대 장 (사탕을 내밀면서) 그럼 자기 전에 사탕 하나 먹을래~?
현　　　아 (격하게 좋아한다) 응! 너무 좋아!

충 치 대 장 (혼잣말로) 크큭…. 오늘도 배불리 먹겠군
현 아 (기지개를 펴며) 하암~ 졸리다 이제 자야겠다~ (손에 사탕을 쥔 상태로 잠든다)

<u>BGM: 오르골 소리</u>
현아가 잠에 들고 요정이 방안으로 들어온다.
<u>BGM: 요정이 들어올 때 효과음(ex: 샤랄라)</u>

〈 주전자 〉

♬나는 작고 예쁜 입 속 요정
현아의 입에 살고 있지
현아가 양치를 안 해서
봉 현아를 데리러 왔지♬

요 정 (자고 있는 현아를 보며) 어? 현아가 오늘도 양치를 안 하고 자네? 저러면 안 되는데…. 그래, 현아를 데리고 가서 현아의 입 속을 좀 보여줘야겠다~

요술봉으로 원을 그린다.
<u>BGM: 요술봉 효과음</u>

S#6. 배경: 충치로 가득한 현아의 입 속

현아가 바닥에서 누워 있다가 일어난다.

현 아 (누워 있다 일어나며 비몽사몽 한 듯이 주위를 둘러보며) 어? 여기가 어디지?
요 정 일어났니? 여기는 충치로 가득한 너의 입 속이야!
현 아 (눈을 크게 뜨고 놀란 듯이) 뭐어? 여기가 나의 입 속이라고? 말도 안 돼!
요 정 네가 양치를 안 해서 너의 입 속으로 데려왔어!

현　　아　어? 잠깐…. 이게 무슨 냄새야! (코를 잡으며) 아 똥 냄새….
요　　정　이 냄새가 바로 너의 입 속에서 나는 냄새야.

충충이와 치치가 배경 뒤에서 슬금슬금 나타난다.

현　　아　아니야! 그럴 리가 없는데….

요정과 현아가 고개를 돌리며 입 속을 둘러본다.

주위에 충충이와 치치가 이에 붙은 사탕과 초콜릿, 과자 등을 먹고 있다.

BGM: 음식을 먹는 소리

현　　아　(세균들을 쳐다보며) 너희는 누구야?

충충이와 치치가 현아를 바라보고 앞으로 나온다.

〈 우유 송 〉

♬콜라 좋아 좋아
쥬스 좋아 좋아
달콤한 젤리 오 예스
칫솔 싫어 싫어
치약 싫어 싫어
새까만 이빨 오 예스
맛 좋고 달콤해서 기분도 최고
세균인 우리에겐 사탕이 딱이야
새까만 이빨에는 우리가 최고
더러운 현아 입엔 우리가 딱이야♬

하나 둘 셋 세고 대사하기

충 충 이 우리는!
치 치 너의 입 속에 사는 세균!
충 충 이 충충이와.
치 치 치치야!
현 아 뭐라고?! (이에 붙어 있는 사탕과 초콜릿, 과자 등을 보며) 어? 저건 아까 내가 먹은 사탕이랑 과자들이잖아!
충 충 이 맞아! 네가 매일 밤 양치를 안 하고 (잠자는 동작을 하며) 자준 덕분에
치 치 (배가 부를 때 둥글게 하는 동작을 하며) 우리가 배불리 살고 있어!
충 충 이 (배가 부를 때 둥글게 하는 동작을 하며) 배불리 살고 있어!
요 정 (현아를 끌고 나오며) 이것 봐, 현아야 네가 양치를 안 해서 세균들이 나타났어!

요정과 현아를 무시하고 충충이와 치치는 배경 쪽으로 이동한다.

현 아 어! 잠시만! 너희 지금 어디 가는 거야!
요 정 어디 가는 거야!

〈 개미는 뚠뚠 〉

♬(충충이와 치치는 현아와 요정 뒤에 선다.)
현아는 뚠뚠 오늘도 뚠뚠 초콜릿을 먹었네
양치를 뚠뚠 안 해서 뚠뚠 우리는 배부르지♬

충충이와 치치가 같이 큰 깽 하는 소리와 함께 현아가 넘어진다.

현 아 (얼굴에서 이가 있는 부분을 감싸며) 아! 이가 아파! (넘어진 상태에서) 그만해!
요 정 (현아를 감싸며) 괜찮아?! (충충이와 치치를 째려보며) 너희들 지금 뭐 하는 짓이야!

충충이와 치치가 현아와 요정을 보며 키득키득 얄밉게 웃는다.
배경 앞에 놓인 이를 쿡쿡 찌른다.

현　　아 (울먹이며) 아야! 너무 아프잖아 내 이에 무슨 짓을 하고 있는 거야!
현아, 요정 제발 그만해!

치치가 보따리를 끌고 와서 간식을 쏟는다. 충충이는 요정을 엉덩이로 밀친다.
요정이 떨어져 나간 뒤 충충이와 치치의 뒤에서 기웃 기웃거린다.
충충이와 치치는 요정이 못 보게 막고 있다.

충 충 이 (바닥에 떨어진 과자와 사탕을 가리키며)
자! 네가 좋아하는 과자와 사탕들이야 얼른 먹어!
현　　아 내가 좋아하는 것들인데….
치　　치 (사탕이 달린 지팡이로 쾅쾅 바닥을 치며) 빨리 먹어!
현　　아 (울면서) 이가 아파서 못 먹겠어….
요　　정 (세균들을 가르며) 현아를 그만 괴롭혀!

현아는 울먹인다.

충 충 이 (당연하다는 듯이) 뭐? 현아가 좋아하는 것들을 준 것뿐이야!
치　　치 (충충이의 행동을 따라하며) 준 것뿐이야!

충충이와 치치가 요정을 밀친 뒤, 요정은 무대중앙에 쓰러진다.
현아와 충충이와 치치 움직이지 않는다. (세상의 시계가 그 쪽만 멈춘 것처럼!)

[요정에게만 단독으로 조명을 비춰준다 주위는 암전]

요　　정 (혼잣말로) 내 힘으로는 부족해….
(일어나면서) 못된 세균들을 물리쳐줄 내 친구들을 불러야겠어!
여러분, 하나 둘 셋 하면 다 같이 치카야 포카야 라고 외쳐주세요~
하나~ 둘~ 셋! 치카야 포카야! 뾰로롱

요정(오른쪽), 충충 & 치치(왼쪽) 무대 뒤로 빠진다.

S#7. 배경: 입 속

치카와 포카가 칫솔과 치약을 들고 등장한다.

〈 데굴데굴 도토리 〉

♬치카치카 포카포카
이를 닦자 위로 아래로
구석구석 깨끗이
치카포카 이닦자
반짝!♬

치카, 포카 우리는 너를 도와주러 온!
치　　카 치카와!
포　　카 포카야!

현아가 울다가 치카와 포카를 바라본다.

현　　아 (일어나며) 정말~? 날 도와주러 왔다고?
치　　카 그래! 우리는 너를 도와 충치들을 물리치러 왔어!
포　　카 물리치러 왔어!
충충이, 치치 (숨어 있다가 나오면서 안 된다고 손을 내밀며)
잠깐!!!!!! 뭐라고? 우리를 물리치러 왔다고?
(거만하게 서로의 등을 맞대며) 흥! 어디 한번 해 보시지!
치카, 포카 (칫솔로 크로스 하면서) 좋아! 각오해!

치카와 포카가 충충이와 치치랑 다툰다.

〈 우리집에 왜 왔니? 〉

♬현아 입에 왜 왔니 왜 왔니 왜 왔니
사탕 떼러 왔단다 왔단다 왔단다-
무슨 사탕 떼려고 왔느냐 왔느냐
막대사탕 떼려고 왔단다 왔단다♬

충충이와 치치가 치카와 포카를 밀고 치카와 포카, 현아가 뒤로 살짝 밀린다.

치카, 포카 (허우적 대기) 어…어…?
치　　　카 (앞으로 나가면서) 포카야 우리 그 방법을 써야 할 것 같아!
포　　　카 (앞으로 나가면서) 그래! 치카야 우리 한번 해 보자!
충충, 치치 (얄밉게) 흥! 어디 한번 해 보시지! 충치대장님~.
충 치 대 장 (호탕하게 웃으며) 으하하하!! 나를 불렀느냐.

충충이, 충치대장, 치치 순서로 선다. 도미노 형태를 생각하기!

충　충　이 (무대 쪽을 바라보며) 충치대장님~.
치　　　치 (무대 쪽을 바라보며) 치카, 포카가 우리를 쫓아 내려고 해요!
충 치 대 장 걱정말거라, 현아는 양치를 안 하니 우리를 이길 수 없어!
치카, 포카 아니! 각오해라! 치카포카 파워~~
충충, 치치, 충치대장 (가운데에 대장서기) (방패로 막는다) (효과음 챙!)

치카, 포카가 쓰러진다.

포　　　카 (일어난 뒤) 우리에게 힘이 너무 부족해. 친구들의 힘을 빌려야겠어!
치　　　카 (일어난 뒤) 어린이 여러분 우리와 현아 입속에서 함께 싸워줄 친구 있나요? 손!

충충이와 치치가 무대를 돌아다니며 안 된다고 손짓한다.
치카와 포카가 아동을 각 한 명씩 데리고 올라온다.

치　　카 (관중에게) 친구들! 하나, 둘, 셋 하면 치카포카 파워를 크~게 외쳐 봐요~

포카는 무대에 올라온 아이들에게 설명한다.

치카, 포카 (아동과 함께) 하나, 둘, 셋 치카포카 파워~~~ (팡)

충치대장과 충충이, 치치 넘어진다.

충치대장 (일어나면서) 으악~! 분하다! 현아가 양치를 하지 않으면 다시 돌아올 것이다!

충치대장이 충충이와 치치를 데리고 나간다.
충충이와 치치는 무대 쪽을 향해 손을 뻗으며 분노를 표출한다.
치카, 현아, 포카 순으로 서 있는다.

치카, 포카, 현아 (환호하며) 와아~ 이겼다!!
포　　카 친구들이 도와준 덕분에 충충이와 치치를 물리칠 수 있었어요.
치카, 포카 고마워요~.
치　　카 (현아를 바라보며) 현아야! 이제 양치를 안 하면 어떤 일이 생기는지 알았지?
현　　아 응! 나 앞으로는 양치도 귀찮다고 미루지 않을꺼야~!
포　　카 그래! 앞으로 잘할 거라고 믿고 우리는 이만 가볼게!
현　　아 안녕~.
치카, 포카 안녕~.

치카와 포카는 무대 뒤로 사라진다

S#8. 배경: 집

엄　　마 (무대 뒤에서 뛰어 나오며) 현아야 얼른 일어나!!
현　　아 (놀라면서) 엄마?!! (손에 사탕 쥐고 있기)
엄　　마 빨리 아침 먹고 유치원 갈 준비하자~.

현　　아 (손에 있는 사탕을 던지며) 어….
(혼잣말 하듯이 하며 식탁으로 이동하면서) 꿈이었네….

엄마와 현아가 아침을 먹는다.
BGM: 밥 먹는 효과음

현　　아 아~, 배부르다~.
(잊고 있던 것을 떠오르듯이) 맞다!! 양치질! 양치 해야지!
엄　　마 (놀라면서) 뭐라고? 어젯밤에 무슨 일이 있었길래 오늘은 스스로 먼저 양치하겠다고 하지?
현　　아 (확신에 찬 듯이) 엄마! 나 이제 양치하기 싫다고 떼 쓰지 않고, 앞으로는 양치를 깨끗하게 해서 튼튼한 이를 만들 거야!
엄　　마 아이구~ 해가 서쪽에서 뜨겠네? 우리 현아 기특하다~. (현아 엉덩이 토닥이며)
현　　아 엄마 이제 양치하러 가자!
엄　　마 옳~지! 옳~지!

엄마랑 현아가 손을 잡고 무대 밖으로 나간다.

요　　정 현아가 앞으로는 양치질을 열심히 할 껀가 봐요~
친구들~ 친구들도 아침에 일어난 뒤, 밥 먹은 뒤, 자기 전, 하루 세 번!
양치질을 꼭꼭 해서 건강하고 깨끗한 이를 만들어요~

엔딩 곡 (모든 연기자들이 함께)

간주부분 나오면 요정이 손짓으로 배우들 부르기

〈 치카치카 양치 송 〉

♬치카치카 치카치카
앞니 어금니
쓱쓱 싹싹 쓱쓱 싹싹
이쪽저쪽 골고루
모두 함께
양치하자
밥 야채 과일 모두 골고루
건강하게 먹어도
초코 사탕 과자 맛이 있다고
너무 많이 먹으면
충치 벌레 스물스물 충치 벌레 엉금엉금
쳐들어온다
충치 벌레 스물스물 충치 벌레 엉금엉금
쳐들어와도 양치하면은
아프지 않아
날마다 치카치카 매일매일 치카
반짝반짝 빛이 나요 눈이 부셔
어금니 앞니 윗니 아랫니
골고루 닦아줘요

날마다 치카치카 매일매일 치카
쓱싹 쓱싹 요리조리 구석구석
안쪽 바깥쪽 혀도 깨끗이
신나게 깨끗하게 ♬

다 같 이 (가운데로 다 함께 모여) 안녕~.

4 흥부와 놀부

〈흥부배경〉

해 설 놀부와 흥부의 어머니는 돌아가시기 전에 / 흥부와 놀부에게 각각 많은 쌀과 돈을 남겨주셨어요.

(무대 가운데 쌀과 돈을 배치)

커튼 열림 + 노란조명 - 켜짐

흥부와 놀부가 양쪽에서 나온다. → 각자 앞에 자신의 쌀이 있음

해 설 흥부와 놀부에게 많은 쌀과 돈을 남겨주셨어요.

→ 놀부가 자신 쌀을 자신에 쪽에 던지고 흥부는 쌀을 보고 좋아함
→ 놀부가 좋아하고 있는 흥부의 쌀을 가지고 가려고 서로 실랑이하다가 흥부가 자신의 쌀을 뺏기고 뒤로 넘어짐→놀부 욕심 많게 웃음

노란조명 - 꺼짐

나 레 이 션 어? 지금 욕심 많은 놀부가 부모님이 똑같이 나눠주신 흥부의 쌀과 돈까지 모두 가져가고 있어요.
→ 흥부가 무릎 꿇고 빈다.

해 설 그렇게 놀부는 어머니의 유언을 따르지 않고 동생인 흥부를 집에서 내쫓았어요.
→ 놀부가 손으로 나가라는 제스처를 한 후 놀부는 들어감 → 흥부 터덜터덜하게 들어감

조명 - 켜짐

S#1. 노래로 등장인물 소개

〈 귀여운 꼬마 〉

흥부 - 안녕 나는 흥부라고 해
밥이 없어서 배고프지

흥부부인 - 안녕 나는 흥부의 부인
자식들 걱정에 잠이 안 오네

흥부부인 어? 뭔가 잊은 것 같은데….

흥부 나는 잘 모르겠는데(가우뚱 가우뚱).

흥부부인 우리 애들이 없잖아요~. 애들아~. (첫째가 둘째와 막내 손잡고 데리고 나온다.

<u>BGM: 걸어 나오는소리 효과음, 뚜벅뚜벅</u>
첫째, 둘째, 막내[피아노 있는 쪽]

첫째 안녕 나는 (안경을 한번 올리며) 똘똘이 이 집안에서 제일 똑똑해 모르는 게 있으면 나한테 다 물어봐. (책을 넘긴다.)

둘째 나는 소심이야…. 아이 부끄러워. (첫째 뒤에 숨는다.)

막내 훌쩍 흑흑 나는 훌쩍이 어!(인중을 만지며) 콧물이 나오네. 누가 휴지 좀 줄래?

첫째, 막내 우린 3남매에요~. (둘째는 부끄러워서 못함)

첫째 야 소심이 제대로 못해?? 다시 한다.

첫째, 둘째, 막내 우린 흥부네 삼남매에요.

<u>BGM: 빠밤</u>

첫째 (음향: <u>꼬르륵</u>/짜증 섞인 목소리로) 아빠 아빠 저희 너무 배고파요!!

흥부부인 여보…. 이러다가 우리 아이들 굶어 죽게 생겼어요. 이제 쌀도 없는데 어디 가서 쌀 좀 구해와 봐요.

흥　　부　(잠시 고민하는 척 한 후 무릎을 치며) 아 맞다! 이번에 형님네 밭이 풍년이라던데 형님께 한 번 가봐야겠다.

흥부, 흥부부인, 자식들 들어감
조명 - 꺼짐
〈놀부배경〉으로 체인지
@소품: 쌀, 돈
조명 - 켜짐

S#2. 쌀을 구하러 놀부네로 간 흥부

〈 헤이 모두들 안녕 〉

놀부, 놀부부인 - 헤이 모두들 안녕? 내가 누군지 아니?
놀부 - 나는 놀부! / 놀부부인 - 나는 부인!

놀부, 놀부부인 - 이 마을에서 제일가는 부자라네
놀부 - 욕심쟁이! / 놀부부인 - 심술쟁이!

흥　　부　(배고파 하며 똑똑 대문을 두드린다. 끼이익-문 열리는 소리_문 열리는 제스처) 어? 문이 열렸잖아 형님형님 계십니까? (기웃기웃 거리기)
놀부부인　(짜증 섞인 목소리로 앙칼지게) 어머 이 시간에 누구야? 누가 우리의 흥을 깨러 온거야!
흥　　부　(눈치 보며) 형님…. 아우 왔어요.
놀부부인　(째려보면서 삿대질) 어휴, 쟤 또 왔네. 또 왔어. 난 밥하러 갈테니까 당신이 알아서 쫓아내요!! (주방으로 요리하러 감)
놀　　부　뭐야? 여기가 어디라고 오는 거야. (나가라고 손짓하면서 언성을 높임) 당장 나가!!
흥　　부　형님. (꼬르륵 소리와 함께 배를 문지름) 저희 가족이 배가 너무 고파서요. 쌀 좀 주실 수 없나요?

놀　　부　뭐? 우리 먹을 쌀도 별로 없는데 뭘 달라고? 당장 나가래도!! (흥부를 밀침) (들어감)

흥　　부　(일어나면서 코를 킁킁 거림) 어? 어디서 구수한 냄새가 나는데? (냄새를 따라 주방으로 감)

놀부부인　(화들짝 놀라며) 어머!! 여기가 어디라고 들어오는 거야!! 당장 나가지 못해!!!

흥　　부　형수님. 저 밥 한 숟가락만 주세요. 저기 주걱에 있는 밥풀이라도…. 저희 아이들이 너무 배고파해요.

놀부부인　(흥부의 말이 끝나기가 무섭게) 뭐라고?? (밥풀 딱 하나주면서) 빨리 나가!!

흥　　부　(눈치 없이) 어? 밥풀이다!! 감사합니다!! 형수님 조금만 더 주세요. (애절하게)

놀부부인　뭐?! 더 달라고?? 이런, 방구나 먹어라! (뿌아아앙 소리와 함께 무대로 흥부를 민다.)

흥　　부　으아아악!!! (도망간다.) 냄새~!

놀부부인　(씩씩대면서) 또 오기만 해 봐!! (대사 후 들어감)

조명 - 꺼짐
@소품: 나무, 풀
조명 - 켜짐

S#3. 제비와 강아지의 만남 (길거리)

〈 상어 가족 〉

반주중

제비 - 나는 제비 (뚜루루뚜루)
약하고 (뚜루루뚜루)
귀여운 (뚜루루뚜루) 동물이지

제　　　비　(노래 후 씨앗 떨어뜨림) 앗! 네 소중한 씨앗! 이참에 친구들한테 소개해 줄까?
[무대중앙으로] 친구들이게 뭔지 알아? (대답) 이건 박씨야. (노란색 박씨를 보여주면서) 이 박씨는 착한 박씨고, (갈색 박씨를 보여주면서) 이 박씨는 무서운 박씨야. 색깔만 봐도 무섭지?!

<u>조명 - 꺼짐</u>

〈 짱구는 못 말려 1기 〉 똥개

똥개 - 하나 둘 셋 야!
　　천방지축 어리둥절 빙글빙글 돌아가는 똥개의 하루
　　우리의 똥개는 정말 못 말려
놀부, 놀부부인 - 똥개야! (놀부, 놀부부인 얼굴 내밈)

(강아지 무대 뒤편에서 강아지 소개 노래를 부르며 1/3 정도만 내려옴.)

똥　　　개　(계단에 잠깐 서서) 아~~! 심심해~ 오늘따라 할 일이 왜 이렇게 없지이?
(앉아 있는 유아를 향해) 너~ 나랑 놀래? (잠깐 쉬고)
(조금씩 내려오면서 유아 몇 명을 가르키며) 그럼 너는? 너는?
(엉덩이 유아를 향해 흔들며) 아! 왜 아무도 나랑 안 노는 거야! 심심한데 누구 골탕 먹여 줄 일 없나?
(손을 눈 위에 올리고 살피는 시늉을 하며-모션 크게)
(무대 앞까지 후다닥 내려가며) 어! 제비 아니야!? 마침 심심했는데 잘 됐다. 여기 큰 바위 뒤에 숨어서 제비를 깜짝! 놀래켜 줘야지! 다들!! 내가 여기 있다는 거 제비한테 말하면 안 돼!! (손으로 쉿하면서-행동 크게)

제　　　비　오늘따라 아무도 안 보여서 심심해 죽겠네! 친구들!!
누구 오는 거 못 봤어? (귀에 손을 올리고 대기) 어?? 뭐라고?? (대답) 돌 뒤에 있다고?? (돌 뒤로 슬금슬금 다가감-<u>효과음</u>)

똥　　　개　워!!!!!!!!!

제　　　비　악!! 깜짝이야!! (놀라면 뒤로 넘어진다)

똥　개　(제비 놀라는 거 따라하며) 악! 깜짝이야~! (웃는 소리)
제비는 겁쟁이래요!! 겁쟁이래요~ (들어감)

제　비　너 잡히기만 해~! 거기 서!! (일어나려다가 주저앉으며)
아아…. 다리를 다친 것 같아!! 아파서 일어날 수가 없어…. 똥개야, 도와줘!

똥　개　싫은데~. 내가 왜~. 얼마 줄 건데~. 나 잡아 봐라~~~!! (저 멀리 도망친다)

제　비　똥개야! 똥개야!! 아이구, 내 다리 어떻게 해 거기 누구 없어요?? 도와주세요!! (우는 시늉)

S#4. 다리를 다친 제비를 흥부가 발견한다

제　비　엉엉!! (울기)

흥　부　(머리에 검지 손가락을 대고 고개를 갸웃거리며) 어? 이게 무슨 소리지?
(두리번거린다.) 어머! (놀람) 제비잖아! 제비야 무슨 일이니?

제　비　(엉엉 울며) 못된 강아지가 저를 놀래 켜서 넘어졌어요. (다리를 어루만지며) 너무 아파서 일어날 수가 없어요.

흥　부　이 못된 똥개! 가엾은 제비야, 우리가 도와줄게. 삼남매 도와줘! (손 제스처)

첫째, 둘째, 막내 나옴
<u>BGM: 어디선가 누군가에 무슨 일이 생기면 빠밤</u>
(흥부, 제비를 부축하며 나간다.)

S#5. 제비다리를 고쳐준다

첫째, 둘째, 막내　우린 삼남매예요! (손 제스처)

첫　째　제비야. 어디가 아프니?

둘　째　그럼 치료해주자 (부끄럼 유지)

<u>BGM: 딴단따라라딴단따라라뜨드든</u>

(둘째, 막내-치료박스 치료해주기)

제 비 (다리를 이리저리 돌려보며) 와아~. 다리가 하나도 안 아파요. 덕분에 집에 무사히 돌아 갈 수 있겠어요.
흥 부 다행이구나. 아프지 말고 잘 지내야 한다.
제 비 감사해요. 이 은혜 절대 잊지 못할 것 같아요. (노란색 박씨를 주며) 제가 떠난 후 씨를 심어보세요! (들어감)

(제비의 뒷모습에 모두 손을 흔들고 인사한다.)
(흥부가 씨앗들고 자랑함 유아에게)

S#6. 제비가 주고 간 박씨를 확인하는 흥부네 가족

둘 째 (씨앗을 들고) 우와~! 이게 뭐야. 엄마 나와보세여!!!
흥부부인 어머(화들짝)! 세상에 이렇게 큰 콩나물 머리가 있니?
첫 째 (책을 넘기다가) 202쪽 7번째줄? 물방울 모양의 노란색을 띠는…. 그래, 이건 박씨야!
흥부부인 아하 박씨구나! (모션크게) 역시 똑똑해~. 우리 이거 한번 심어볼까? 누구 심어보고 싶은 사람??
막 내 제가 (코 닦고)…. 심어볼래요. (바닥에 씨앗 심는 제스처_앉아서 손유희)

〈 씨앗 〉

흥부네 가족 - 씨씨씨를 뿌리고~ 꼭꼭 물을 주었죠~ 하룻밤 이틀밤 쉿쉿쉿!
(막내x) 뽀드득 뽀드득 뽀드득~ 싹이 났어요~
싹싹싹이 났어요~ 또또 물을 주었죠~ 하룻밤 이틀밤 어어어!
뾰로롱 뾰로롱 뾰로롱~ 박이 났어요~

<u>조명 - 꺼짐</u>

@소품: 큰 박
조명 - 켜짐
BGM: 꼬끼오 소리

흥부부인 우와~ 박씨가 벌써 이렇게 큰 박이 되다니! (모션 크게)
박 안에 무엇이 들었을까?
흥부 나는 쌀이 많이 있었으면 좋겠어.
첫째 저는 많은 책들이요!
둘째 저는 이쁜 옷이요. (부끄러운 표정으로)
막내 저는 (훌쩍 코를 닦으며) 휴지요!!
흥부부인 그럼 우리 한번 박을 열어보자!
(흥부와 흥부부인이 마주보고 톱질을 하며) 으샤~ 으샤~ 으샤~
으샤~

박 터지는 소리 - 효과음 + 조명효과
@소품: 바닥에 쌀, 과자, 가방 비단 세팅
첫째, 둘째, 막내 박 터지는 소리에 놀라는 모션

첫째, 둘째, 막내 우아아!!! (신남)
흥부, 흥부부인 (매우 크게 놀라면서 좋아함) 어머, 이게 다 뭐야?
첫째 이것들로 먹고 싶은 거 (팔을 벌리며) 다~ 먹을 수 있겠다~.
흥부 (감동해서 울먹이며) 그 제비가 우리에게 고마운 마음을 금은보화가
든 박씨로 보답했나보다.
막내 아빠 그럼 이제 휴지도 많이 사줄 수 있어요?
흥부 당연하지~! 여보 이제 우리애들 배불리 먹을 수 있겠어.
와~ 난 이제 불면증치료!!! (기지개켜며 하품)

조명 - 꺼짐
〈놀부배경〉으로 체인지
조명 - 켜짐

S#7. 부자가 된 흥부네 가족을 본 놀부네

놀부부인 (흥분된 목소리로) 여보! 여보~~! 큰일 났어요~. 여보!!! (방정맞게)
놀부 뭐야, 왜 이렇게 시끄러워. 무슨 일인데?
놀부부인 (몹시 흥분 상태) 흥부가 제비를 치료해줘서 부자가 되었대요.
놀부 (깜짝 놀라며) 아니 뭐라고~! 그게 정말이야? (흥분하며)
놀부부인 그렇다니깐요! 우리도 빨리 제비를 찾아야 해요!
놀부 아~! 우리도 제비 다리를 고쳐 주자 이 말이지? (썩소지으며)
놀부부인 맞아요. 우리도 제비다리를 치료해 주고 부자가 되어봐요!
놀부 그래, 좋아 그럼 얼른 제비를 찾으러 가보자!

BGM: 으스스한 느낌
조명 - 꺼짐
@소품: 나무, 풀
조명 - 켜짐

S#8. 제비를 찾으러 숲 속으로 간 놀부네

산책하는 제비 BGM: 스머프 노래

제비 산책은 언제나 즐거워~~
(꼬르륵 효과음) 아. 이제 배가 고프네…. 오늘은 무얼 먹어야 하지?
놀부 (능청스럽게) 아이고~ (박수치며)이게 누구야!
제비 아니야? 제비야~ 제비야~ 여기서 뭐하고 있니? (음흉)
제비 (모르는 표정과 궁금해 하는 제스처) 누구세요?
놀부 나는~ 이 마을에서 가장 돈 많고 착한 놀부아저씨야. 배가고픈 모양이구나.
제비 네. 오늘 한 끼도 못 먹었어요.
놀부 (박수치며) 잘됐다! 아저씨 집에 먹으러 가지 않을래?
제비 음…. 우리 엄마가 모르는 사람 따라가지 말라고 했는데…. 어떡하지?
(고민) 여러분~ 모르는 사람을 따라가도 될까요? (대답 기다리기)
놀부 제비야! (다급) 너 흥부아저씨 알지? 내가 그 흥부아저씨의 형이야.
제비 앗! 정말요? (해맑게 따라 나가다 중간에 섬)

제비[속마음] 흥부아저씨 형이니까 따라가도 괜찮겠지?

조명 - 꺼짐
@소품: 나무빼기
조명 - 켜짐

S#9. 밥을 먹고 난 후 제비에게 박 씨를 빼앗는 놀부네

(쩝쩝소리)
놀부부인 (최대한 상냥하게) 제비야~. 밥을 맛있게 먹었니?
제비 네! 아주 맛있게 먹었어요! 정말 감사합니다~ (공손하게 배꼽인사) 그럼 저는 이만 가보겠습니다. 안녕히 계세요~ (팔을 펄럭이며 나가려고 한다.)
놀부 (떠나는 제비의 목덜미를 붙잡으며) 잠깐!!!!!
공짜로 밥을 먹었으면 보답을 하고 가야지? 흥부네가 박씨 덕에 부자가 되었던데?

똥개, 놀부부인 - 놀부모션 따라하기

제비 (깜짝 놀라며) 네?? 아저씨가 오라 했잖아요!!!
놀부 (제비 다리를 붙잡고 무시하며) 밥을 먹은 보답으로 박씨를 내놓거라!!

똥개, 놀부부인 - 놀부모션 따라하기
BGM: 상어가족: 빠밤빠밤빠바바밤 (무대 원바퀴 돈다_[제비 들어가고 놀부, 놀부부인이 도망가는 제비를 따라 가고 강아지가 다리를 걸어서 넘어져 다리 부러짐.)

제비 (다리를 부여잡고) 아이고~~! 제비 죽네~~. 제비 죽어!!
역시 모르는 사람을 따라가면 안 됐어.
놀부부인 (신이난 목소리로) 여보, 여보! 얼른 제비 다리를 고쳐주고 박씨를 얻읍시다!!

(제비 다리를 고쳐줌)
BGM: 샤뱌사뱌사뱌

놀부, 놀부부인 이제 박 씨를 내놔! (뺏음)

(제비만 하이라이트)
제 비 여러분, 놀부 가족은 저게 무서운 박씨인 걸 모르나 봐요.
이 사실을 (쉿하며) 비밀로 해 줘야 돼요~(들어감)

조명 - 꺼짐
@소품: 나무빼기
조명 - 켜짐

S#10. 박을 열어보는 놀부네 (강아지도 함께 등장)

똥 개 (박을 보며) 주인님! 벌써 박이 주렁주렁(제스처) 열렸어요.
놀 부 (놀라는 표정으로) 정말 박씨가 주렁주렁(제스처) 열렸네. 그럼 어디 한 번 열어 볼까나?
놀부부인 거참, 탐스럽게도 생겼네요. 보물이 마구 마구 쏟아질 것 같네요!

〈 악어 떼 〉 놀부, 놀부부인, 똥개 무대중앙

놀부, 놀부부인, 똥개 - 흐흐 하하 박을 타보자
쓱쓱 싹싹 박을 타보자
박을 열면 금은보화가
가득 있을 거니까 _ 빠바밤 (액션가면놀이)

조명 - 껐다 켰다 반복
(우르루쾅쾅 갑자기 천둥번개가 침)

놀부, 놀부부인, 똥개 (어리둥절) (주위를 둘러보며) 아니. 이게 무슨 일이지!!

조명 - 꺼짐

놀 부 뭐야. 뭐야.

놀 부 부 인 뭐깡. 뭐깡.
똥 개 살려줘.

조명 - 켜짐

S#11. 도깨비에게 혼난 놀부네

(도깨비 박 안에서 나온다.)

도 깨 비 (하품하면서 무섭게) 흐아아암. 정말 피곤해.

〈 동물의 왕 사자-뒷부분 〉

도깨비 - 쿵! 쿵!쾅! 쾅! 나는 도깨비
무~섭고 힘이 쎄
누구든 내가 나타나면
무서워 도망 가네 (도깨비 콰아앙)

(놀부, 놀부부인, 똥개: 당황한 표정으로 도깨비 쳐다봄)

도 깨 비 누구냐! 누가 감히 잠자는 도깨비의 잠을 깨우는 것이냐!! 네 놈이냐? [놀부를 향하며 (놀부_절레절레)] 아님 너냐?? (부인_절레절레) 그럼 너냐?? (똥개_절레절레) 흐음…. 무슨 볼 일인데 나를 불렀느냐? 한번 말해 보거라.
놀 부 저는 지금보다 더 많은 돈을 가지고 싶습니다!!
놀 부 부 인 전 명품 가방과 더 예쁜 한복을 가지고 싶어요!
똥 개 나는 더 맛있는 밥!!!!!!!!
놀부, 놀부부인, 똥개 [속마음] 흐흐흐 도깨비에게 소원을 말했으니 지금보다 더 부자가 되겠어!!!! (키득키득 하하하)
도 깨 비 이 녀석들!!!!!! (방망이를 들면서) 지금도 부자인데도 더 욕심을 부리려는 것이냐. 작은 것에도 감사한 줄 알아야지!!! 어디 한번 아무것도 없이 살아보거라!! 에잇! (방망이를 땅에 내려친다.)

<u>조명 - 꺼짐</u>
(놀부, 놀부부인, 똥개가 소리를 지른다. 으아아아악)
@소품: 쌀, 가방 등 빼기
<u>조명 - 켜짐</u>

S#12. 도깨비에게 벌 받은 놀부네

놀부 (놀부 부인을 보며) 여보!! 당신 머리가!!
놀부부인 (머리를 만지며) 어머! 내 예쁜 머리가 왜 이렇게 된거야! 아니 근데 당신도 머리가….
놀부 내 머리가 왜?(머리를 만짐) 아니!! 내 머리도 왜이래!! (머리를 계속 쓰다듬음)
똥개 (엉엉 울면서) 내 집도 다 사라졌어.
놀부부인 (손으로 얼굴가리면서) 여보 우리 이제 어떡해요.
똥개 그러면 흥부네 가보는 건 어떨까요?
놀부 그래도 될까?? 여러분 우리 흥부네로 한번 가볼까요? (대답)

<u>조명 - 꺼짐</u>
<u>조명 - 켜짐</u>

해설 결국 욕심 많던 놀부와 친구를 괴롭히던 똥개는 도깨비에게 무서운 벌을 받고 거지가 되었어요. 이 소문은 마을에 퍼졌고 흥부네 집까지 전해지게 되었어요.

S#13. 흥부에게 도움을 청하러 왔다가 감동한 놀부

(흥부네 가족은 마당에서 도란도란 밥을 먹고 있다. 놀부가 왼쪽에서 등장한다.)

놀부 (힘 없이 커텐 옆에서) 흥부야…. 흥부야…. 집에 있느냐….
흥부 (놀란 표정을 지으며) 형님. 꼴이 이게 뭡니까??
놀부 (천천히 힘없이 말하며) 아이고…. 너가 부자가 되었다는 소리를 듣고 욕심을 부리다가 그만, 정말 창피하구나….

흥 부 (놀부의 어깨를 토닥이며) 형님 그런 걸로 창피해하지 마세요. (가슴을 치며) 아우가 있잖아요~.

똥 개 (킁킁) 어~! 어디서 내가 좋아하는 고기 냄새가 나는데~. (두리번거리며 밥상을 본다)

놀부부인 (배를 부여잡고 힘없이) 아이고! 배고파…. 쓰러지겠어…. (꼬르륵)

흥부부인 많이 배고프시죠? 아!! 마침 저희가 밥을 먹고 있었으니 같이 먹어요.

놀 부 (울컥하면서) 그래도 되겠니?

첫 째 큰아버지, 얼른 와서 앉으세요.

둘 째 (쑥쓰러워 함) 맞아요. 같이 먹어요.

(같이 밥상에 둘러 앉아 밥을 먹는다.)
조명 - 꺼짐
노란조명 - 켜짐

놀부 [속마음] (무대중앙에 서서) 흥부는 내가 못되게 굴었는데도 정말 가족처럼 따뜻하게 대해 주는구나. 나도 흥부처럼 착하게 살도록 해야겠어! (다짐하는 손 제스처)

노란조명 - 꺼짐

나레이션 어머! 이게 무슨 일인가요? 욕심 많았던 놀부가 말로만 착하게 살겠다고 한 줄만 알았는데 정말로 흥부를 열심히 도와 일도 하고 마을 사람들도 도와주고 사이좋게 지내면서 마을에서 흥부와 놀부는 의좋은 형제라고 소문이 났답니다.

노란조명 - 켜짐

놀부, 놀부부인 여러분들 저처럼 욕심 부리면 안 되는거 알죠?

똥 개 그리고 저처럼 친구를 괴롭히지 말고 사이좋게 지내야 해요!! 알겠죠? 약속~.

노란조명 - 켜짐
조명 - 꺼짐
(노래가 시작되면 전체 무대로 나온다.)

〈 나의 마음을 담아 - 달빛천사 〉

욕심만 부리면 절대로 안 돼요.
서~로 나눠 주며 돕고 살아요.
놀부의 나쁜 마음 모두 버리고
착~한 마음을 가져봐요.
난 흥부처럼 살 거야.
용서~하는 마음을 모두가 가질 수 있도록
내 마음 담아 노래 할 거야
너를 위한 노래를
모두의 마음속에 행복을 나눠줄 거야
메마른 가슴 속을 적셔줄 이야기
모두의 마음속에 환하게 비춰줄 거야
나눈 행복 속에 기쁨을~
우리 함께 해 손에 손을 잡고 우리 함께해~ 함께해

마무리 인사

<u>커튼 닫힘</u>

APPENDIX

3~5세 연령별 누리과정 영역 내용

1 신체운동 · 건강

내용범주	내용	누리과정		
		3세	4세	5세
신체 인식하기	감각능력 기르고 활용하기			미세한 감각적 차이를 구분한다.
		감각적 차이를 경험한다.	감각적 차이를 구분한다.	여러 감각기관을 협응하여 활용한다.
		감각기관을 인식하고, 활용해 본다.	여러 감각기관을 협응하여 활용한다.	감각으로 대상이나 사물의 특성과 차이를 인식한다.
	신체를 인식하고 움직이기	신체 각 부분의 명칭을 알고, 움직임에 관심을 갖는다.	신체 각 부분의 특성을 이해하고 활용하여 움직인다.	신체 각 부분의 특성을 이해하고 활용하여 움직인다.
		자신의 신체를 긍정적으로 인식하고 움직인다.	자신의 신체를 긍정적으로 인식하고 움직인다.	자신의 신체를 긍정적으로 인식하고 움직인다.
신체 조절과 기본 운동하기	신체 조절 하기	신체균형을 유지해 본다.	다양한 자세와 움직임에서 신체균형을 유지한다.	신체균형을 유지하면서 다양한 자세를 취한다.
		공간, 힘, 시간 등의 움직임 요소를 경험한다.	공간, 힘, 시간 등의 움직임 요소를 활용하여 움직인다.	신체 각 부분의 움직임을 조절한다.
		신체 각 부분의 움직임을 조절해 본다.	신체 각 부분을 협응하여 움직임을 조절한다.	공간, 힘, 시간 등의 움직임 요소를 활용하여 운동한다.
		눈과 손을 협응하여 소근육을 조절해 본다.	눈과 손을 협응하여 소근육을 조절해 본다.	
				도구를 활용하여 여러 가지 조작운동을 한다.
	기본 운동하기	걷기, 달리기 등 이동운동을 한다.	걷기, 달리기, 뛰기 등 다양한 이동운동을 한다.	걷기, 달리기, 뛰기 등 다양한 이동운동을 한다.
		제자리에서 몸을 움직여 본다.	제자리에서 몸을 다양하게 움직인다.	제자리에서 다양한 운동을 한다.
신체 활동에 참여 하기	자발적으로 신체 활동에 참여하기	신체 활동에 자발적으로 참여한다.	신체 활동에 자발적이고 지속적으로 참여한다.	신체 활동에 자발적이고 지속적으로 참여한다.
		다른 사람과 함께 하는 신체 활동에 참여한다.	다른 사람과 함께 하는 신체 활동에 참여한다.	
			자신과 다른 사람의 운동능력의 차이에 관심을 갖는다.	자신과 다른 사람의 운동능력의 차이를 존중한다.

내용 범주	내용	누리과정		
		3세	4세	5세
신체 활동에 참여하기	바깥에서 신체 활동하기	규칙적으로 바깥에서 신체 활동을 한다.	규칙적으로 바깥에서 신체 활동을 한다.	규칙적으로 바깥에서 신체 활동을 한다.
	기구를 이용하여 신체 활동하기	여러 가지 기구를 이용하여 신체 활동을 한다.	여러 가지 기구를 이용하여 신체 활동을 한다.	여러 가지 기구를 이용하여 신체 활동을 한다.
건강하게 생활하기	몸과 주변을 깨끗이 하기	손과 이를 깨끗이 하는 방법을 알고 실천한다.	손과 이를 깨끗이 하는 방법을 알고 실천한다.	손과 몸과 이를 깨끗이 하는 습관을 갖는다.
		주변을 깨끗이 한다.	주변을 깨끗이 하는 습관을 기른다.	주변을 깨끗이 하는 습관을 갖는다.
	바른 식생활 하기	음식을 골고루 먹는다.	음식을 골고루 먹는다.	적당량의 음식을 골고루 먹는다.
		몸에 좋은 음식에 관심을 갖는다.	몸에 좋은 음식을 알아본다.	몸에 좋은 음식을 선택할 수 있다.
		바른 태도로 식사한다.	음식을 소중히 여기고 식사예절을 지킨다.	감사하는 마음으로 음식을 소중히 여긴다.
				식사예절을 지킨다.
	건강한 일상생활 하기	규칙적으로 잠을 자고, 적당한 휴식을 취한다.	규칙적으로 잠을 자고, 적당한 휴식을 취한다.	규칙적으로 잠을 자고, 적당한 휴식을 취한다.
		하루 일과에 즐겁게 참여한다.	하루 일과에 즐겁게 참여한다.	하루 일과에 즐겁게 참여한다.
		스스로 화장실에서 배변한다.	바른 배변습관을 가진다.	바른 배변습관을 가진다.
	질병 예방하기			건강의 중요성을 알고 실천한다.
		질병의 위험을 알고 주의한다.	질병을 예방하는 방법을 알고 실천한다.	질병을 예방하는 방법을 알고 실천한다.
		날씨에 맞게 옷을 입는다.	날씨와 상황에 알맞게 옷을 입는다.	날씨와 상황에 알맞게 옷을 입는다.
안전하게 생활하기	안전하게 놀이하기	놀이기구나 놀잇감, 도구를 안전하게 사용한다.	놀이기구나 놀잇감, 도구를 안전하게 사용한다.	놀이기구나 놀잇감을 안전하게 사용한다.
		안전한 놀이장소를 안다.	안전한 장소를 알고 안전하게 놀이한다.	안전한 장소에서 놀이한다.
		TV, 인터넷, 통신기기 등을 바르게 사용한다.	TV, 인터넷, 통신기기 등의 위해성을 알고, 바르게 사용한다.	

내용범주	내용	누리과정		
		3세	4세	5세
안전하게 생활하기	교통안전 규칙 지키기	교통안전 규칙을 안다.	교통안전 규칙을 알고 지킨다.	교통규칙을 지켜서 안전하게 다닌다.
		교통수단을 안전하게 이용한다.	교통수단을 안전하게 이용한다.	교통수단을 안전하게 이용한다.
	비상시 적절히 대처하기	학대, 성폭력, 실종, 유괴상황을 알고 도움을 요청한다.	학대, 성폭력, 실종, 유괴상황 시 도움을 요청하는 방법을 알고 행동한다.	재난 및 사고 등 비상시 적절하게 대처하는 방법을 안다.
		재난 및 사고 등 비상시 적절하게 대처하는 방법을 안다.	재난 및 사고 등 비상시 적절하게 대처하는 방법을 알고 행동한다.	학대, 성폭력, 유괴상황을 알고 도움을 요청하는 방법을 안다.

2 의사소통

내용 범주	내용	누리과정 3세	누리과정 4세	누리과정 5세
듣기	낱말과 문장 듣고 이해하기	낱말의 발음에 관심을 가지고 듣는다.	낱말의 발음에 관심을 가지고 듣는다.	낱말의 발음에 관심을 가지고 비슷한 발음을 듣고 구별한다.
		일상생활과 관련된 낱말과 문장을 듣고 뜻을 이해한다.	일상생활과 관련된 낱말과 문장을 듣고 뜻을 이해한다.	일상생활과 관련된 낱말과 문장을 듣고 뜻을 이해한다.
	이야기 듣고 이해하기	다른 사람의 이야기를 관심 있게 듣는다.	다른 사람의 이야기를 듣고 이해한다.	다른 사람의 이야기를 듣고 이해한다.
			이야기를 듣고 궁금한 것에 대해 질문한다.	이야기를 듣고 궁금한 것에 대해 질문한다.
	동요, 동시, 동화 듣고 이해하기	동요, 동시, 동화를 다양한 방법으로 듣고 즐긴다.	동요, 동시, 동화를 다양한 방법으로 듣고 즐긴다.	동요, 동시, 동화를 다양한 방법으로 듣고 즐긴다.
			전래 동요, 동시, 동화를 듣고 우리말의 재미를 느낀다.	전래 동요, 동시, 동화를 듣고 우리말의 재미를 느낀다.
	바른태도로 듣기	말하는 사람을 바라보며 듣는다.	다른 사람의 이야기를 주의 깊게 듣는다.	다른 사람의 이야기를 끝까지 주의 깊게 듣는다.
말하기	낱말과 문장으로 말하기	친숙한 낱말을 발음해 본다.	친숙한 낱말을 정확하게 발음해 본다.	정확한 발음으로 말한다.
		새로운 낱말에 관심을 가진다.	다양한 낱말을 사용하여 말한다.	다양한 단어를 사용하여 상황에 맞게 말한다.
		일상생활에서 일어나는 일들을 간단한 문장으로 말한다.	일상생활에서 일어나는 일들을 간단한 문장으로 말한다.	일상생활에서 일어나는 일들을 다양한 형태의 문장으로 말한다.
	느낌, 생각, 경험 말하기	자신의 느낌, 생각, 경험을 말해 본다.	자신의 느낌, 생각, 경험을 말한다.	자신의 느낌, 생각, 경험을 적절한 단어와 문장으로 말한다.
			주제를 정하여 함께 이야기를 나눈다.	주제를 정하여 함께 이야기를 나눈다.
			이야기를 지어 말한다.	이야기 지어 말하기를 즐긴다.

내용 범주	내용	누리과정		
		3세	4세	5세
말하기	상황에 맞게 바른 태도로 말하기		듣는 사람의 생각과 느낌을 고려하여 말한다.	듣는 사람의 생각과 느낌을 고려하여 말한다.
		상대방을 바라보며 말한다.	차례를 지켜 말한다.	때와 장소, 대상에 알맞게 말한다.
		바르고 고운 말을 사용한다.	바르고 고운 말을 사용한다.	바르고 고운 말을 사용한다.
읽기	읽기에 흥미 가지기	주변에서 친숙한 글자를 찾아본다.	주변에서 친숙한 글자를 찾아본다.	읽어 주는 글의 내용에 관심을 가진다.
		읽어 주는 글의 내용에 관심을 가진다.	읽어 주는 글의 내용에 관심을 가진다.	주변에서 친숙한 글자를 찾아 읽어본다.
	책 읽기에 관심 가지기	책에 흥미를 가진다.	책 보는 것을 즐기고 소중하게 다룬다.	책 보는 것을 즐기고 소중하게 다룬다.
		책의 그림을 단서로 내용을 추측해 본다.	책의 그림을 단서로 내용을 이해한다.	
			궁금한 것을 책에서 찾아본다.	궁금한 것을 책에서 찾아본다.
쓰기	쓰기에 관심 가지기	말을 글로 나타내는 것에 관심을 보인다.	말이나 생각을 글로 나타낼 수 있음을 안다.	말이나 생각을 글로 옮길 수 있음을 안다.
		자기 이름의 글자에 관심을 가진다.	자기 이름을 써 본다.	자신의 이름과 주변의 친숙한 글자를 써 본다.
			자신의 느낌, 생각, 경험을 글자와 비슷한 형태로 표현한다.	자신의 느낌, 생각, 경험을 글자와 비슷한 형태나 글자로 표현한다.
	쓰기 도구 사용하기			여러 가지 쓰기 도구에 관심을 가진다.
			쓰기 도구에 관심을 가지고 사용해 본다.	쓰기 도구의 바른 사용법을 알고 사용한다.

3 사회관계

내용 범주	내용	누리과정		
		3세	4세	5세
나를 알고 존중하기	나를 알고, 소중히 여기기	나에 대해 관심을 갖는다.	나에 대해 알아본다.	나에 대해 알아본다.
		나와 다른 사람의 차이에 관심을 갖는다.	나와 다른 사람의 차이점을 알아본다.	나와 다른 사람의 신체적 사회적, 문화적 차이를 인정한다.
		나를 소중하게 여긴다.	나에 대해 긍정적으로 생각하고 나를 소중하게 여긴다.	나에 대해 긍정적으로 생각하고 나를 소중하게 여긴다.
	나의 일 스스로 하기	내가 할 수 있는 일을 알아본다.	내가 할 수 있는 일을 해 본다.	내가 할 수 있는 일을 스스로 한다.
		내가 하고 싶은 일을 선택해 본다.	하고 싶은 일을 계획하고 해 본다.	하고 싶은 일을 계획하고 해 본다.
나와 다른 사람의 감정 알고 조절하기	나와 다른 사람의 감정 알고 표현하기	자신에게 여러 가지 감정이 있음을 안다.	자신의 감정을 알고 표현한다.	자신의 감정을 알고 표현한다.
		다른 사람의 감정에 관심을 갖는다.	다른 사람의 감정을 안다.	다른 사람의 감정을 알고 공감한다.
	나의 감정 조절하기	자신의 감정을 조절해 본다.	자신의 감정을 조절해 본다.	자신의 감정을 긍정적으로 조절한다.
가족을 소중히 여기기	가족과 화목하게 지내기	가족의 소중함을 안다.	가족의 소중함을 안다.	가족의 의미와 소중함을 안다.
				가족과 사이좋게 지낸다.
	가족과 협력하기	가족 구성원을 알아본다.	가족 구성원의 역할에 대해 알아본다.	다양한 가족구조에 대해 알아본다.
		가족을 위하여 내가 할 수 있는 일을 알아본다.	가족을 위하여 내가 할 수 있는 일을 알아보고 실천한다.	가족은 서로 도우며 살아야 하는 것을 알고 실천한다.
다른 사람과 더불어 생활하기	친구와 사이좋게 지내기	친구와 함께 놀이한다.	친구와 협동하며 놀이한다.	친구와 협동하며 놀이한다.
		나와 친구의 의견에 차이가 있음을 안다.	친구와의 갈등을 긍정적인 방법으로 해결한다.	친구와의 갈등을 긍정적인 방법으로 해결한다.

내용범주	내용	누리과정		
		3세	4세	5세
다른 사람과 더불어 생활하기	경기: 공동체에서 화목하게 지내기		도움이 필요할 때 다른 사람과 도움을 주고받는다.	다른 사람과 도움을 주고받고, 서로 협력한다.
		교사 및 주변 사람과 화목하게 지낸다.	교사 및 주변 사람과 화목하게 지낸다.	교사 및 주변 사람과 화목하게 지낸다.
	사회적 가치를 알고 지키기		정직하게 말하고 행동한다.	정직하게 말하고 행동한다.
		다른 사람의 소유물을 존중한다.	다른 사람의 생각, 행동을 존중한다.	다른 사람을 배려하여 행동한다.
				옳고 그름을 이해한다.
			친구와 어른께 예의바르게 행동한다.	친구와 어른께 예절바르게 행동한다.
		약속과 규칙을 지켜야 함을 안다.	다른 사람과 한 약속이나 공공규칙을 지킨다.	다른 사람과 한 약속이나 공공규칙을 지킨다.
			자연과 자원을 아끼는 습관을 기른다.	
사회에 관심 갖기	지역사회에 관심 갖고 이해하기	우리 동네의 이름을 안다.	우리 동네에 대해 알아본다.	우리 동네에 대해 알아본다.
		우리 동네 사람들에 관심을 갖는다.	우리 동네 사람들이 하는 일에 관심을 갖는다.	다양한 직업에 관심을 갖는다.
			물건을 살 때 돈이 필요함을 안다.	일상생활에서 돈의 쓰임에 대해 안다.
	우리나라에 관심 갖고 이해하기	우리나라를 상징하는 것에 관심을 가진다.	우리나라를 상징하는 것을 안다.	우리나라를 상징하는 것을 알고 예절을 지킨다.
		우리나라의 전통놀이와 풍습에 관심을 갖는다.	우리나라의 전통놀이와 풍습에 관심을 갖는다.	우리나라의 전통, 역사, 문화에 관심을 갖는다.
			우리나라에 대해 자부심을 갖는다.	우리나라에 대해 자부심을 갖는다.
	세계와 여러 문화에 관심 가지기		세계 여러 나라에 대해 관심을 갖는다.	세계 여러 나라에 대해 관심을 갖고, 서로 협력해야 함을 안다.
			다양한 인종과 문화에 대해 관심을 갖는다.	다양한 인종과 문화를 알아보고 존중한다.

4 예술경험

내용범주	내용	누리과정 3세	누리과정 4세	누리과정 5세
아름다움 찾아보기	음악적 요소 탐색하기	다양한 소리, 음악의 셈여림, 빠르기, 리듬 등에 관심을 갖는다.	다양한 소리, 음악의 셈여림, 빠르기, 리듬 등에 관심을 갖는다.	다양한 소리, 악기 등으로 강약, 속도, 리듬 등을 탐색한다.
	움직임과 춤 요소 탐색하기	움직임과 춤의 모양, 힘, 빠르기 등에 관심을 갖는다.	움직임과 춤의 모양, 힘, 빠르기 등에 관심을 갖는다.	움직임과 춤의 모양, 힘, 세기, 빠르기, 흐름 등을 탐색한다.
	미술적 요소 탐색하기	자연과 사물의 색, 모양, 질감 등에 관심을 갖는다.	자연과 사물의 색, 모양, 질감 등에 관심을 갖는다.	자연과 사물에서 색, 모양, 질감, 공간 등을 탐색한다.
				여러 가지 재료와 도구를 자유롭게 탐색한다.
예술적 표현하기	음악으로 표현하기	간단한 노래를 듣고 따라 부른다.	노래로 자신의 생각과 느낌을 표현한다.	노래로 자신의 생각과 느낌을 표현한다.
		전래동요를 즐겨 부른다.	전래동요를 즐겨 부른다.	전래동요를 즐겨 부른다.
		리듬악기로 간단한 리듬을 표현해 본다.	리듬악기를 연주해 본다.	리듬악기를 연주해 본다.
		간단한 리듬과 노래를 즉흥적으로 만들어 본다.	간단한 리듬과 노래를 즉흥적으로 만들어 본다.	리듬과 노래 등을 즉흥적으로 만들어 본다.
	움직임과 춤으로 표현하기	신체를 이용하여 주변의 움직임을 자유롭게 표현한다.	신체를 이용하여 주변의 움직임을 자유롭게 표현한다.	신체를 이용하여 주변의 움직임을 다양하게 표현한다.
		움직임과 춤으로 자신의 생각과 느낌을 표현한다.	움직임과 춤으로 자신의 생각과 느낌을 표현한다.	춤으로 자신의 생각과 느낌을 표현한다.
		도구를 활용하여 다양한 움직임으로 표현한다.	도구를 활용하여 다양한 움직임으로 표현한다.	다양한 도구를 활용하여 창의적으로 움직인다.
	미술 활동으로 표현하기	다양한 미술 활동을 경험해 본다.	다양한 미술 활동으로 자신의 생각과 느낌을 표현한다.	다양한 미술 활동으로 자신의 생각과 느낌을 표현한다.
			협동적인 미술 활동에 참여한다.	협동적인 미술 활동에 참여하여 즐긴다.
		미술 활동에 필요한 재료와 도구에 관심을 가지고 사용한다.	미술 활동에 필요한 재료와 도구를 다양하게 사용한다.	미술 활동에 필요한 재료와 도구를 다양하게 사용한다.

내용 범주	내용	누리과정		
		3세	4세	5세
예술적 표현하기	극놀이로 표현하기	일상생활의 경험을 극놀이로 표현한다.	일상생활의 경험이나 간단한 이야기를 극놀이로 표현한다.	경험이나 이야기를 극놀이로 표현한다.
			소품, 배경, 의상 등을 사용하여 협동적으로 극놀이를 한다.	소품, 배경, 의상 등을 사용하여 협동적으로 극놀이를 한다.
	통합적으로 표현하기		음악, 움직임과 춤, 미술, 극놀이 등을 통합하여 표현한다.	음악, 움직임, 미술, 극놀이를 통합하여 표현한다.
		예술 활동에 참여하여 표현과정을 즐긴다.	예술 활동에 참여하여 표현과정을 즐긴다.	예술 활동에 참여하여 창의적인 표현과정을 즐긴다.
예술 감상하기	다양한 예술 감상 하기	다양한 음악, 춤, 미술작품, 극놀이 등을 듣거나 본다.	다양한 음악, 춤, 미술작품, 극놀이 등을 듣거나 보고 즐긴다.	다양한 음악, 춤, 미술작품, 극놀이 등을 듣거나 보고 즐긴다.
		나와 다른 사람의 예술 표현을 소중히 여긴다.	나와 다른 사람의 예술 표현을 소중히 여긴다.	나와 다른 사람의 예술 표현을 소중히 여긴다.
				다른 문화의 예술작품에 관심을 가진다.
	전통예술 감상하기	우리나라의 전통예술에 관심을 갖는다.	우리나라의 전통예술에 관심을 갖는다.	우리나라의 전통예술에 관심을 갖고 친숙해진다.

5 자연탐구

내용 범주	내용	누리과정 3세	누리과정 4세	누리과정 5세
탐구하는 태도 기르기	호기심을 유지하고 확장하기	주변 사물과 자연세계에 대해 호기심을 갖는다.	주변 사물과 자연세계에 대해 지속적으로 호기심을 갖는다.	주변 사물과 자연세계에 대해 지속적으로 관심을 갖고 궁금해 한다.
	탐구과정 즐기기			궁금한 점을 알기 위해 비교하기, 예측하기 등 다양한 방법을 활용한다.
		궁금한 점을 알아보는 과정에 흥미를 갖는다.	궁금한 점을 알아보는 탐구과정에 관심을 가지고 참여한다.	
	탐구기술 활용하기		일생생활의 문제를 해결하는 과정에서 탐색, 관찰 등의 방법을 활용해 본다.	
				나타난 결과에 기초하여 예측하고 적용한다.
수학적 탐구하기	수와 연산의 기초개념 알아보기	생활 속에서 수에 관심을 갖는다.	생활 속에서 사용되는 수의 여러 가지 의미를 안다.	생활 속에서 사용되는 수의 여러 가지 의미를 안다.
		구체물 수량의 많고 적음을 비교한다.	구체물 수량에서 '같다', '더 많다', '더 적다'의 관계를 안다.	수량의 부분과 전체 관계를 안다.
		다섯 개가량의 구체물을 세어보고 수량에 관심을 갖는다.	열 개가량의 구체물을 세어보고 수량을 알아본다.	스무 개가량의 구체물을 세고 수량을 안다.
				구체물을 가지고 더하고 빼는 경험을 해 본다.
	공간과 도형의 기초개념 알아보기	나를 중심으로 앞, 뒤, 옆, 위, 아래를 알아본다.	위치와 방향을 여러 가지 방법으로 나타내 본다.	위치와 방향을 여러 가지 방법으로 나타내 본다.
		물체의 모양에 관심을 갖는다.	기본 도형의 특성을 인식한다.	다양한 기본 도형의 공통점과 차이점을 인식한다.
			기본 도형을 사용하여 여러 가지 모양을 구성해 본다.	기본 도형을 사용하여 여러 가지 모양을 구성해 본다.

내용 범주	내용	누리과정		
		3세	4세	5세
수학적 탐구하기	기초적인 측정하기	두 물체의 길이, 크기를 비교해 본다.	일상생활에서 길이, 크기, 무게 등을 비교해 본다.	일상생활에서 길이, 크기, 무게, 들이, 시간 등의 속성에 따라 비교하고, 순서를 지어 본다.
				임의 측정 단위를 사용하여 길이, 면적, 들이, 무게 등을 재 본다.
	규칙성 이해하기	생활주변에서 반복되는 규칙성에 관심을 갖는다.	생활주변에서 반복되는 규칙성을 알아본다.	생활주변에서 반복되는 규칙성을 알고 다음에 올 것을 예측해 본다.
			반복되는 규칙성을 인식하고 모방한다.	스스로 규칙성을 만들어 본다.
	기초적인 자료 수집과 결과 나타내기		필요한 정보나 자료를 수집한다.	필요한 정보나 자료를 수집한다.
		같은 것끼리 짝을 짓는다.	한 가지 기준으로 자료를 분류해 본다.	한 가지 기준으로 분류한 자료를 다른 기준으로 재분류해 본다.
				그림, 사진, 기호나 숫자를 사용해 그래프로 나타내 본다.
과학적 탐구하기	물체와 물질 알아보기	친숙한 물체와 물질의 특성에 관심을 갖는다.	친숙한 물체와 물질의 특성을 알아본다.	주변의 여러 가지 물체와 물질의 기본 특성을 알아본다.
			물체와 물질을 여러 가지 방법으로 변화시켜 본다.	물체와 물질을 여러 가지 방법으로 변화시켜 본다.
	생명체와 자연환경 알아보기	나의 출생과 성장에 대해 관심을 갖는다.	나의 출생과 성장에 대해 관심을 갖는다.	관심 있는 동식물의 특성과 성장 과정을 알아본다.
		주변의 동식물에 관심을 가진다.	관심 있는 동식물의 특성을 알아본다.	나와 다른 사람의 출생과 성장에 대해 알아본다.
		생명체를 소중히 여기는 마음을 갖는다.	생명체를 소중히 여기는 마음을 갖는다.	생명체의 소중함을 알고, 생명체가 살아가기에 좋은 환경에 대해 알아본다.
			생명체가 살기 좋은 환경에 대해 관심을 갖는다.	

내용범주	내용	누리과정		
		3세	4세	5세
과학적 탐구하기	자연현상 알아보기	돌, 물, 흙 등 자연물에 관심을 갖는다.	돌, 물, 흙 등 자연물의 특성과 변화를 알아본다.	돌, 물, 흙 등 자연물의 특성과 변화를 알아본다.
				낮과 밤, 계절의 변화와 규칙성을 알아본다.
		날씨에 관심을 갖는다.	날씨와 기후변화에 관심을 갖는다.	
	간단한 도구와 기계활용하기	생활 속에서 간단한 도구와 기계에 관심을 갖는다.	생활 속에서 간단한 도구와 기계를 활용한다.	생활 속에서 간단한 도구와 기계를 활용한다.
		도구와 기계의 편리함에 관심을 갖는다.	도구와 기계의 편리함에 관심을 갖는다.	변화하는 새로운 도구와 기계에 관심을 가진다.
				편리한 물건이 때로는 해가 될 수 있음을 안다.

참고문헌

공갑례(1997). 통합적 동작교육 프로그램이 유아의 창의적 신체표현력 발달에 미치는 영향. 한국교원대학교 대학원 석사학위논문.

교육과학기술부, 보건복지부(2013). 3~5세 연령별 누리과정 교사용 지침서.

교육과학기술부, 보건복지부(2013). 3~5세 연령별 누리과정 교사용 해설서.

교육부(1996). 유아 음률교육활동자료. 교육부.

교육부(1998). 유치원 교육과정 해설. 서울: 대한교과서주식회사.

교육부(2000). 유치원 교육활동 지도 자료집. 서울: 대한교과서주식회사.

교육인적자원부(2003). 유아를 위한 체육활동자료.

김경희(1986). 아동심리학. 서울: 박영사.

김두범, 김현희, 안수정(2013). 영유아를 위한 아동 음악과 동작교육. 경기: 양서원.

김은심(1994). 유치원의 동작교육 현황에 관한 연구. 유아교육연구 14권. 한국유아교육협회.

김은심(1999). 발달적으로 적합한 유아동작교육의 방향모색. 한국유아체육학회 창립총회 및 기념 심포지움.

김은심(2001). 유아-교사를 위한 창의적 동작교육. 경기: 정민사.

김은심(2005). 4세부터 6세까지 유아를 위한 동작활동의 이론과 실제. 경기: 정민사.

김은심(2012). 유아동작교육의 이론과 실제. 경기: 창지사.

김은심 역(2004). 출생부터 8세까지 유아를 위한 동작교육. 경기: 정민사. Pica, R. (2004). Experiences In Movelllellt Birth to Age 8. Tholnson Learning.

김재은(2000). 21세기 유아교육과 창의성 신장. 88년도 학술세미나—성신 여자대학교 교육문제 연구소. 경기: 창지사.

김정화, 전영애(2010). 아동음악과 동작. 경기: 공동체.

김현지, 오연주(1997). 유아를 위한 체육활동 이론과 실제. 경기: 양서원.

김화숙(1976). 무용 즉흥법에 대한 실험연구. 이화여자대학교 대학원 석사학위논문.

김화숙(2006). 유아를 위한 창의적 신체 포현활동. 한국 유아교육학회 전북지회 제14차 하계 워크숍.

류지후, 유혜숙, 양경희, 박정선(2001). 유아를 위한 조형 활동의 통합적 접근. 경기: 창지사.

방은영(2015) 누리과정에 기초한 유아동작교육. 경기: 공동체

방인옥(1994). 존듀이의 교육철학과 유치원 교육과정. 서울: 서원출판사.

박찬옥, 곽현주, 이예숙, 오경숙(2017). 보육교사 자격 기준 강화에 따른 6주 보육실습. 경기: 양성원.

배인자, 한규령(1996). 유아를 위한 동작교육의 이론과 실제. 경기: 양서원.

서봉연(2007). 발달의 이론. 서울: 중앙적성출판사.
서울대학교 사범대학 교육연구소(1981). 교육학 용어사전. 서울: 배영사.
심성경, 이선경, 변길희, 김나림, 박주희(2007). 유아를 위한 동작교육의 이론과 실제. 서울: 학지사.
심성경, 이희자, 이선경, 김경의, 이효숙, 변길희, 박주희(2012). 아동음악과 동작교육. 경기: 양서원.
오연주, 김혜옥, 이경실, 권명희(2013). 유아 동작교육의 이론과 실제. 경기: 창지사.
원영신, 윤용진(1998). 유아 및 아동을 위한 움직임 교육의 이론과 실제. 서울: 다음세대.
유효순(1992). 아동발달. 경기: 창지사.
육완순, 이희선(1992). 무용교육과정. 서울: 금광.
이기숙(2000). 개정 2판 유아교육과정. 경기: 교문사.
이영(1987). 유아를 위한 창의적 동작교육. 경기: 교문사.
이영(1996) 유아를 위한 창의적 동작교육. 경기: 교문사.
이영심(2012). 유아 동작교육 프로그램. 경기: 양서원.
이영자, 이기숙, 이정욱(1999). 유아 교수 · 학습방법. 경기: 창지사.
이옥형(1997). 아동발달. 경기: 집문당.

이춘희(1999). 창의적 유아동작교육. 서울: 동문사.
이효숙(2001). 유아 음악극 활동의 교육적 효과. 중앙대학교 대학원 박사학위논문.
이희자, 김경의, 이효숙, 함은숙, 허은주, 안연경(2013). 영유아를 위한 동작교육. 경기: 공동체.
이희자, 임영옥(2007). 아동음악과 동작. 서울: 형설출판사.
전인옥, 이영(2002). 유아동작교육. 서울: 한국방송통신대학교출판부.
정금자, 석은조(2000). 창의적 동작 프로그램이 유아의 창의적 그리기 표현에 미치는 효과. 아동교육, 9(1).
정세호, 엄정애(2002). 통합적 동작활동이 종일제 유아의 기본 운동능력 및 신체표현에 미치는 영향. 아동학회지, 23(5).
조동희(1990). 아동연극개론. 경기: 범우사.
조복희(2010). 유아발달. 경기: 교육과학사.
허미애(2001). 유아의 사고력 신장을 위한 교사의 발문. 제25휘 유아교육 학술대회 논문집. 한국전문대학 유아교육과 교수협의회 · 영유아교육학회.
홍용희, 이한영, 최혜로, 원영신(1998). 유아를 위한 동작교육의 이론과 실제. 서울: 다음세대.
홍용희, 이한영, 최혜로, 원영신(2006). 유아를 위한 동작교육의 이론과 실제. 서울: 다음세대.

황순각(2003). 유아신체 활동. 경기: 양서원.
제3차어린이집표준보육과정고시(제2013-8호(2013.1.21))

Albercht, K., & Miller, L, G.(2001). *Infant and toddler development*. Beltsville, MD: Gryphon House.

Allen, K. E., & Marotz(2000). By the ages: *Behavior and development of children prebirth through 8*. Clifton Park, NY: Delmar Learning.

Barnes, R.(1987). *Teaching Art to Young Children 4-9*. UK: Allen & Unwin Ltd.

Barrett, K.(1977). *Physical education for children.* Philadelphia: Lea & Febiger.

Bentley.(1970). *Learning to move and moving to learn*. NewYork: Citation Press.

Bredekamp, S., & Copple, C.(1997). *Developmentally appropriate practice in early childhood programs*. Washington, D. C: National Association for the Education of Young children.

Bredekamp, S., & Rosegrant, T.(1995). *Reaching Potentials: Transforming Early Childhood Curriculum and Assessment(V.2)*. Wshington, DC: National Association for the Education of Young Children.

Castle, K.(1991). *The infant and toddler handbook*. Atlanra: Hulnanics.

Charlesworth, R.(2000). *Understanding child development*. Clifton Park, NY: Ddlmlar Learning.

Cherry, C.(1971). *Creative movement for the developing child.* Carthage, IL: Fearon.

Day(1975). *Open learning in early childhood.* New york: Macmillan Publishing Co. Inc.

DeMaria, C. R.(1974). *Dimensions of physical education*. Saint Louis: The C. V. Mosby Co.

Dillon, D.(1998). *Dear readers. Language arts*, (1), 7-9.

Dougherty, N. J., & Bonanno, D.(1979). *Contemporary approaches to the teaching of physical education*. Minneapolis: Burgess Publishing Company.

Erickson, K. L.(1998). *Building castles in the classroom. Language Arts*, 65(1).

Flinchum, B. M.(1988). *Early childhood physical education: Preparing teachers for tomorrow. Hournal of Physical Education, Recreation and Dance,* 59(7), 62-64.

Gabbard, C.(1988). *Early childhood physical education: The essential elements. Journal Of Physical Education, Recreation and Dance,* 59(7), 65-69.

Gabbard, C.(1998). *Windows of opportunity for early brain and motor development. Journal of physical Education, Recreation, and Dance*, 69.

Gallahue, D.(1993). *Developmental physical education for today's children (2nd.)*. USA: Wm. C. Brown communications, Inc.

Gallahue, D. L.(1976). *Motor development and movement experience for young children(3～7)*. New York: John Wiley & Sons.

Gallahue, D. L.(1995). *Transforming physical education curriculum.* In S. Bredekamp & T. Rosegrant (Eds.), Reaching potentials: *Transforming early childhood curriculum and assessment* Washington, D.C.: National Association for the Education of Young Children.

Gallahue, D. L.(1996). *Developmental physical education for today's children*(3rd ed.). Brown & Benchmark.

Gerhardt, L. A.(1973). *Moving and knowing: The young child orients himself in space*. Englewood Cliffs: Prentice-hall.

George, G.(1992). *Development appropriate physical education for Children.* Journal of physical Education Recreation and Dance.

Goleman, D., Kaufman P., & Ray, M.(1992). *The creative spirit.* New York: Penguin Books.

Graham, G.(1987). *Motor skill acquisition-an essential goal of physical education programs. Journal Of Physical Education, Recreation and Dance,* 58(7), 44-48.

Graham, G., Holt-Hale, S., & Parker, M.(1993). *Children moving* (3rd ed.). USA: Mayfield publishing company.

Graham, G.(Ed.).(1992). *Developmentally appropriate physical education for children.* Journal Of Physical Education, Recreation and Dance.

Halsey, E., & Porter, L.(1970). *Movement exploration.* In R. T. Sweeney, ed., Selected readings in movement education(pp.71-77). Reading, Mass: Addison Wesley를 인용한 Pica, R.(1995), Experiences in movement에서 재인용한 배인자 · 한규령(1996)에서 재인용.

Hoffman, G., Young, J., & Klesius, S.(1981). *Meaningful movement for children.* London: Allyn & Bacon, Inc.

Kirchner, G.(1992). *Physical education for elementary school children.* Dubuque, IA: Brown.

Laban, R.(1948). *Modern educational dance.* London: MacDonald & Evans.

Laban, R.(1975). *Laban's principles of dance and movement notation.* London: MacDonald & Evans LTD.

Margolin, E.(1976). *Young chilren.* New York: Macmillan publishing Company, Inc.

Mathew, D. B., & Burnett, D. P.(1989). An achievement component. The Journal of Humanistic Education and Development, 27(3)를 인용한 여광응, 전영길, 정종진, 조인수(1995). 교사를 위한 교육심리학에서 재인용.

Mayesky, M.(1995). *Creative activies for young children.* New York: Delmar Publishers Inc.

Mayesky, M.(2002). *Creative activities for young children.* Clifton Park, NY: Delmar Learning.

McCaslin, N.(1990). *Creative drama in the classroom(5th ed).* New York: Longman.

McDonald, D. T., & Simons, G. M.(1989). *Musical growth and development: birth through six.* NewYork: Schirmer/Macmillan.

Miller, K.(1985) *Ages and Stages: Developmental description and activities birth through 8 years chelsea.* MA: Telshare.

Mosston, M., & Ashworth, S.(1990). *The spectrum of teaching styles: From command to discovery.* New York: Longman.

North, M.(1973). *Movement education.* London: Ebenezer Baylis & Sons Ltd.

Piaget, J.(1952). *The origins of intelligence in children.* NewYork: International University Press.

Pica, R.(1995). *Experiences in movement with Music Activities and Theory.* Albany, N. Y.: Delmar Publishers Inc.

Pica, R.(2000a). *Moving & learning series: Preschoolers & kindergartners.* Clifton Park, NY: Delmar Learning.

Purcell, T. M.(1994). *Teaching children dance; Becoming a master teacher.* Champaign; human Kinetics.

Ririe, S. R.(1980). *Individual arts: Dance.* In J. J. Hausman(Ed.). Arts and the schools. New York: Mcgraw-Hill.

Sapir. E.(1967). *Communication.* In J. Dececco(ed.), *The psychology of language, thought, and instruction reading.* New York: Holt, Rinehart & Winston.

Seefeldt, C.(1987). *The Early Childhood Curriculum.* N. Y.: Teachers College Press.

Shaftel, F. R., & Shaftel, G.(1983). *Role playing in the curriculum(2nd ed.).* Englewood Cliffs, N.J.: Prentice-Hall .

Skinner, L.(1979). *Motor development in the preschool years.* Springfield, Illinois:

Charles C. Thomas.

Sullivan(1982). *Feeling strong, feeling free: Movement exploration for young children*. Washington D. C.: National Association for the education of Young children.

Taylor, C. B., Sallis, J. B., & Needle, R.(1985). *The relationship of physical activity and exercise to mental health.* Public Health Reports.

Weiler, V. B., Maas, J. M., & Nirschl, E.(1988). *A guide to curriculum planning in dance Madison: Wisconsion Department of Public Instruction.*

http://heeyakids.tistory.com/266

http://blog.naver.com/xbomb/140199428299

찾아보기

▸ ㄱ ◂

갤로핑 115
경험 38
공 되받아치기 119
공 튀기기 119
공간 94
관계 100
교과 영역의 통합 131
구르기 108
구부리기 105
구조적 표현 동작하기 165
균형잡기 109
기능적인 움직임 16
기본적 동작 70
깊이 지각 59
꼬기 106

▸ ㄴ ◂

높낮이 94
누리과정 79

▸ ㄷ ◂

달리기 112
던지기 117
도입활동 189
동작교육 15
동작을 위한 교육 16
동작을 통한 교육 16
뛰기 113
뛰어넘기 113

▸ ㅁ ◂

말뛰기 115
모로 반사 69
무게 99
미끄러지기 115

▸ ㅂ ◂

바빈스키 반사 69
반구조적 표현 동작하기 167
받기 118
발달 38
발산적 문제해결법 160
방향 95
범위 96
비이동 동작 92, 104, 105
빨기 반사 69
뻗기 105

▸ ㅅ ◂

사회화 71
상상표현 124
생존반사 69
성숙 38
성장 38
숙달감 45
스키핑 116
스킵 116
시각 추적 44
시간 98
신체 악기 놀이 52
신체 인식 89

심미적 인식 28

▸ ㅇ ◂

안정 동작 105
앙감질 64, 94, 100, 114
에포트 99
역동적 균형 109
오르기 116
움직임 교육 14
원시반사 69
음악극 175
이동 동작 92, 104
인지발달 43
입내밀기 반사 69

▸ ㅈ ◂

자아 개념 53
잡기 반사 69
적응 38
전 이동기 47
전개 과정 190
전인적 아동 29
정서발달 45
정적 균형 109
정형화된 동작 59
조작적 동작 104, 117
주제 중심의 통합 130
즉흥표현 124, 125
진로 97

▸ ㅊ ◂

차기 118
창의적 표현 동작하기 169
초보적 동작 69

▸ ㅌ ◂

탐색법 160
통합의 원리 130
통합적 접근 130

▸ ㅍ ◂

표준보육과정 74
표현적인 움직임 16
피하기 110

▸ ㅎ ◂

학습 71
혼자놀이 54
회전하기 107
흐름 100
흔들거리기 108

저자소개

송주승

현 김포대학교 유아교육과 교수

김민은

현 김포대학교 유아교육과 겸임교수

개정판
영유아 동작교육의 이론과 실제

초　판 1쇄 발행 / 2013년 12월 20일
초　판 2쇄 발행 / 2017년 2월 20일
개정판 1쇄 발행 / 2019년 2월 10일

•

공저자 / 송주승 · 김민은
발행인 / 이 중 수
발행처 / 동 문 사

•

서울특별시 서대문구 홍제원 1길 12
(홍제동 137-8)
Tel : 02)736-3718(대), 736-3710, 3720
Fax : 02)736-3719
등록번호 : 제9-17호
가격 : 18,000원

•

ISBN : 979-11-6328-041-5(93370)
E-mail : dong736@naver.com
www.dongmunsa.com